四国

デイヴィッド・テプファー作

||| Clink Street

London | New York

Published by Clink Street Publishing 2020

Copyright registered with The Library of Congress registration number
TXu 1-876-484. Copyright 2013, 2020.

First edition.

ISBNs: 978-1-913962-64-7 Paperback
978-1-913962-65-4 Ebook

ベッキーに捧ぐ

夜明けの光は淡く灰色がかって、か弱く澄んでいた。いったい生気は甦るのだろうか？熱望は？いまだ無数の影が光を見ずにいた。ふと、彼はこの六年の暗闇を振り返った。失ったものを取り戻し、不快な幻影や過去の残響は、もうやり過してはどうか？そして、危険は覚悟で、あえて希望を抱いたら？

　プロスペクト公園は冬の夜明けに凍えていた。ところどころに消え残った雪のかたまりが、不快な空の色を映していた。葉の落ちた枝々は重なり合って、いくつもの真っ黒なかたまりを作り、一瞬、何かさらに黒いものがその光景を横切った。すると次の瞬間には、夜明けの光が明るさを増し、混乱と後悔の念はどこかに消え去った。朝が公園の樹木や草地の上に広がり始めたのだ。

さて今日は片付けと処分の日だ。この職に就いて三十六年、その最後の週なのだ。ゴミ箱に捨てるべき幻影は山ほどある。すぐ手前のアスファルトから視線を離すな。後ろは振り向くな。さあもうひと漕ぎだ。視線を落とせ、信じるんだ。

　今日は最後の講義の日だ。あと数日で彼はフランス語の元教授になる。

誰がこのぼやけたスローモーションを信じるだろうか？講義、会合、通勤の繰り返し。くだらん。フランス文学を延々と講義する間も、学生たちは、こっちを見ているふりはしているが、まともに聞いてもいない。そうやって三十六年が過ぎ、消え失せた。なんという登り坂だったか。視線を落とせ——そして前輪のすぐ手前に集中しろ。

四国

　彼は窓から離れた。朝の光は、公園の樹木や草地の上に
注ぎ、それらをはっきり照らしていた。自分の大好きな公園。
この大都会の救いの地。さて、いつもの日課の始まりだ。朝
食を取り、歯を磨いて、トイレに行く。毎日同じことの繰り返
し。サイクリングはそんな朝の目覚まし代わりだった。まず、な
だらかなプロスペクト公園から走り始めて、次に交通量の多
い通りや交差点を抜け、マンハッタン橋を渡ってロウアー・マ
ンハッタンの雑踏を走り抜ける。彼はこのサイクリングが好き
だった。そして一日二度それを楽しみにしていた。ニューヨー
クに漲るアドレナリンは、毎日のドラッグ代わりだった。今朝
は、公園を通り抜けた時には温かさを感じた。ところが橋を
渡っているあいだに体は凍えついて、マンハッタンの高層ビル
が見えた頃には手袋をはめた手がしびれた。最後に六段の階
段を駆け上ってやっとまた体が温まった。彼の忠実な研究室
は、冬は温かくて、夏には涼しく、いつも心地よく迎え入れて
くれた。これからはそれをなつかしく思うことになるだろう。
これから最後の講義に行く――その後は、頑張って自分の
退職記念パーティーに顔を出し、それから最後に、ここに戻
って、この研究室に突然の別れという辛い知らせを伝えなけ
ればならない。
　最後の講義は復習だった。手慣れたものだった。またいつ
もの女子学生たちが脚を露出している。そして数人の男子学
生たちがその後ろに隠れている。もちろん脚は出してない。た
だ彼らの黒っぽいセーターが背景を作っているばかりだ。セ
ーターなら女子学生の方がましだ。ピンと尖った、あるいは丸
い肌のふくらみに続いているからだ。それは深い山の峡谷を
登り詰めるに従ってゆっくりと広がる空を思わせた。一生懸
命やっている。この女子学生たちは。本当に一生懸命だ。だ

が、彼は彼女たちを信用してはいなかった。それは、彼女たちが教官評価表に、自分のことを近づきにくい、そっけない教授だなどとコメントしていたからだ。

いったい彼女たちは何を求めているのか？肉体関係か？

このところ胸の谷間を見せるのが流行になっているので、講義はさらにやりにくかった。

近づきにくい？冷たい？

それはこちらの身を守るためだ。彼女たちの方ももっとしっかり勉強に励むべきだ。学ぶことは、ガイド付きのバスツアーに乗って適当なところで写真を撮るのとは違うんだ。自分たちがどれだけ努力しているかの証拠を見せて欲しかった――例えば新しい発見とか、独創的な思索とか。しかし、彼のこの期待はめったに応えてもらえなかった。もしかしたらそれは自分のせいだったのかも知れないとも思った。

「この最後の講義では、これまで学んできたことのおさらいをします。十七世紀のフランスは、混乱に満ちた移行の世紀で、また芸術的成果の多い世紀でありました。この時期における芸術の成果は、異常なほど多産で……」

最前列に座っていた女子学生が組んでいた脚をほどいて、逆方向に組み直した。その瞬間に素敵な太ももがちらりと見えた。危ない危ない。

「……また壮大なものでした。それらの成果のカギとなっていたものは、秩序へのあこがれ……特に構造へのあこがれ

でした。また厳格さ、規範、そして美へのあこがれでした。しかしながら、ここでいう美については、哲学、文学、建築学等の新たな規範に照らせば……」

その時、教室の大きな窓々が、雲が切れて青空が開けていく姿を捉えた。それは何か虫捕り網が蝶を捕まえるのに似ていた――優しく傷つけないように。心地よい冬の日差しが教室を温めた。

「さて、この芸術の百花繚乱には、何か社会的、経済的な背景があったのでしょうか?もしそうであるならば、具体的に何であったのか?それらは文化の変革を促進して……」

その時、誰かの携帯電話が鳴った。

彼は講義を中断して、窓の方へ歩いた。そして目をつぶって太陽に向かって顔を上げた。網膜に冬の太陽の温かさが集まるのを感じた。それは彼のもたげかけた怒りを静めてくれた。携帯電話のことは快く思っていなかったが、我慢するしかなかった。数名の学生たちが携帯電話で講義を録音していた。ここで怒りを爆発させて、学生たちにそれ相応の罵り言葉を投げつけて叱ったら、一時間と経たないうちにその場面がFacebookやYouTubeにアップロードされて、時の話題にされてしまうだろう。そうなれば、今度は彼がジャーナリスト、弁護士、怒り狂った親たちの攻撃を受ける番だ。ブルックリン動物園にでも閉じ込められて、ボノボ猿にレイプされ、そのまま野垂れ死にさせられて、死体は最後に切り刻まれてカメの餌にでもなってしまうことだろう。

彼は中断したおさらいを続けることにした。

「では、この世紀を代表する劇作家たちの名前を上げてください。また、なぜ今の時代に、彼らの作品を読む意義があるのでしょうか?」

　彼は試験問題に出そうな質問を並べて学生たちの関心を誘った。学生たちは、そういう時はたいてい、小声でささやきあったり自分の携帯電話を一瞥したりする。青みがかった携帯電話の光が彼らの顔に反射した。

昔は、機械が人間のようになることを心配したものだ。ところが今は逆のことが起きている。人間が機械のようになってきている。

　講義が終わっても数名の女子学生たちが残っていた——おそらく試験問題のヒントを引き出したいのだろう。わずか二十歳そこそこの、共学の大学に通う女子学生だけが持つ魅力モードを彼女たちは放っていた。講義は本当に楽しかった、などと彼にお世辞を言った。マスカラで縁取った目、手を入れて整えた眉、クールな口紅、それからあの胸の谷間。それは南窓から入る冬の日差しを反射していた。しかし、その魅力モードの中から本当の美しさは現れていなかった。この冷たい冬の日を温める、ひとすじの光明はなかった。彼はこの職の伝統にしたがって、教授らしい落ち着きを保った。大学コミュニティでは、誰もが自分の役割を演じていた。それは恋愛と学内での生存競争をめぐるいつものありきたりの役割で——延々と終わることなく続けられていた。自分はこれに別れを告げる時がきた。

　「では皆さん試験の時に会いましょう。がんばってください」そして彼の最後の講義は終わった。学生たちと対峙し、試験問題を作り、泣きじゃくる女子学生をなだめ、嫌な同僚たちに我慢してきた三十六年間が。

彼は自分のデスクに座って、うず高く積った紙の山、棚一杯の書籍、思い出の品々、それらの間に半ば埋もれている学術論文をしばらく眺めた。それらの論文は、彼が大学の職を、ひいては学内での昇進を最終的に勝ち得るきっかけになったものだった。

大学関係者ならこれを見たら誇りに思うべきなのだ。しかしここでは自分の苦労を気にかけてくれる者など誰もいやしない?もしいるとすれば、妬み深い数名の同僚と、必死になっている大学院生くらいなものか?

彼の主要な業績はすでに絶版になっており、全てカタログ化されて、いくつかの図書館に収録されていた。また講義録もファイルキャビネットに保存されていた。それらをゴミ箱に捨てたらスカッとするだろう。

旅は身軽に軽やかに。新たな道を見つけよう。そこを一度通る。そしてまた次の新しい道を見つける。この道は一方通行で、後戻りはきかない。後悔なく忘れて、新たな道を進もう。

その日は夕方に近づくにつれて寒くなった。冬の空が、その暗い雲のマントをまた閉じてしまっていた。さて次の用事は、学部主催のお別れパーティーだ。いつものように学部長のあいさつがあって、続いて退職記念品の贈呈、最後に退職者が短いあいさつをすると型がきまっている。パーティーはすべて学部秘書が準備してくれた。彼女も魅力的な女性で、この退職する男やもめに、できるだけ魅力的に振舞ってくれた。

ドリンク、コーヒー、ドーナツが用意されていた。誰かがケーキまで作ってくれた。これにロウソクが付けば誕生日パーティーという感じだった。すでに参加者がちらほら来ていた。

そんな型通りのお別れ会で——自分はロマンス語学科
から追い出されるのだ。

　参加者が徐々に増えてきて、開始から十五分ほど過ぎた
頃、スプーンでグラスをたたく合図があった。学部長のあいさ
つが始まった。型通りのスピーチで、退職を心からお祝いした
い（これでうるさい奴がいなくなる）、また退職後は末永く幸
せな人生を送っていただきたい（大学へ近づかない限りは）
、等々、というものであった。彼は自分自身が学部長だった時
に、同じようなスピーチを何度もしたことを思い出した。しか
し今は立場が逆になった。彼の時代はとうに過ぎていた。何
とか作り笑顔をしたが、それは皮肉と不信だらけの別の笑顔
を隠すための仮面だった。

　絶対に仮面を外すな——それが肝心だ。教授という社会
的役割を演ずるんだ。正式にはまだ教授なのだから——しか
し数日後にはこの仕事から解放される。もう仮面など被らなく
ていいのだ。後ろは振り向くな。光に向かって登れ。

　退職記念のプレゼントは思った以上に豪華だった。それは
近くのサイクルショップのギフト券だった。彼は短いスピーチを
した。そのスピーチを聞いている者はほとんどいない。過去時
制と未来時制について、またそれらがいかに人の人生や仕事に
影響するかについてとりとめもなく話した。心地よかった。スピー
チを終えると拍手と肯定のうなずきがあった。彼の教え子た
ちもたくさん来ていた。なかには長年会っていない者もいた。

　スピーチ後の「食べ、飲み、楽しめ」セッションで、彼は、自
分の退職記念パーティーのことが、校友会雑誌、学部のウェ
ブサイト、校友会のメーリングリストに発表されていたことを知
った。数人の学生達が本にサインを求めてきた。その時、低く

四国

　垂れこめた湿気のある灰色の雲の間から、その日二度目に太陽が一筋の光を投げかけた。参加者の中にある女性を見つけた。長年会っていなかったにもかかわらず、彼は彼女の名前を憶えていた。彼が覚えている限りでは、彼女には優雅さがあった。それは、ちょうど羽化したばかりの蝶が飛び立つ前に羽根を乾かしているような優雅さだった。

　彼は別の学生と話した。この青年はフランスの象徴派詩人に強い関心を持っていた。彼はコロンビア大学の大学院に在籍して、マラルメについて研究していた。彼らはフランス語で話し始めた。そこへ先ほどの蝶のようなバタフライ・ガールが話に加わってきた。彼女は聞き役に回っていて、何も発言しなかった。青年が去ると、彼女はフランス語で話しを続けた。ケベック訛りが少しあった。彼は、彼女がネイティブのフランス語を話したのは覚えていなかった。でも彼女とは長年会っていなかったからその記憶も不確かだった。

　またひとり学生が来て、本にサインを求めた。会話は英語に切り替わった。彼はこのお別れ会に満足を感じた。こんなに気分が良いのは本当に久しぶりだった。もしかしたらこれから若い人たちとの接触がなくなって淋しく感じるようになるかもしれないと思った。結局のところ自分が大学に職を得たこともそんなに悪いことではなかったのかもしれない。

　人もだいぶ減ってきたので、彼は先ほどのバタフライ・ガールが帰ってしまう前に声をかけた。彼女のフランス語が気になったからだ。

　「君、どこでそんな生粋のフランス語を習ったの？僕の授業で君がフランス語を話したのは覚えてないんだが」

　「あっ、フランス語は今までずっと使ってきました。家ではいつもフランス語でした。母はケベック出身で、父もバイリン

ガルでしたから。だからフランス語は私の母語なんです。先生の授業で話さなかったのは、苦労して勉強しているフランス語専攻の学生たちのやる気を削ぎたくなかったから」

「じゃあ君は僕の授業を気休めか何かで受けてたの?」

「はい、他の授業のいい息抜きになりました。医学部進学コースの物理化学が難しかったから。先生の授業は本当に楽しくて」

「それはいつも僕が学生たちに求めていたことだよ。ほめてくれてありがとう。これでやっと君が授業中にノートも取らずに、トップの成績だった理由がわかったよ。ところでフランスへ行ったことはあるの?」

「はい、去年の夏にピレネー山脈とアルプスをサイクリングしました」

彼は彼女の答えにピンときて、自分もピレネー、アルプスの両方とも大好きだと話し始めた……ちょうどそこへ学部長が割り込んできて、彼を、お別れパーティー終了間際に現れた学長のところへ引っ張っていった。彼はバタフライ・ガールの方へ振り返って、手で受話器の形をまね、口パクで、後で電話するからと伝えた。

学長に誠実さを求めても仕方ない。彼も他の者と同様、自分の役割を演じているに過ぎないのだから。ただあのバタフライ・ガールだけはそうでなかったかもしれない。彼女は本当に好きでここに来てくれた。義務で来たのではなかった。彼女がコートを着て再び現れた。彼に電話の手まねを返して、その場を去った。

次の三日間は、浄化の日々だった。これまでため込んだ書類の山を捨てるのは、開放感があってウキウキし、ゾッとしながらも楽しかった。本はドアの脇に山積みして、同僚に自由に

四国

持って行ってもらうことにした。それらは置くと同時に無くなった。大学の記録、大量の手紙類、論文のための原稿は喜々として捨てた。講義録は別だ。丁寧にさよならをしてから処分した。人生の一幕を閉じて忘れ去る時が来た。

　三日目も終わりに近づいた。ようやく残りの片付けのめどがついたので早めに帰宅することにした。ところが鍵が見つからない。試験問題のファイルが入った引き出しを開けるのに使ったのは覚えている。それから、取り出した試験問題のファイルを、書類を捨てるための段ボール箱の一つに投げ入れたのも覚えている。その時に鍵もいっしょに箱に紛れ込んだのかもしれない？鍵なしでは自転車にも乗れないし、アパートにも帰れない。罰としてこのまま研究室で寝ることになるのか？

　落ち着け。もう一度きちんと思い出してみよう。ポケットの中かも？

　やれやれ。鍵は上着のポケットの中にあった。鍵といっしょに、サラ・ジャンセン医師と書かれた名刺も入っていた。それは退職記念パーティーで彼が学長と話しているときに、あのバタフライ・ガールがポケットに忍ばせたものだった。

　さっき消したコンピューターのスイッチをもう一度入れて彼女にメールした。「今ちょうどポケットの中に君の名刺を見つけたんだ。ピレネーのツーリングはどうだった？オービスク峠にも登ったの？」

　その時、峠の姿がはっきりと目に浮かんだ。それは有名なピレネー山脈越えの難所で、自転車ロードレースの華であり、心臓破りの登りでもある。彼はこれまでに二度そこを訪れている。最初の時は霧が深くて、二度目は、かんかん照りだった。本当にタフな登りだが、ペダルをひと漕ぎひと漕ぎして登る価値は十分すぎるほどある。この峠を登り切った時の達成感と

いったら、それに天気の良いときの見晴らしの素晴らしさといったら。

　すぐに彼女から返信が返ってきた。「素晴らしかったわ！でもどうしてわかったの？」

　「きみがそういうタイプに見えるんだ……」と彼は答えた。

　「メルシー！私がタイプだなんて！あなたは登ったことあるの？」

　「二度ね。でも、ゆっくりと登ったんだ。レースじゃなくて、ちょっと登山と景色を味わうために行っただけさ。今度会った時にもっとくわしく話してくれる？」

　「そちらから電話してくれる？あなたの電話番号持ってないの」

二人は次の朝マンハッタンでコーヒーをした。それが延びてランチになって、最後はセントラルパークを散歩した。彼女は、医学部を卒業して、ニューヨークの救急病院で二年間インターンシップを経験した。それがようやく終わった時に、そのお祝いと、将来について考えるため、ピレネー山脈に旅行したのだった。その際に、ちょうどオービスク峠でボーイフレンドを振ったのだった。

「私の元彼は完璧な自転車狂だったの。脚のすね毛まで剃って、毎週末レースに出ていたわ。いわゆる週末戦士症候群ってやね。でも私の方はサイクリストで、レーサーじゃないのね。ただ自転車を漕ぐのと冒険するのが好きなだけ。私たち、最初はセントラルパークのループで会ったの。私がパンクを直しているのを見て彼が自転車を止めたのね。私べつに自分ひとりでも直せたんだけれど、まあ彼に任せてみたの。それから数

四国

日後に公園でまた会って、それからいろいろあって、けっきょく付き合うことになったの。彼とはずいぶん一緒にサイクリングしたわ」

「ある日、彼はピレネー山脈を大西洋側から入って、地中海側に抜ける計画をしてるんだっていうじゃない、だから私は、いっしょに付いて行ってもかまわないかって聞いたの。でも彼、あんまり乗り気じゃないって顔をした。二人の自転車友達といっしょに行く予定だったから。それで私は、彼に、べつに途中で私を待たなくてもいいからって言ったの。それぞれ自分たちのペースで登ればいいんだから。それに私フランス語を話すでしょ。だからたぶん役に立つと思うわって言ったの。それで結局スタートだけでもいっしょにさせてくれることになったの」

「私は病院に自転車を置かせてもらって、少しでも時間があるとき、セントラルパークで練習したの。結局フランスに出発する前の二カ月間、一日平均一時間ぐらいは練習できたわ。練習を始めて最初は、グループに入って走り始めたの。それからクラブに入って、ロードレースのことを習ったの。ロードレースの心理学って興味あるわ。練習を続けるうちに、みんなに簡単についていけることがわかったの。でも私はレーサーじゃないわ。勝敗なんてどうでもいいの」

「彼とはサン・ジャン・ド・リュズで会うことになったの。それで最高のレース用自転車を注文して、それをパリで受け取る手配をしたの。私はセーターにサンダルという軽装で飛行機に乗ったの。サイクル用バッグには、洗面用具、水着、サングラス、タイツ、アームウォーマー、パンク修理用キット、雨具、ウインドブレーカー——本当に最低限の物しか入れなかったの。携帯電話もメーキャップも入れなかったのよ」

　「私の自転車はサイクルショップのショーウインドーにぶら下げてあった。それをお店の人が下してくれて。この自転車は全部デュラエースとカーボンファイバーでできてますと説明してくれた。整備士が自転車の最終チェックをしてくれている間、私はヘルメット、靴、ショートパンツ、ジャージ、スペアのタイヤチューブ、パンク修理キット、空気入れ、小型ケーブルロック、万能ツールキット、それに手袋と自転車用バッグを乗せる荷台を買ったの。試着室でショートパンツとジャージに着替えて、それからお店の人が私に合わせて自転車の位置を調整してくれた。そのまま私はパリの雑踏の中へ乗り出したの。途中ヴュー・キャンパーに寄ってピレネー山脈の詳しいロードマップを買って、モンパルナス駅から高速TGV列車でサン・ジャン・ド・リュズへ向かったの。自転車は自分の座席の横に予約しておいた場所に置いたの。電車の中ではずっと寝ていた。サン・ジャン・ド・リュズに到着して、ひと泳ぎして、それから彼と彼の仲間たちといっしょに夕食をしたの。でも彼、私に一人部屋を取るように強く言ったのよ。自分の方はゆっくり休んで、集中する必要があるからだって。私は新しい自転車を部屋に持ち込んだの。もうその自転車に惚れ込んでしまって。彼と自転車のどっちが大切なのかも分からないくらいだった」

　「私たちは次の朝早く出発したの。彼の仲間は、私も自分たちの仲間のように扱ってくれた。私の自転車のパワーはもうダイナマイト級だったわ。本当に楽に走り続けられるの。登り坂でもよ。急な登り坂があってもへっちゃらだった。大満足ね。その日は一五〇キロ走って、その晩はオービスク峠のふもとラランスにある、かわいいホテルに泊まったの。夕食のとき、彼らは有名なツール・ド・フランスのレーサーたちがオービスク峠でどうやって有利に立ったかを話してくれたわ。そして私

に、あの十八キロの坂をどうやって登るかの講義をしてくれたの。最後の三キロのためにエネルギーを温存するんだって。でも彼ら、フランスに来たの初めてなのよ。それって、みんな本から借りてきた知識なの。まあとにかく、ものすごい難関ではあるにしても区間は短いのね」

「次の朝出発するとき、彼らに言ったの。手加減しないで自分のスピードで行ってちょうだいって。彼らはまっしぐらに走り去ったわ。でも私は私のペースでゆっくり走り出したの。それはよく晴れた日曜日の早朝で、峠を登るサイクリストや車にも出会ったわ。本当に気持ちよかった。私はだんだんペースを上げて、年輩のサイクリストを二人ほど追い抜いて、登り坂がずっと続いたけど、それほど急じゃなくて。次に急な登りにさしかかったけど、できるだけ自分のペースを守って、息切れしないようにしたの。もう一人の年輩のサイクリストを追い越すと、標高が上がってきたのを感じたの。でも自分の心血管系の癖は分かっているから、深呼吸モードに切り替えて、ペダルを漕ぎ続けたの。登り坂がだんだん急になってきて、また何人かのサイクリストを追い抜いたの。それから、ツーリング用自転車にキャンプ用具を乗せて走っている男女を追い越したの。それからオーボンヌを過ぎて、いよいよ本当に急な登り坂に入ったの。長くて、これが永遠に続くのかと思ったわ……だからギヤを落として、呼吸を速めたの。気が付くと、私は彼の後ろを走っていたの。興奮したわ。私はギヤを一つ上げて、立ち漕ぎを始めたのね。そうしたら、私の自転車は魔法のじゅうたんみたいに走り出して、彼を追い抜いちゃったの！彼を追い抜いちゃったのよ！」

「そこで何かのスイッチが入ったみたい。私は立ち漕ぎのまま、呼吸を限界まで速めて、スピードアップしたの。本当に苦

しかった。でも私は女だから。苦痛に耐えるのは慣れてるわ。今度は彼の仲間たちを追い抜いて、死ぬような苦痛に悶えながらも、かなりの数の若いサイクリストたちも追い抜いたの。最後のスイッチバック（ジグザグの登り）でペースを落として、体力を回復して、そしたら峠の頂上が見えたの。私はまた加速して、その頂上に向かってダッシュしたの。残雪がそこここに見えたわ。肺が破裂しそうになったの。自分の限界ギリギリの状況だったのね。でも、やれると思ったわ。最後の五百メートルは一週間分の酸素をまとめて吸って走った感じね。そしてついに頂上に着いたの。そこに着いて、自転車を壁に立てかけたの」

　「自分にそんなことができるなんて思いもよらなかった。だからそれをやってのけたことにとても満足したの。汗はだらだらと流れ落ちて、呼吸はもう乱れて、ほとんど立ってさえもいられなかった。壁によりかかりながら笑ったの。そこへ一人、サンドイッチを食べにやってきた人がいて、私の自転車を惚れ惚れと眺めたの、ほとんど私の方は見なかったわ」

　「ボーイフレンドの彼は、それから十五分ぐらい経ってから到着したの。私は、ちょうどその時、他にも私の自転車を褒めにやってきた人たちと話していたの。私のボーイフレンドはいつものクールさを気取っていたけど、息はそうとう乱れていたわ。彼は標高が上がったら頭痛がしてきたので、ペースを落としたというじゃない。私は、この自転車はロケットみたいに走ったって言ったの。彼もそれに気が付いたと言ったの。私たちは、カフェで昼食を取って、それから反対側に下りたの。大きな山の下りは初めてだったけど、クールで速かったわ。私はコーナーに張り付くように走ったの。私の自転車は最高だったわ。その晩、彼は私に、メールをチェックしたら、勤め先からすぐにニューヨークに戻るように言われたと言ったの。私は彼

に、『分かったわ、でも私は地中海まで走り抜くつもりよ』と言ったの。彼を見たのはそれが最後だったのよ」

　「残りの行程はもう夢のようだったわ。雨が降ったのは一度だけ。私は高地での耐性があるんだわ。ツールマレ峠を含めて大きな峠が三つあったんだけど、その眺めが素晴らしくて、綺麗な場所や、川や、カフェとか、かわいいホテルや、良さそうなレストランがたくさんあって、サイクリストたちにもたくさん会ったわ。でも私はそれをパスして先に進んだの。私は、自分の最大心拍数を超えても相当長い間その状態にとどまっていられることがわかった。ペルピニャンへは、サン・ジャン・ド・リュズを出発してから四日目に着いたの。特別することもなかったわ。だから泳いだ後、北行きの列車に乗って、オランジュで降りたの。そして次の朝モン・ヴァントゥを西側から登ったの。暑くてとてもタフな登りだったの。でもものすごくいい経験になったの。それからソーまで下って、ラベンダーの咲く丘陵地帯を北に向かって、モンテリマールまで走ったの。そこで電車に乗ってリヨンまで行って、そこで乗り換えて今度はアルプスまで行ったの。着いて食事をして眠ってからマドレーヌ峠に挑戦したの。ワオ。なんてすごい場所なの！でも私の調子は絶好調で、そのままグランドン峠（これもきつい登りだったけど）まで一気に登って、その兄貴分のようなクロワ・デ・フェル峠まで登ったの。そこからサン・ジャン・ド・モリエーヌまで一気に駆け下りて、パリ行きの夜行列車に飛び乗ったの。ほんとにすごい日だったわ！翌日、あのサイクルショップで掃除してもらって、ブレーキシューを交換してもらってから、自転車をパックしてもらって、次の日ニューヨークに飛んで戻ったの。彼氏からの連絡はなかったわ。それで、わたしは寝た子はもう起こさないことに決めたの」

　彼は、その話しの一部始終を頬笑んだり笑ったり時々驚嘆しながら聞いた。

　「ほんとにツール・ド・フランスを見るよりよっぽど面白いね！そのかわいそうな元ボーイフレンドは君にいいところを見せつけるチャンスがなかったんだ。君の方がパワーウェイトレシオ（体重に比べた加速性）が良かった。きっと彼は、登り坂サイクリストとしては大きすぎて筋肉質すぎたんだと思う。疲れの回復具合はどうだったの？きみは鋼鉄の心臓の持ち主だね。あっ、別に悪い意味じゃなくてね、きみはタフだっていう意味なんだ。きっと僕も君にはついていけないと思う。きみはプロレーサーになるべきだよ。何か特別なものを取ってたの？いや、これもドラッグという意味じゃなくて……いや君たちは医者だから……」

　彼女は笑っていた。

翌日、彼は大学での仕事をすべて終えた。そして大学から自宅までサイクリングして戻るのもこれが最後となった。冬の暗闇に包まれたプロスペクト公園を窓越しに眺めた。食欲もなく、また眠くもなかった。意識が過去四十二年間の迷路の中に迷い込んだ。妻が亡くなって、同時に彼女と共に歩んできた人生も失ってしまった。大学の仕事は楽だった。しかし家庭の方はきつ過ぎる、本当にきつ過ぎる登りだった。

　後ろは振り向くな。視線をすぐ手前に集中しろ。光の中へゆっくり登れ。

　彼は、ピレネー山脈と自分の若い頃の山脈越えの旅を振り返った。サラの話しを聞いてその時の行程や景色やそこで出会った人々の思い出が断片的によみがえった。それから今度は亡くなった妻と二度目にそこを訪れた時のことを思い出し

た。しかし途中で耐えられなくなって思い出すのを止めて、また暗がりの方を見た。

次の朝、彼は地下の倉庫からツアー用の自転車を取り出した。倉庫には彼が所有するたくさんの自転車と道具があったが、その自転車は妻の自転車の隣にかけてあった。それを一週間かけて組み直した。それから彼はサラに電話して、キャッツキル山地で一日過ごさないかと誘った。

　「羽目を外したりしないようにね」と彼は言った。「僕は君のボーイフレンドじゃないんだから」

　計画は、ニューヨーク市内から比較的近いその丘陵地帯まで電車で行って、そこを自転車で走るというものだった。彼女は、よく使いこまれたビンテージのレース用自転車をもって駅に現れた。古い自転車をいまだに大切に使っているのを見て、彼はうれしく思った。彼女はウィンター・タイツにオーバー・パンツという厚手の恰好をしていたが、たしかにその中に蝶はいた——春の蝶だ。羽化したばかりでまだ羽根を乾かしている蝶だ。

　目的地までの電車の中で、彼はサラに、ペルピニャンから先の行程をどうやって決めたか聞いた。（彼女はモン・ヴァントゥについては以前聞いたことがあったし、マドレーヌ峠とクロワ・デ・フェル峠は地図ですぐに見つかったから、電車のアクセスの良さで決めたと答えた。）天気についても聞いてみた。（よく午後に雷雨があったので、その前に高地から下りてしまわなければならなかったとサラは答えた。）二人は彼女の救急病院での仕事についても話した。（彼女は、どこででもいつでも働ける自由が欲しかったからこの仕事を選んだと答えた。また救急病院では知的な挑戦、即座の決断が必要で、彼

女はそれが好きだったとも言った。恐怖で苦しみもがいている
患者たちにいつも対応するのは大変なストレスだった。でもそ
の人たちを救えた時の喜びは他に代えがたいと言った。）

　二人はサラを先頭にサイクリングを始めた。彼には、彼女が
本物で自然な乗り手だということが見てとれた。まだ冬で林の
あちこちに残雪が残っていたが、気温は零度をかなり上回っ
ていた。日陰でさえもだ。そして日当たりは、温かさのたまり場
だった。前を走っているサラは、うしろも振り返らずに、彼がど
こにいるか分かっているようだった。交通量も少なかったので
二人は並んで走ったり、先頭を交代したりした。サラが思って
いた通り、元教授の方も強く安定した走りを見せた。

　　　彼は本物。見せかけじゃない。ぶれがなくて、思いやり
　　　があって、ゆとりがある。ルールを尊重して。押しつけが
　　　ましくなく。しかも強い。息切れすることもなく。彼は軽
　　　快に走る。この人と走るのは気持ちがいい。彼と一緒に
　　　もっと走れたら。

　彼らは五十マイルほど走ってから帰りの電車に乗った。冬
の早い夕暮れが迫っていた。二人は帰りの電車でもよく話し
た。彼はサラの自転車を組み立て直そうかと申し出た。彼女
は必要ないと言い張った。でも彼には彼女が嬉しそうなのが
わかった。それで彼はなおも申し出をやめなかった。
　「フレームはどんな色にしたらいい?」
　彼は自分の自転車をサラに預けて、彼女の自転車を地下鉄
で家に持って帰った。自転車の再組み立ては次の二週間に渡っ
た。タイヤ、ボトム・ブラケット、クランク、ブレーキ・レバー、サド
ル、ワイヤーなどを交換して、フレームはペンキを塗り直した。

彼女の方は、睡眠についての論文の第二稿目を書いていた。彼女の一稿目は、救急病院で働く医師の睡眠不足についてのレビューとして、すでに医学ジャーナルに発表されていた。この二稿目はもっと一般的なもので、一般読者を対象にしていた。彼女はこれをもっと発行部数の多い雑誌に載せたいと思っていた。今はこれまでの貯金を取り崩して生活していていた。睡眠は彼女の新しいテーマで、同時にその複雑さに悩まされていた。これまで発表された研究から一般論を引き出すには、実験のサンプルが少なすぎるし、実験計画に欠陥があったり、事後調査の不足も散見された——これらはよく陥りやすい落とし穴だ。彼女は自宅で仕事をした。救急病院で働いていた時の肉体的なキツさと比べると対局にあった。天気が悪く、自転車に乗ったり、外で何かをする気は起きなかった。それで、彼女は前年の夏のフランスのことを思い出していた。あの時は夕食を取ってからすぐ寝て、次の朝は日の出と共に起きた。疲労も十分に回復して、新たな登りに備えたものだった。今はグラフや表、統計が彼女の睡眠を妨げていた。

　朝の数時間を論文書きに費やして、それからハイラインを走った。喧噪とほこりの上を走った。走るという単純な行為は、酷寒の天気の中で彼女の体を温め続けた。夜は時々、食事やコンサートに誘われて出かけた。医学部時代の知り合いが、二度目のインターンシップのために近場に引っ越してきたためだ。その彼が求めるに任せて恋愛関係になった。たしかに彼に性的魅力は感じたが、いつものように何かもっと深い愛情が欠けていた。

　そこへ元教授からメールがあった。プロスペクト公園で、再組立てした彼女の自転車を試さないかという誘いだった。その日は

カラッと晴れた日だった。気温は氷点下を下回っていた。彼女は
スキー用の服を着て来た。二人はカフェで待ち合わせた。

　信じられない。完璧だわ。いったいどこでそのシール見つ
けたの？レイノルズ五三一のステッカーはほとんどはげ落ちて
たのに、完璧ね」

　彼女は自転車の周りを一回りして、一つ一つ隅々まで手が
入っていることに気が付いた。自転車は今にでも飛び出したく
てうずうずしているように見えた。

　二人はプロスペクト公園をサイクリングした。彼女の自転車
は新品のようで、しかも慣れた心地よさがあった。彼女のペー
スは速かったが、彼がいつも追いつけるだけの距離を保ちな
がら、慎重にリードした。公園では他のサイクリストたちも走っ
ていたが、その多くが彼の顔見知りであることが分かった。一
時間ほどすると、体を動かしていても寒さが浸みてきた。手足
が凍え始めた。彼女は彼を早めの夕食に招待した。パーク・ス
ロープのレストランはまだ客がほとんどいなかった。食事は高
級なイタリアンだった。

　「公園で会ったサイクリストたちのほとんどがあなたを知って
いたんで驚いたわ。この公園にはしょっちゅう来るんでしょ」

　「ああ、すぐ向かいに住んでるからね。あそこを通るのは病
みつきになってるんだ。それに近所の子供たちに自転車の修
理の仕方とか乗り方を教えてたんでね。奴らももう大人になっ
てるから、速く飛ばす場所では友達が多いんだ。でも僕にはも
う奴らについていくだけの力はないよ。でもこうやって彼らと
近所づきあいができたのは良かったね。僕らがここへ引っ越
してきた当時は、この辺はハイチから来た移民が多かった。彼
らはフランス語を話したんだ。フランス語と自転車が共通だっ
たから、僕たちは来てすぐに受け入れてもらえたんだ」

「じゃあレース用自転車を直してないときは何をしてるの?」

「いい質問だね。退職して自由に時間が選択できるから。でもこの選択できるというのが困りもんなんだ。もう仕事しなくてもいい。演技する必要もないけど、考えなくちゃいけないし、空想しなくちゃならないし——妄想しなくちゃならない。これまでため込んできた思い出の品々の片付けもしなくちゃならない。本当に数えきれないほどあるから。僕は軽装で旅したいんだ。光に惹かれる。だから、写真家になるべきかな?」

「詩は書かないの?あなたは詩を教えるのがとても上手だし、詩はミニマリストの芸術形式だから」

「もちろん書くよ、でも働かなくちゃならなかったから。けっきょく詩を教えることの方が多くなって、書くことは少なくなったんだ。それに人々は自分で書く詩以外は、もう詩に対する関心を失ってしまったようだ。今の時代の詩人は、ソングライター、コピーライター、ラッパーたちだ。僕が教えてたような詩はほとんど学問の対象になっちゃったよ。でもまだ書くのはやめてないよ。頭の中にはいろいろアイデアがあるんだ」

雰囲気が重暗くなった。なにか大切なことが言われていなかった。

「あなたが書いた詩を少し見せて」

「あんまり面白いもんじゃないから。ほとんどが言葉遊びで感情はそのまま出していないんだ……」

何か言葉が言いかけられたが、まだ隠されたままだった。

「たまには愛について書くこともあるんけど、それは言葉の裏に隠されていて……じつは僕一人ぼっちなんだ。子供もいないし。妻も亡くした」

一瞬仮面が外れて、落ちそうになった。ぎこちない微笑み。天使が針の上で踊った。

「手を貸して」と彼女は言った。「お願い」

そう言って彼女は彼の手を取った。「お願いだからあなたの詩を見せてちょうだい」

「オービスク峠のことを全部教えてくれたらね」と彼は言った。

笑いが起こった。「あなたはずる賢すぎるわ！プロになれるわね。プロフェッサーに……」

「年食ってお払い箱になったばかりのヤギ教授に?」

「私ヤギ好きよ。何処でも登るし、何でも食べるから」

「わかった。じゃあデザートでもどう?」

仮面をかぶってデザートを食べるのはむずかしかった。それでも二人はそれを試みた。質疑応答、さしさわりないテーマ、共通の関心事……

サラは彼に学生時代のことを聞いた。

「もう何世紀も前のことさ。よく思い出せないな。僕は化学専攻だった。両親が分子生物学者の草分けでね。あのDNAの構造を解明したジム・ワトソンは父の同僚の一人だったんだ。フランス語は副専攻だった。でも詩を勉強し始めるとともに、それから妻と出会ったこともあって、フランス語が本当に重要になったんだ。化学は好きだった。でも何かが足りなかった――はっきりとはわからないんだけど。たぶん僕の本当の興味はフランス語にあったんだと思う」

その時また彼の顔に当惑の表情が見えた。それから何か暗く、深い流れのようなものが一瞬彼の顔を横切った。

「あなたの奥さん、フランス人だったの?」

今やその暗く速い流れが一瞬彼の表情を曇らせ、そして消えた。

「君の思いやりに評定A、フロイト的な見方には評定Fをあげよう」

四国

「恐れ入りますが教授先生、私はもう学生じゃないんです。評定なんてどうでもいいの。かわりにお支払いをお願いしたいわ——詩でね」

彼はオービスク峠を一生懸命に登っている自分の姿を想像した。頂上のすぐ下のジグザグの登りのための体力は取っておいた。そこに突然若い女性が現れて彼を追い越した。ポニーテールが風に揺れていた。

「あら！またやっちゃったわ！ごめんなさい！恥ずかしい——あなたの私生活に首を突っ込むつもりじゃなかったの。本当よ」

その数日後に彼女は詩を添えた手紙を受け取った。

かけなかった電話

受話器をゆりかごに戻す、
が泣き止まない。
もう一度手に取る
優しく揺らして寝かしつける。
受け台に戻った電話は、
またしくしく泣き出す。
泣いて泣いて泣き止まない。
何度も同じことの繰り返し、
もう手立てがない。
僕の勇気はどこに行ってしまったのか？

彼女はお返しに、自分が書いた救急病院の医師の睡眠不足に関する論文のコピーにメッセージを添えて送ってきた。

「あなたの詩を読めて本当にうれしかった。これはほんの
お返し――あなたの美しい、抑制の効いた、しかも熱い詩と
比べたら、長ったらしくて、読みにくいけど」
　その論文を読むのに何時間もかかった。統計分析の箇所
は読みあぐねた。

　彼は立って目を閉じた。手前の窓はプロスペクト公園を見
下ろしていた。公園は冷たい霧の毛布の下でどんよりとしてい
た。しかし同時に、その朝の厚い曇り空から、一筋の光がさし
ているのも感じた。

光子（こうし）による救済。光子による希望と復活。忍耐
強くあれ。光に向かって登れ。今を受け入れろ――この
いのちの贈り物を。

　体を傾けてコーナーを曲がる――内側のペダルを上げ
る――そして次のコーナーにかかる。その繰り返し。両手は
ブレーキ・レバーを掴み、ゆるく、正確に、最小限に。風が肩
越し、首のまわり、そして開いたジャージを流れ、緑の匂いが
した。冷ややかだが寒くはない。耳に歌が聞こえる。様々な考
えが駆け巡る。

紆余曲折するこの道は楽しい。集中して体勢を立て直
し、道路を左右に揺れる。過去の記憶に注意、危険なセ
イレーン達にも注意。ただカーブと直線に集中しろ――
これからもずっと。

　彼は部屋の内側に向き直った。目はまだ閉じていた。部屋

の空間全体をまず目に浮かべて、次にその各部分に意識を集中した——はじめはランダムに、次に体系的に。そして部屋の中にある物のリストが彼の意識の中に形成されていった。が、あまりに多くの物があるため、途中で彼の記憶が崩壊した。今度は目を開けて、先ほどのリストに漏れた物を捉えようとした。しかし、イメージがはっきりしなかった。そこでイスの位置を動かして座った。窓を背にして、部屋の中の物をすべて見終わるまで観察した。再び目を閉じて先ほどの物のメンタルリストを再構築しようとした。しかし部屋の中の物の数の多さが、彼の薄っぺらな記憶構造をまた崩壊させた。

　「自分はどのくらいの数の物を記憶できるのだろうか?」と声にして自問自答してみた。「またその記憶できるだけの物のリストをどのくらい長時間維持できるのだろうか?」

　壁が反響して答えが帰ってきた。

　「記憶するためには忘れなければならない。忘れるためには記憶しなければならない」

彼らは、不動産価格が下落してオーナーたちが悲鳴をあげていた時代に、そのアパートを購入した。当時近隣の治安は崩壊の危機にあって、不動産価格はただ同然だった。二人とも仕事を持っていたので、ローンが借りられた。それでちょっと無茶をした。その建物をまるごと購入したのだ。隣のビルは火事で全焼していた。もう一方の側のビルは不法占拠されていて、武装した麻薬の売人たちがたむろしていた。彼と若いフランス人の妻は六階にベースキャンプを張って、料理はキャンプ用のストーブで作って、テントで寝た。何ヶ月も暖房も電気もなしに暮らした。彼らはそのビルを復元するために、自分たちの生活の大部分をあてた——と言うのは、それがそこにあ

ったから、自分たちの住む場所が必要だったから、またそれは二人の共通の冒険でもあったからだった。そうやって彼らはビルの基本的な機能を回復させた。その後は、夜、週末、休暇——さらには早朝も使って——徐々に五階分全部と地階を、ゆっくりと改装修理していった。支払い可能な時には助けも頼んだ。徐々に近隣の治安が良くなってくると、自分たちが住むアパート以外を貸しに出した。彼の妻は、ビルの下の階を売りに出すタイミングを本能的に知っていた。彼らは急に豊かになった。その資産の余裕をどこに使っていいのかもわからなかった。それでそれは退職後のために投資された。そして、妻が都合のいい時にそれを管理していた。彼らは屋上にペントハウス・スタジオも付け足した。それは五階にある彼らのアパートと内階段でつながっていた。外目には資産に余裕があることは見せなかった。友人たちを夕食に招くときは、その屋上スタジオに続くドアは閉めてあった。また彼らのアパートの階下に、彼の自転車ワークショップと他の部屋があることも誰も知らなかった。彼らは車は持っていなかった。妻が両親から相続したパリのアパートもあった。彼らはそこで休暇を過ごし、そこには二台の自転車とカヤックが置いてあった。彼らにとっては、自分たちの家が人目を離れた憩いの場所だった。

　彼の妻は屋上のスタジオで絵を描いた。彼は階下の自転車ワークショップの隣に事務室を持っていた。彼らの生活は豊かになった。壁、家具、記念品——果ては調理器具にまで囲まれるようになった。彼女の作る料理はフランス料理だった。彼の方は日本料理を作った。友人たちや職場の同僚たちを招いてディナーパーティーもした。運命の曲折とタイミングを逸したことから、子供はなかった。その代わりに彼らの人生には冒険と楽しみに費やす余裕ができた。

四国

　散歩をするにしろ、ジョギングするにしろ、自転車を漕ぐにしろ、彼らは一年中プロスペクト公園に頼った。家での楽しみは本と音楽に限定された。そして外出するときはレストランやコンサートや映画や劇、それから展覧会に出かけた。家にはテレビを置かなかった。彼らはベビーブーマー世代のヤッピー———すなわち裕福なインテリだった。さて、今この豊かな富をどうしようか? 彼が本当に必要だったのは自転車だけだった。もしかしたら彼は自転車ヒッピーになるべきなのかもしれない。そして世界中の美しい場所を旅して回るのだ。
　でも永遠に旅し続けることはできない。過去を受け入れて———現在に集中し、峠の頂上まで登ることではないか———そこから向こう側が見えてくるはずだ。
　しかし、彼の思いは壁に反射して、閉じた窓をすり抜け、過去と未来の海原にまた引き戻った。遠くから声が聞こえた。できるだけそれに巻き込まれないように努めた。こうやって目的もなく際限なしに漂っていても仕方ない。未来に目を向けなければ。そのうちに眠気が子猫の足のようにやってきた。ふさふさした柔らかい毛と爪をもった子猫の足だ。彼は椅子から滑り落ちるようにしてカーペットの上に眠り込んだ。枕を引っ張り寄せて、毛布をかぶった。眠っている間に次々と変わる情景を夢に見た。上の方が明るい水中の景色、山々にかかった雲の景色、庭園の泉の清らかな音、木々の葉を渡る風、嵐が去った後の火山島。夢のなかの真実、それが彼の唯一の避難場所だった。黄金のような眠りがやっと訪れた。悔いはない。

　朝の光が雲の間から優しく差し込んだ。それは絵画の上、白い壁、木の床の上に優しく反射した。
　そうだ、光子の中に答えがあるはずだ———その光と暖かさ

の中に。光を辿って生命の源まで立ち返り、そこから再び出発しよう。

　彼は立ち上がった。そして公園の暗い輪郭を静かに眺めた。その後ろに春が隠れていた。彼は日本で茶会に出たことを思い出した。それはある晴れた寒い早春の朝に、瀬戸内海の近くにある伝統的な日本家屋で開かれた。茶会の主人は参加者の一人一人に、会の前に一句詠むように頼んだ。彼は一行多い俳句を書いた。いま紙切れとペンを取ってその俳句を思い出そうとした。

瀬戸

冬は春に微笑み
春はコートを脱ぎ捨て
初花に染まる
黄色、桃色、白

サラはその俳句をメールで受け取った。二人は一週間以上も連絡を取り合っていなかった。彼女は論文書きに没頭していた。記事はさらに分量が増え、もしかしたら睡眠の本を書けるだけの分量になるかと思われた。その考えが彼女を眠らせなかった。彼女は何かに憑かれたようになっていた。それで、その日本の春の俳句を受け取った時は嬉しくなった。自分が高校時代に交換留学生として広島で三カ月過ごした時のことを思い出した。その時に彼女は春の最初の兆しと、桜の花を見たのだった。

日本の春。思い焦がれる女性のような日本人の抑制。私
のそこへの思いを、彼は知る由もない。思い切って行こう
か?はい

彼女は火山の絵を描いた。何かそれは、雲の上にそびえ立
つ富士山の浮世絵に似ていた。彼女はそれをスキャンしてメー
ルで彼に送った。するとすぐに返事が返ってきた。それは電話
の受話器の形をした漫画だった。彼女は電話した。

「あなたの俳句素敵だわ。あなたが日本のファンだとは知
らなかったわ。私もよ。でも私は日本に三ヶ月いただけなの。
もっと日本のことを教えてちょうだい——私のひいきの寿司
バーかどこかでね」

二人はフォレスト・ヒルズで会った。日本食を食べるにはあ
まり似つかわしい場所ではなかったが、シェフは大阪出身だっ
た。二人はカウンターに座って、味噌汁、熱燗、刺し身の盛り
合わせを注文した。味噌汁を飲みながら二人は、手前の寿司
ネタケースからシェフが慎重に魚を選んで刺し身の絶品を作
る手つきを見た。盛り合わせには、新鮮なシソの葉、カイワレ
大根、それにキュウリで作った小さな緑のカップにイクラを乗
せたものが添えてあった。魚はキラキラと光り新鮮だった——
それにアメリカでは本当に珍しい甘エビとホタテも置いてあっ
た。刺し身は大根の千切りの上に盛りつけてあった。その千切
りをシェフが準備するのを二人は見ていた。皮を剥いた円柱
状の大根をシェフが包丁で見事に回しながら薄紙のように剥
いていく。それからその薄皮を重ねて千切りにする。

「ねえサラ、僕もやってみたことがあるけど、ああいう風に
は剥けないんだ。あのシェフは簡単そうにやるでしょ。僕は来
世ではきっと日本料理のシェフになっていると思う」

「今からでもなればいいのに?」

「きっと何年もかけて山のような修行と集中力を身につけなければならない。もしそれができたとしても結局日本人じゃないと無理かな。まあ僕はモノマネで我慢して、野菜カッターで千切り大根を作ることにしよう」

二人はさらに熱燗を注文して日本のことを話した。

彼は亡き妻と京都に住んでいたことがあった。彼女は日本の銀行の失敗について調査していた。彼の方はサバティカル休暇を取った。彼らは京都の東端の丘陵地帯の近くに住んだ。そこからの市街地の眺めが素晴らしかった。裏手の山には竹、樹木、それから椿が生えていた。近くに哲学の道や銀閣寺もあった。彼は二冊目の本の執筆予定だったが、結局滞在中の時間の多くは、地元の飲食店で知った料理を自分でも作ってみるためスーパーで食材を買って過ごしてしまった。シェフたちの創作力には際限がないように思われた。彼らは季節ごとに皆同じような食材で作り始める。しかし個々のシェフはそれぞれ自分流の食材の組み合わせ、調理法を持っていた。彼と妻は六か月京都に住んだ。秋を経験した。もみじに色がついて、冬に変わり、そして桜の花で春が始まるまでの滞在だった。

「日本語は習ったの?」

「ほんのちょっとだけね。日本語の響きに慣れて、幾つかの表現を覚えるだけで十分だった。同僚の日本人研究者は英語を話したし。地元の人もオープンで親切だった。だから楽だった。地元のアーティスト、市場の売り子、それから近所の飲食店のコックさんと知り合いになった。共通の言葉はなかったが、だれもそれで困った様子はなかった」

「茶会と俳句について話して」

四国

　「僕たちは京都から南へ下った瀬戸内海の近くにある村
で、陶芸家の家に一泊して、茶会に招かれたんだ。瀬戸内海
というのはね、広島と岡山の対岸にある四国が太平洋を遮っ
てできた内海なんだ。その家は伝統的な家屋で、暖房もなか
った。進歩を感じさせる唯一のものは最低限の電気だけだっ
た。まだ二月の終わりの頃で、夜になると寒かった。でも午後
の陽は南向きの茶室を暖めてくれていた。その茶室はまだ眠
ったような庭園に面していた。陶芸家の茶碗や茶器が畳の上
に並べられていた。火鉢の炭の上で湯が煮えていた。僕たち
は茶会の前に、俳句を作るように頼まれたんだ――でも僕は
五音を余分に付けた。その句は筆で書かれることになってい
た。その儀式、茶、陽光がきっかけで、僕は日本文化の美の深
さに気づいたんだ。君の日本の経験はどうだったの？」
　「私は高校の最終学年に三カ月の交換留学をしたの。もう
大学は決まっていて、十八歳の誕生日のすぐ後、早春に出発し
たの。その時のホストファミリーとは、十年経った今でも電話
やメールで連絡しあっているのよ。日本語は少し習ったわ。で
も滞在が短すぎて、うまくなるまでにはならなかったの。その
時に覚えた日本語も今はほとんど忘れちゃったわ。ホストファ
ミリーの息子さんが今春結婚するの。私も招待されてるの」
　「出席するつもり？」
　彼女の顔がさっと希望に輝いた。「行こうかどうか思案
中……でも躊躇してるの……」
　二人の会話は、次の料理を聞きに来たシェフによって中断
された。彼は寄せ鍋を頼むつもりなので、窓際のテーブルに席
を移れるかと聞いた。濃厚な魚介と野菜のスープが入った鉄
鍋が彼らの前に準備された。鍋が煮えている間、熱燗が進ん
でさらに日本で見聞したことや気に入ったことなどを話した。

　熱々の寄せ鍋は、冷たい刺し身とは夏と冬のように正反対だった。お櫃に入ったご飯に竹製のしゃもじがついて出てきた。たぶんお酒のせいなのか、背後に聞こえるシェフたちの日本語なのか、それとも食事が彼らのためにだけ準備されたような印象を受けたためか、二人はしだいに心地よい海の波に漂い始めた。浮き上がったり沈んだりしながらお互いを垣間見合った。会話はお互いを近づけはしたが、まだ言葉は遠く堅苦しく、音楽のアクセントのようだった。レストランは二人の周りの背景に沈み、彼らは砂地の島に取り残されたようだった。

　彼女は財布からペンを取り、ペーパーナプキンに富士山のような山を描いた。頂上には雪が積もっていて、サイクリストが一方を駆け上っていた。彼はそのナプキンを取って、二人目のサイクリストを描き入れた。それは一人目のサイクリストの下にいて、汗がこぼれ落ちていた。そして吹き出しに「この標高は苦しいよう！」と書いた。彼女は一人目のサイクリストに吹き出しを入れた。「あなたのペースは私のペースよ」と。

　という具合に、日本でサイクリング旅行をすることが決まった。しかしまだこれから決めなければならない詳細や、疑問点がたくさん残っていた。翌日彼らは手速にメールを交換した。

　「僕らが一緒にいるのを見たら、他の人達はどんなふうに思うだろうか——年配の男と若い娘だから」

　「本当のことを言うだけよ。あなたは私の指導者でエスコートなの」

　「でも君の家族はどう思うかな？」

　「何も思わないわ」

　「本当に何にも？」

　「明日のお昼にグランド・セントラル駅で会いましょう。メイン・コンコースの中二階にあるカフェでね」

四国

彼は、グランド・セントラル駅のメイン・コンコースは音のブラックホールのようなものだと思っていた。それは人の声や足音を捕まえて飲み込んでしまうからだ。しかし実際には、言葉は、飲み込まれる前に構内に反射して、星座が描かれている天井に跳ね返って、階段を駆け下り、床に跳ね返り、没頭して歩く人々の足音と混ざり合うのだった。言葉は希釈化され、その意味は周りの音の湖に消え去った。そこは匿名でいられる場所だ——あまりに公の場所なので、かえって私的でいられる場所だ。

　彼がカフェの方を見上げたとき、コンコースの向こうの端から彼女が手を振った。彼女は何百人もの人々があらゆる方向に歩いている中でどうやって彼を見つけたのだろう。

　「ここに来たのは初めてだ。すごい景色だね！ものすごい人だ。ここにカフェがあるなんて気がつくかどうか。僕はいつもここを通りすぎているだけだから。さてどこから始めようか?」

　「まずメニューからね」

　注文をし終わってから、彼らは旅行について真剣に話始めた。

　「今朝もまだ君の気持ちは変わらない?正直に答えてくれ。酒と居心地の良さが人を惑わすこともあるから。プレッシャーなんてないから。考え直しても構わないよ。今でもいいし、これからも気持ちが変わったら言ってくれ。本当に僕と日本に自転車旅行に出かけるつもりでいるの?たぶんもうちょっと時間をとって考えてみた方がいいんじゃない?」

　彼女はじっくり考えていたがためらわずに答えた。

　「迷いは無いわ。こういうのは本能的に決めたほうがいいの。私の直感は行くべきと言っているの。もう気持ちは決まっ

ているの。本当にもう一度日本に戻りたいの。あなたと一緒に行きたいの。あなたの本当の気持ちを聞かせて?」

「僕の直感もこのチャンスを逃すなって言ってる。でも君についていけるかなって不安もある。自転車のことだけじゃなくて、生活習慣とか、活力一般についても含めてのことだけどね。僕らは世代が違うし、生きてる世界も違うから。僕は携帯電話さえ持ってないんだ。だから君は飽きちゃうんじゃないかな?」

「飽きるなんて一瞬もないわ。あなたに飽きるなんて想像もできないわ。あなたのペースが私のペースよ。いずれにしても、べつに損することって何もないでしょ?」

「僕らはすべてを得るかもしれないし、すべて失うかもしれない。旅行は人を親しく結びつける——そうでなければ別れさせる。僕は一人でも旅行できる。でも君もそうだ。だからいずれの結果になろうが問題はないだろうね。でももしかして……違いはあっても……もしかしたら……」

「恋に落ちるかもって?」

彼は笑って言った。「そこまで言うつもりじゃなかったよ」

一瞬沈黙が訪れた。彼女は遠くを見て、それから彼の方を見た。

「でも恋愛にはいろいろな形があるでしょ。約束もしないし。期待もしない。何の期待もなしにその時その時を真剣に過ごすだけ。そしてなるにまかせるの。人々は出会ったり、別れたりするから。あそこを見て。人々が歩く道は交差しているわ。時にもつれたりすることもあるし。そうならないこともあるわ」

「でも、もしある道が真っ直ぐで、しっかりした道で、もう一つはふらふらして頼りない道だったら……」

「あなたは元気だし、私も急ぐ必要もないし」

「でも君の仕事の方は？」

「あなたの言う通りね。仕事は確かに重要だわ。私もそれは考えたの。桜の咲く春はいいタイミングだと思うわ。というのは、その時までに論文を書き終えて、一休みする必要があるから。私はまだ睡眠についての本の最初のあたりにいるの。違う場所や違う寝床で睡眠を試してみる必要があるの。畳の上に敷いた布団でも試したいわ。その上、同じ部屋に慣れ親しんだ人がいたらなお安心だし。それから、その人が私の自転車の後ろを走ってくれるようだったら、それもとてもいいわね。ただ想像してみただけ。でもとても良い感じ。桜は再生のシンボルじゃない？」

「そうだね。でもそれはまた人生のはかなさ、青春の一時の華やかさをも表している。君はまだとても若い。君の青春の貴重な時間を、年配の侍と過ごすのかね？それは君にとって良いことかな？」

「ええ、そう思うわ」

「君の両親はどう思う？君の私生活のことは全然知らないから。ボーイフレンドはいるの？けんかしたりもするの？」

「もちろん。ボーイフレンドはいるわ。彼とは二週間毎に会うの。彼は内科医で二度目のインターンをしているの。よく夜勤をしているのよ。私たちは医学部以来の知り合いだけど、今はちゃんと付き合っているの。でも、付き合いがまだ表面的なところで止まっていて、一面的というか。時とともに深まってきていないの。まあ、長く付き合うというのでもないし。お互いの物理的なニーズを満たすのに都合がいいって関係なの。だからこれ以上発展する見込みはないと思う」

「それじゃ、君のご両親の方は？」

　彼女はうつむいた。彼女の明るい顔が一瞬曇り、それから彼の顔を直視した。

　「嘘だと思いたいんだけど、実は両親は十年前に亡くなったの。私が十八歳の時にね。兄弟もいないの。テキサスにおじがいる他は家族もいないの。私の家族は、私と私の記憶だけなの」

　グレート・ホールに沈黙が降りた。おびただしい数の人々がここを通り、その軌道と彼らの足音が交錯する。靄のように消える音の向こうにゆらゆら輝く天井の星座、発車する電車、期待して待つ人々。すべてが止まり、聞き入った。

　「僕の家族も僕一人だけだ」

　彼は片手で彼女の手を取った。そしてもう一つの手は、自分のジャケットのポケットから紙切れを取り出して、彼女に向かって——そしてその向こうの星座に向かって読んだ。

君は誰だ？

おお女神よ、僕は君を怖がらせていないか？
僕は騒ぎ過ぎていないか、それとも幸せ過ぎないか？
自分の役割をもっと控え目に演じるべきか？
人の話を聞かな過ぎる？

はしゃぎ過ぎていないか？
僕は物陰に隠れて
遠くから君についていく
熱心なファンでいることもできる、

四国

でも僕は自分で
波を蹴って栄光に向かいたい、
水面の下にいて
水中に届く光で呼吸するのはいやだ。

君はすべてを語らなくていい、
君の美しい仮面と
その黄金の微笑みは隈なく、
誘惑のスリルに満ちている。

これは非難ではなく、
時がそう進んでいるだけだ
作為なく、自然に、
軽装で旅するのが必要だ。

怖がらず、君らしく、
僕は君の熱心なファンであり、
最高のものを知る者であり
美を愛する者だ。

どうか僕に賭けさせてくれ
未来への孤独な賭けに。
僕は賭けくじを買う
そしてキスとシャンペンで幸運を祈る。

もし僕が負けたら——泣かないで、
メッセージも要らない、
返事もなしだ。ただ

君の耳に微かなこだまが聞こえるだけだ。

君が行く道にさしかかる影
年月が過ぎ、何世代も過ぎて
すべてが過去の塵となったとき
僕たちの時代も過去になる。

基本的な旅の行程は単純だった。四月の初めに飛んで、京都で結婚式に出て数日過ごし、それから南へ向かう。桜が咲いている場所まで。たぶんそれから四国へ向かう。細かい日程はもっと複雑だった。地図、自転車とその輸送、衣類、工具、カメラ、ガイドブック？たくさんの空白を埋めなければならない。今度は彼がリードする番だ。サラは本のプロジェクトに集中していた。出発前に本のアウトラインと見本の章を仕上げるつもりだった。

　日本語の会話集は？自転車用のバッグは？電車に自転車を持ち込めるか？フェリーはどうか？インターネットの情報は役には立ったが、混乱させもした。日本語のウェブサイトが理解できず困っていると、ある英語のサイトを見つけた。そのウェブサイトは、外国人のサイクリストにはマップルの詳細なバイク用ロードマップを手に入れるよう勧めていた。その地図には狭い道、ホテル、ランドマークが印を付けて描かれている。地名と解説は日本語だったが、基本的な情報は、主要地域ごとに本の形式にまとめられた道路地図に載っていた。

　彼は、しまなみ海道を走ったサイクリストが、そこを激賞する記事を読んだ。しまなみ海道とは、本州と四国との間にある島々を結ぶ自動車道路で、自転車も走れるルートだ。彼は四国に惹かれた。四国は日本の主要な四つの島の中で一番小

四国

さく、八十八ヶ所めぐりを、徒歩でも、自転車でも、電車でもバスでもできる。また海と山が隣接してもいる。伝統建築や食についての記事もあった。ここがいいと思った――京都からも遠くないし、本州とはしまなみ海道のほかに、瀬戸内海の島々を経由するフェリーでもつながっている。しっかり旅行するには、時々ローカル線を使ったとしても最低一か月は必要だ。

　彼らは週に数回、プロスペクト公園かセントラルパーク内の自転車道路を走った。その後お昼を一緒にして、それが伸びて近くのレストランで夕食になることもあった。彼の方は毎日さらに数時間自転車に乗った。効果が現れるまでにしばらく時間がかかったが、いったんそれが現れると、彼は自分の体中に新しい力がみなぎるのを感じた。そして彼の心は落ち着き始めた。

　トレーニングは彼の救いの場所となった。エンドルフィンが魔法の効果を発揮した。彼は無意味に終わった過去の出来事を再び思い出してみた。そしてまだ解決していない問題や課題をもう一度心の中で追体験してみた。自転車を漕ぐリズムは、体と頭に心地良く、過去は次第にぼやけて遠くなった。過去に書いた論文が断片的に思い出された――何度も繰り返して思い出すものもあった。例えばフランスのおとぎ話『美女と野獣』について書いた論文のある文とか。亡くなった妻がパリのアクセントで「美女と野獣」と発音する声が聞えると、彼は息苦しくなるのだった。それがまた聞こえた。彼は止まって、自転車を掴んで立って、彼女のゴーストがまた聞こえないか気を張り詰めた。しかし何も起こらなかった。聞こえるのは自分の息遣いと、枯れ葉をわたる風のみだった。自転車を漕ぎだすと、またその声がした。亡き妻が自分にいたずらをしているに違いない。今回ははっきりと「美女は野獣」だと聞こえた。彼

は家に飛んで帰りたかった。しかし道は通行止めだった。それで暗がりの中を走って帰った。

飛行機の切符は買った。これで旅行には始まりと終わりができた。問題はその間をどういうアイデアと期待で埋めるかということだ。またその一方で、できるだけ自分たちだけの自由な時間も多く取りたかった。

　彼はついに新しい自転車を買うことに決めた。できるだけ軽装で旅行しようと決めていたので、自転車は彼女にならってカーボンファイバー製のを買うことにした。冬がその寒さの手をゆるめたころ、二人はキャッツキル山地で数日サイクリングした。彼はインドア・トレーナーも買って、自分の今まで使っていた自転車をそれに乗せて毎日練習した。新たな地平が開けてきた。スピードとパワーへの新しい感覚が育ってきた。彼は冬をはやく脱ぎ捨てて、太陽と風を自分の肌で感じたいと願った。

　一方彼女の方は、睡眠のテーマについて深く探求していた。彼女は締め切りを前にして頑張った。出発までに本のアウトラインと見本の章を仕上げなければならない。

　　一般読者に最低限必要で、しかも興味ある話題は何か？医療関係の本ではどんな内容が定評があるか？不確実性を含む内容はどう発表すべきか？睡眠とは何か？睡眠は必要なのか？記憶とは何か？他の生物における睡眠は？うたた寝の効用は？体と心を鍛えるための睡眠は？そもそも休息時間はなぜ必要なのか？睡眠の生化学的メカニズムは何か？遺伝子と睡眠の関係は？夢について。これはまた別の本が書けるテーマだ。

四国

　彼女は焦点を絞る必要があった。しかしまずは広い視点からテーマの全体を掴むことにした。彼とのサイクリングで少しは楽になったが、彼女の強迫観念を癒やすまでには至らなかった。彼女は荒ぶる猛者モードに突入していた。そして出発のちょうど前日にアウトラインと見本の章を書き上げ、出版社に提出した。

　出発の日、彼らはメールを「外出中」の自動返信に設定した。荷物は超最小限にまとめてあった。彼女は携帯電話も置いていくことにしたが、悔いはなかった。彼らは関西国際空港に飛んだ。そこから京都へは遠くない。二人の自転車は安全に箱詰めされていた。車輪は外してフレームに括り付けてあった。その他すべては、衣服、発泡スチロール、気泡シートで慎重に包んであった。彼らは自転車用バッグと小型のフロントバッグを持って行った。自転車用バッグは機内に持ち込んだ。後ろに付ける荷台は、自転車と一緒に箱詰めされた。衣服は、ほぼ自転車用ウェアを着て旅行する予定だった。結婚式に何を着て出るかは、まだこれから決めなければならなかった。ホテルはすでに二部屋予約しておいた。そのホテルは、京都外から結婚式に招かれた来賓のために指定されたホテルだった。空港までの出迎えは必要ないと強く伝えておいた。彼女の方は彼のことを、以前京都に住んだこともある良き指導者で、今回は彼女のエスコートとして来日してくれるのだと、日本の友人たちに紹介しておいた。

　空港で自転車を運送業者に預けて、数日後に連絡するまで保管してくれるように頼んだ。ホテルに着くとまもなく、新郎が挨拶にやってきた。新郎とサラは軽くお辞儀をして挨拶し、次に西洋式に握手して、さらにもっと深くお辞儀して、最後は西洋式に大きなハグをした。それは温かく、フォーマルで同時

に堅苦しくない再会だった。彼の方は新郎とお辞儀をして、握
手を交わした。

　二人のために英語の日程表が渡された。それによるとその
晩は夕食会があって、結婚式は翌日の午後、続いて披露宴が
ある。最後の日に茶会が設定されていた。彼らはその全日程
で、新郎新婦の家族と同席になっていた。サラはその日の午
後、着物の着付けをする予定だった。日程表にある会場は
すべてホテルから近いのだが、家族の誰かがいちいち迎えに来
てくれて、そこまで案内してくれることになっていた。すべては
日本式の礼儀に従って計画されていた。彼らは大切な来賓だ
った。

　二人の部屋はお互いに近かった。一息してシャワーを浴び
た後、それぞれのバルコニーから京都の景色を楽しんだ。

　「やあサラ。気分はどう？一休みできた？ここから昔僕たち
が住んでいた場所が見えるんだ。ほら向こうの山の手前」

　「京都の景色は初めて。それも早春なんて。美しい、はっと
するような美しさだわ。すぐに自転車で街に飛び出したい気分
だわ！でも三十分後に着付けがあるの。あなたは何をするつも
り？」

　「僕は少し散歩して、ここの空気を味わいたい。それから座
って、まわりの音を聞きたい。まだずっと起きていたいんだ。
たぶん後でカラオケバーにでも行くかな……」

　結局彼はそのどれもしなかった。その代わりに近くのデパー
トで、日本製のスーツ、ワイシャツ、ネクタイそれから洒落た靴
を買った。

夕食は和室だった。畳、障子そして床の間には掛け軸が掛か
り、生花が生けてあった。背もたれ付きの座布団に腰掛け、長

く低いテーブルに座った。女性たちは遅れて入って来るようだった。また新郎新婦は列席しないようだった。最初に飲み物が出された。彼は炭酸水を頼んだのだが、ウィスキーが入っていた。良いウィスキーだった。男性の来賓たちは名刺交換を始めた。彼は運良く、自分の名刺を持参することを覚えていた。その名刺は、彼が京都に滞在した時に余ったもので、名前と仕事先の住所が一方に英語で、反対側に日本語で刷ってあった。スーツを買っておいて良かった。みんなスーツを着ていたからだ。しばらく立って話した後、男性の来賓たちは指定された自分の場所にあぐらをかいて座った。彼らの間にできた隙間には、これから来る女性の来賓たちが座ることになろう。

　女性たちは賑やかに玄関に到着した。甲高い声と畳に足が擦れる音がした。それから部屋の入り口の障子がさっと開き、女性たちが入ってきた。壮大でまばゆいばかりの景色だった。彼女たちは皆着飾っていた。西洋式の服装をした女性もいれば、着物姿の女性もいた。彼は最初サラに気づかなかった。しかしよく見ると彼女はそこにいたのだった。二人の着物姿の女性たちといっしょに手をつないでいた。彼女は光り輝いていた。蝶々が飛び立ったのだ。黄色の羽を強く羽ばたかせて、高く遠く飛び立った。彼は一瞬混乱して瞬きした。それからよく見ると、複雑に織られた黄色い柄模様が見えた。それに赤と茶色、それから明るい円形のハイライトのぼかしも見えた。たしかにそれは蝶のモチーフで、一人の若く美しい女性のために捧げられたものだった。

　それにしても彼女は何でこんなにも変われるものなのか、と彼は思った。着物だけでなくメーキャップ、ヘアスタイルまですべてだ。サラは紹介されるたびに一人一人にお辞儀して笑顔を返した。彼の番が回ってきて、二人はお辞儀をかわした。

彼女は完璧な日本人に変身していた。サラは彼に向かい合って座り、その足は日本式に正座していた。彼女の両脇には先ほどの日本人女性たちが座っていた。

　他の女性達も上品に着飾り、髪を綺麗に結い上げていた。若い女性たちも、年配の女性たちも美しかった。しかし皆の注目はサラに集まった。これは明らかに尋常なことではない。でももしこれが本当に現実だったら……きっと日本映画の一シーンか何かに違いなかった。自分はきっと時差ぼけで夢を見ているのだ。それは今にも消え失せてしまうだろうと思った。

　彼は英語を話す同じ年代の男性の隣に座った。その男性は彼にその晩通訳をしてくれた。周りから、京都のどこに住んでいたかとか、滞在中は何をしたかなど、丁寧で率直な質問があった。また飲み物が出された。今度はウィスキーは飲まずに済ませることができた。料理がゆっくりと控えめに出され始めた。上品に並べられた小盛りの料理たち。ミニチュアの芸術品とも言える料理はお箸でそっとつままれ永久に消えていった。彼はその洗練さをすっかり忘れていた。すると後から、味わったいろいろな味が思いがけず蘇ってきて、彼の料理に対する情熱を刺激した。しかしそれらの味は、他とちょうど良いバランスを保ちながら甦ってきたのだった。彼は食べ物についてのメタファーに思いを巡らせた。それはあらゆる感情を表現する際に、そればかりか音楽を表現する際にも使われていた。過去の人生が消えて、変形してまた戻ってきた。あちこちで声が渦巻いた。しかし聞き取れるのはその音色だけで、意味は不明確だった。ところどころ単語が聞こえるだけだ……誰かが彼に質問した。

　「アメリカでフランス語を勉強する人はたくさんいるんですか?」

　「ええ、外国語の学習は奨励されていますから。でも語学だけじゃないんです。私は詩と演劇に興味を持っています。それは元の言語で一番意味がよく伝わりますから」

　この後、詩について、それから日本の芸術が西洋に与えた影響、特に十九世紀後半のフランスに与えた影響について熱心な議論が交わされた。その際に、彼は、隣に座っていた男性が学者で翻訳者であることを知った。英語ばかりかフランス語にも堪能だった。彼は、サラが、同伴の二人の女性たちと、口に手を当ててひそひそ話をするのを見た。彼女たちは彼の方をチラチラと見た。他の人々もひそひそ話しながら彼を見た。テーブルの端に座っていた男性が立ち上がって、彼の方に一礼し、彼に詩を読んでくれるようにお願いした。

　彼はサラを見た。サラは口真似で「お願い」と言った。それで彼は立って、あの茶会の時に読んだ俳句を披露した。暖かな拍手があった。それから紙が彼に渡され、その俳句を書くように頼まれた。彼の横のマルチリンガルな学者はそれを日本語に翻訳した。それから先ほどの俳句を英語でもう一度読んでくれるように頼まれた。今度は人々から、感嘆と感謝の声が上がった。宴会が始まった。その俳句をきっかけに人々を隔てる垣根がパッと消えた。彼は家族の仲間になったのだ。

　また新たな料理が振る舞われた。今度はもっとハッとするような日本特有の味だった。飲み物もさらに振る舞われた。その中にはお酒もあって、これには抵抗できなかった。彼は頭のどこかで、言葉が次第に重要なものでなくなったのを感じた。言葉の意味は理解できなくても、それを感じ取れた。そうやって言葉にはさらに活気があふれたが、その意味は言語学的ニルヴァーナの中に消えて行った。エレガントな料理でさえいつもの効果が発揮されなかった。それよりも何かもっと

基本的なものに彼はコネクトしたようだ。脳内の原始的な部分が刺激され、自分で予想もしないような反応をした。たしかに、彼はハイになっていた。でもそれはアルコールとは違う新しいハイだ。

　テーブルの端の男性が立ってスピーチを始めた。それを彼の隣の男性が同時通訳してくれた。そのスピーチは、青春、美、年齢を重ねること、パッと咲き、はかなく散る桜についてだった。沈黙、頷き、そして拍手が続いた――それは、年齢を重ねた知恵のそよ風が、さわやかに木の葉を揺らすような響きだった。雄弁で、人の心を動かすスピーチだと思った。すると、部屋が静かになった。皆の視線がサラの右隣に座った女性に注がれていた。

　彼女は帯から刺繍入りのハンカチを取り出した。その目には涙があふれていた。それが他の人々の涙を誘った。サラの目が潤むのも見えた。彼女の左隣の女性の目も潤んでいた。テーブルのあちこちでナプキンを掴む音がした。涙の流れる不思議な沈黙が部屋を包んだ。思わず彼の目も潤んだ。

　その女性が話を始めた。彼の通訳も沈黙した。それは立ってするスピーチとは違って、前もって準備したのでなく、深く感動的なスピーチだった。彼女は気丈で落ち着いていて、時々ハンカチで目を拭うのが、話にリズムを与えた。彼女は来賓の一人一人に話しかけ、そして最後は遠くを見た。話に詰まって、言葉を探した。が言葉は見つからず、途中で話が終わってしまった。拍手はなかった。涙の流れる沈黙があった。

　それからサラは豊かな響く声で、『枯葉』をフランス語で歌った。続いて日本語で歌った。すると他の来賓たちもそれに加わった。

　サラが『枯葉』を日本語で歌っている？本当にびっくりだ！

　一人の男性が立ち上がって日本の民謡を生き生きと歌い始めた。人々も手拍子をとったりいっしょに歌ったりし始めた。宴会は次第に楽しい雰囲気に変わっていった。しかしサラの右隣の女性は、まだ上の空で、どこか遠い場所から戻って来ようともがいているようだった。サラは彼女の手を固く握り、二人とも泣いていた。

　さらに歌が続き、料理と飲み物が出された。彼は自分が予備のエネルギー消費モードに入っているのを感じた。宴会は深夜に終わった。サラはまだ疲れた様子は見せない。彼は自分の部屋に戻り、時差ぼけ、アルコール、疲れと快感から、ベッドに入るなり眠り込んでしまった。

　何時間眠っただろうか、彼は目が覚めた。彼はベッドの上に置かれていた浴衣を着て眠っていた。起き上がって木綿の浴衣を締め直して、それからつい先ほど見ていた夢のことを思い出した。再びベッドの上に座り直して、その夢の全体を思い出そうと意識を集中してみたが、もう記憶は消えかけていた。それでも思い出せる断片もあった。ある女性——たぶん神道の女神のような女性——が、暗い洞穴から現れ、彼をどこかに導いた。彼はどこにいるのかわからなかった。それはとても近くにあって、とても気持ち良かったが、でもそこにいるという実感は薄かった……なにかゆったりとした白い服を着た若い女性の微かな印象があるのみだった。彼女の美しい顔はぼやけ、翻って彼から離れ、霞の中を太陽に向かって登っていった。彼は、量子力にでも引っ張られるような速さで彼女を追い始めたが、彼女は霧にかすむ光の波の中に消えてしまった。彼はそこから戻ろうとしてもがいている間に目が覚めた。

　ベッドから再び立ち上がり、ガラス戸を開けてバルコニーに

48

出た。夜明けの最初の兆候が見えていた。またここに戻ってくるなんて、奇跡的だ。この京都の街に朝が明けるのを妻といっしょに見てから長い年月が過ぎ去っていた。向こうの山腹は木々で覆われ、黒く斜めに傾斜して見えた。そしてそのふもとにある建物のアウトラインも見えはじめていた。朝の光は、地平線近くに低くたれかかる雲を照らしていた。それらは炎のように燃えあがった。朝は約束通りにまたやってきた、しかしゆっくりとした自分のペースで。

「急かさないでくれ。もうすぐ来るから」と朝は言った。「でもまだ早い。このひとときをゆっくり味わいなさい」

そうだ、ゆっくり味わうのだ。この夜明けの前の静けさに浸れ。そして、その自己統制に見習え。でも僕はいつまで自滅せずに耐えられるだろうか？少なくともここでは僕を知る者はいない。だから、僕は安心して、おもちゃの自転車から転げ落ちた、ばか者役を演じられる。笑いたければ笑え、その感染する笑いで——セイレーンよ。この哀れな僕を嘲笑え。若い女に狂おしく恋をして、自分を失って破綻している僕を。君はその過去の止まり木の高みから、僕がふらふらして、道化師のように自転車から転げ落ちるのを笑えよ。

ドアが開く音が聞こえた。隣のバルコニーからだ。彼はそこに彼女がいるのを感じた。しかし振り向かず、じっと夜明けを見続けた。ついに彼は口を開いた。

「京都に夜が明ける。移り変わる光。そしてまた現実に戻るのか？でもどの現実に？僕は不思議な夢を見た。神道の女神に憑りつかれた夢だ。彼女は僕を、霧の中に光る眩しい光

の方へ連れて行った。あれは神だと思う。太陽の化身、天照大
神だったのかもしれない」

「その女神はどんな姿だったの?」

「それがほとんど覚えていない。若くて美しくて、でもどこ
か距離があって」

彼は彼女の方に振り向いた。彼女は浴衣の上に羽織をはお
っていた。十分休んで生き生きした顔をしていた。

「お茶でもどう?」と彼女は言った。

彼は彼女の部屋に入って、ガラス戸の横にあぐらをかいて
座った。彼女は日本式に畳の上に正座した。

「サラ、君はすごい変身をしたね。昨日の晩は、ただの夕食
だと思っていたら、とんでもないすばらしい夜になった。一晩
にあんなにたくさんびっくりしたのは生まれて初めてだな。い
まだによく理解できてない。君がここの人たちとあんなに近い
なんて思わなかったよ。どうしてあんな風に親しくなったの?
それから、あんなすばらしい衣装をどうやって用意したの?そ
れにあの歌、ほんとにプロ並みだった。日本語の『枯葉』、あ
れはどうやって覚えたの?皆の涙を誘った、あの君の隣にい
た女性はいったい誰なの?彼女は何を話したの?本当にびっ
くりしたよ。まるで君の中に新しい君を見てるようだ」

「宴会の主催者は、私の広島のホストファミリーなの。私の
右隣に座ってた女性は、私の日本のお母さん。私いつもママさ
んと呼んでるけど、本当はチエコって言うの。私たち昨日の午
後再会したのよ。あなたが外出した後。本当に感激したわ。だ
って私たち十年も会っていなかったから」

「彼女の息子さんは、私たちが昨日ここに着いた時に会い
に来てくれた人。彼が私の日本のお兄さんなの。彼が今日、京
都出身の女性と結婚式を挙げるの。私の左隣にいた女性は彼

女のお母さんよ。そして、昨夜あのスピーチをしたのが彼女の
お父さん。あなたの隣で通訳をしてくれたのは彼女の叔父さ
んだと思うわ」

　「着物の着付けの後に、ファッションデザイナーのアドバイ
スも受けたの。あの着物は、ママさんからの贈り物よ。私のた
めにわざわざしつらえてくれたの。着物はほんの少し直すだ
けで良かった。ママさんは私を良く知ってるし、最近の写真も
送ってあったから。だから着付けは宴会が始まるずっと前に
終わった。ヘアスタイルの方はスタイリストがホテルまで来て
くれたの。メーキャップはママさんがしてくれたわ。私は全然
そんなこと知らなかった。何を着るかなんて全く考えてなかっ
たの」

　「ママさんは本当に人を感動させるのよ。彼女から何か不
思議な深い力をもらってるの。彼女は気丈で、でも同時に穏や
かなの。昨日の晩のスピーチは、亡くなった旦那さんについて
話したの。私の日本のお父さんね。三年前に亡くなったの。彼
女の話、私も全部理解できればよかったんだけど。彼女の旦
那さんはすばらしい人で、本当に愛情が深くて魅力的な人だっ
たわ。私たちの絆はとても深かった」

　「あの歌は急に日本語を思い出したからよ。昔広島でママ
さんから習った歌だった。あれは自然に出てきたの。たくさん
の人たちが知っていたんで私も驚いたわ」

　「とっても素敵な話だね、サラ。それに君が順を追って説明
してくれたんで、ようやく安心できたよ。なにせ、あの輝く若い
女神を追って行って、それが輝く光の中に消えていく夢を見た
後だからね。夢そのものはとても気持ちよかったけど、何か魔
法か幻影に憑かれたみたいで——この現実に戻るまで苦労し
たよ。君の説明で少し気が楽になったよ」

「そんなこと心配する必要なんかないわ。見て、日の出がちょうど始まるわ!結婚式には最高の日和ね!」

二人は光の波が次々と訪れるのを黙って見ていた。太陽風で運ばれた光の海が部屋を満たした。それは地球の磁場によって清められた光子の風だ。太陽は今ちょうど地平線を離れようとしていた……そして空が太陽と地平線の間に大急ぎで割り込んだ。

朝の光が変化するのに見とれている間、長い沈黙があった。そしてサラは続けた。「たしかにあなたの言うとおりね。昨日の晩は、何か神がかった雰囲気があったわね。でも一人一人がそれに貢献したのよ。あなたもあの美しい俳句でね」

サラは部屋にあった電気ポットでお茶を沸かした。電気ポットとお茶のセットは日本のホテルには必ずと言ってよいほど置いてある。緑茶。ほっとする味だ。

茶の道。僕はふたたび　調和、尊敬、純粋、静寂の道に
戻る　。

二人は浴衣に羽織をはおって、一番に朝食が出される部屋に入った。二人の名前が書いてあるテーブルがセットされていた。朝食はとても贅沢だった。彼は昔それをよく食べたことを思い出した。お吸い物、干し魚、レタス、四角に切った焼き海苔、卵……梅干し、漬物、それから他の名前がよくわからない料理までたくさんあった。すべての料理が上品にお椀やお皿に盛ってあった。一番変わっているのは、発酵した大豆で作ったネバネバした納豆で、西洋人は一般に敬遠していたが、彼の好物だった。

まだ早朝だった。その日はお昼近くまで時間があったので、

彼は近くにある哲学の道を一緒に歩こうと提案した。そうすれば桜が咲いているかどうかも見極められるし。

蕾は膨らみかけていたが、まだ花の白い部分がほんの少し見える程度だった。流れに沿った小道を歩きながら、彼はサラに、良かったら広島のことを話してくれないかと頼んだ。

「もちろん話してもいいわ。今ならもうだいじょうぶだから。私は十八歳で、ハイスクール最後の学年末だったの。私は休みに何か違った経験をしたかった。そしたら、日本の高校生と三カ月交換留学するスカラーシップがもらえたの。広島のホストファミリーは、私にはパーフェクトだったわ。彼らの息子さんが私を自分の友だちに紹介してくれた。日本の両親は本当に私をくつろがせてくれたの。出発する前に少し日本語を勉強していたから、カルチャーショックはなかったわ。だから最初から温かい海に入って、そのまま泳ぎ出したって感じね」

二人は、まだ蕾のままの桜の間を歩いた。温かい天気が一週間も続けば、桜は咲き始めるだろう。彼らは流れを見下ろすベンチに座った。サラは少し物思いにふける様子を見せた後、落ち着いて、彼に残りの話をしましょうと言った。でもそれには彼の手をしっかり握る必要があった。

　　ここから急な登り坂。失った年月と向き合わなければ。深呼吸して。落ち着いて。過去と共鳴して。素直に。ゆっくりと話し始めよう……

「広島に到着して一か月経って、私の人生に一大事が起きたの。突然電話が来たの。アメリカの領事館からだった。日本のお父さんが電話に出たの。数分後に今度は玄関のベルが鳴って、誰か見知らぬ人が居間に通されたわ。私も居間に連れて

いかれて、その見知らぬ人と会ったの。どうしてなのかさっぱりわからなかったわ。でもパパさんがとても苦しそうな顔をしていたのはわかった」

「ドアが閉まって、そのアメリカ人の男性と二人きりになったの。彼は私の手を取って離そうとしないの。彼は私をアームチェアに座らせた。それから私の前に座って、私をじっと見てから、両親が交通事故で亡くなったって言ったの。ママさんが部屋に飛び込んできて、私を抱きしめてくれたの。そして、私をしっかり胸に抱いて、前後にゆすりながら、髪を撫でてくれたの」

「領事館の人が帰ると、私たちはその場に立って、泣き出したの。始めはそっと、そのうちだんだん激しく、やり場がなくて死に物狂いに泣いたの。私は子供のように、手足をばたばたさせて泣きじゃくったの。でも彼女は私をしっかりつかんで離さなかった。私が疲れ果てるまでね」

「ママさんは悲嘆にくれる私を最初に導いてくれたの。私たちは何日も誰にも会わなかった。彼女は毎晩、私の布団の隣に寝て、私の手を握ってくれた。私たちは泣いて泣いて泣き暮れたの。何も言わずにね。そしてパパさんが私たちのところに来て、私にニューヨークへ戻ってきてほしいという連絡が来ていると伝えてくれたの。パパさんは私に同伴したいと言った。でも私は一人で大丈夫だからと伝えて、ニューヨークまでの往復切符を持って一人で帰ったの」

「私の両親は、めちゃくちゃな飲酒運転をしていたドライバーに殺されたの。夜間にライトも点けないで、反対車線を走ってたの。法律的なこと、家族のこと、相続のこと、お葬式、それから追悼式のことなどいろいろあった。それらを即決しなければならなくて。時間は限られていたの。私、絶対日本に帰

りたかったから。そして実際にそうしたわ。一週間後に広島に戻ったの」

「日本の両親は空港で待っていてくれたわ。彼らと、その友人たち、学校の同級生たち、それから先生たちが二か月の間、私を慰めてくれた——近所の人とか地元のお店の店員さんたちまで慰めてくれた。ママさんは毎晩私と一緒の部屋で寝てくれた」

「そうやって、私の子供時代は突然終わってしまったの。彼らが私を救ってくれたのよ。彼らがいなかったら私どうなっていたか。このまま日本に残ったらとも勧めてくれたわ。養子縁組をしてもいいいって。でも私は自分の国へ戻ってしなければならないことがあったから。帰国することに決めたの。離ればなれになることは心が張り裂けるほど辛かった。特にママさんとはね」

「広島から戻って、すぐに大学の医学部予備コースに入った。ものすごく勉強しなくちゃならなかった。でも逆に良かったわ。あなたのフランス詩のクラスは本当に楽しかった。そして私は医学部に進んで、二年間研修医として働いたの。あれは不思議な無感覚な時期だったわ。それからあっという間に十年が過ぎてしまったの。ファッショナブルな服も着たり、若者らしく笑ったりもしたけど、現実から逃げようとしていたのね。あの傷は癒えなかったから」

「日本の家族とは手紙、電話、メールで連絡はとっていたけど、時とともに私たちの絆も次第に薄れていったの。そしてパパさんが亡くなって、私は広島に戻りたかった。でもママさんは、私が医学部の最終学年だったのを覚えていたの。それで私にまだ来ないでって言ったの。私が幸せになってから帰ってきてねって」

「これでどうして私が何が何でも結婚式に来たかった理由がわかったでしょ。でも私は、ここへ来るまでにあなたの支えと落ち着きが必要だったの。やっと今こうやって、ママさんと日本の家族と会えたし、みんな順調だし。こうなる運命だったの。本当にあなたには感謝するわ。広島のことを他の誰かに話したのは、あなたが初めてよ」

「サラ、君はママさんともっと時間を過ごした方がいいんじゃないか？僕たちのサイクリング旅行は短縮してかまわないから」

「彼女はサイクリングとは関係ないわ。彼女は私のことが心配なの。彼女から英語に翻訳した手紙をもらったの。彼女は、私が十年もの間、人の愛情や人間関係を避けているんじゃないかって心配してるの。彼女には私の心の傷がまだ癒えていないことがわかるの。それが治るには深い恋愛が必要なんだって。彼女は、私がこの結婚式で最高に見えてほしいの。そうして、もう一度人を愛することを学ばなければいけないって何度も言うの。きっと彼女には誰かあてがあるんだわ。今夜の披露宴がどうなるか楽しみだわね」

彼らは銀閣寺の庭園に歩いて入った。砂盛を過ぎて、丘に続く道を登り、石の階段を降りた。小さな流れが、透き通る池に流れ落ち、そこには硬貨が投げ入れられていた。赤い椿の咲く小道を、若いカップルがそぞろ歩きしていた。

「私はまだ小さい頃に歌とピアノを習い始めたの。母は歌手で、父はピアニストだったから。音楽が彼らの核だった。よく家でジャズやクラシックのセッションがあって、私は小さい頃からそこで歌ったの。そうやってアメリカやフランスの歌を聞きながら育ったの。先生についてボーカルのレッスンをしたり、高校ではジャズバンドで歌ったりもしたわ。でも私の音楽的素

養は基本的に両親から来てるの。母は私にオペラの歌い方を教えてくれた。そして父の方は私にジャズを教えてくれたの。それからミニチュアのオペラハウスまで作ってくれた。人形もつけてね。私はそれを使っていろいろなオペラを上演したの。私が歌って聴かせると両親はとても喜んでくれたわ。でも両親が亡くなってからは歌ってない。私の中で何かが壊れてしまったから。ママさんの言う通りだわ。私は自分の感情を冬眠させてしまったのよ。その冬眠から目覚め始めたのがあのオービスク峠だった。両親が亡くなってから初めて本当に楽しい思いをしたわ。自分の中に思いがけないエネルギーがあるのも発見できたし。十年の葛藤と自信喪失から立ち直って、初めて生きる開放感を感じたの。あのオービスクから新しい道が始まった。あそこで私は坂を登ることを覚えたの——過去から這い登って出ることをね」

「あのフランスへの自転車ツアーの後、私はニューヨークに戻って、また三カ月救急病院で働いた。それからそこを辞めて、睡眠について初めての論文を書いたの。ちょうどその時、ロマンス語学生会から、あなたの退職記念パーティーへの招待メールが来て」

「それに今こうやってママさんと再会できたし。昨日の夜は十年ぶりに人前で歌った。これは、私にとっては結婚式以上のものだわ。私はまた自分の家に戻って、また元気になって、将来のことが楽しみになったの。これからするあなたとの自転車のアドベンチャーのことよ！」

二人は銀閣寺入り口にあるカフェの、外にある大きな唐傘の下に座ってお茶を飲んだ。

「これは僕にとっても何かのお祝いなんだ。昨夜は、長年ぶりに人前で詩を読んだ。新婦の叔父さん、あの通訳してくれ

たひとだけど、彼に披露宴でも何か詩を読むようにって頼まれたんだ。だからホテルに戻ったら、空で覚えている詩を二つばかり書き出しておこうと思う。彼がそれを翻訳してくれる予定だ。君は披露宴でも歌うの?」

「ええ、私も彼から同じようなリクエストを受けてるの。だから私も彼のために歌詞を書くつもりよ。なんだかこれから忙しくなりそうね。私は本物の着物を披露宴で着るつもりなの。着付けに時間がかかりそうよ。でも心配していないわ。だってママさんがいるから」

結婚式は京都の東にある神社で行われた。午後の空は澄んで、紺碧の色をたたえていた。二十名ほどの家族や友人が神社に隣接する受付ホールで待っていた。それから観音開きの扉が開いてゆっくりと行進を始めた。行進は石畳の道を下って参列者の方に向かってきた。二人の神職と二人の巫女が行進を率いていた。みんな伝統衣装で豪華に着飾っていた。その後に新郎新婦が続いた。彼らの上には大きな唐傘が差し掛けられていた。新婦は彼女の母親の手を取り、その後に新婦の父、ママさん、サラが続いた。二列の行列が一列に融合して、家族を先頭に、階段を登った。

花嫁は、刺繍をあしらった絹の白無垢を羽織っていた。その上や中に何枚も重ね着をし、房飾りも付けていた。また顔の周りを囲む白い頭巾を被っていた。花婿の方は、房と縞模様がついた、ゆったりとした豪華な白い着物の紋付きを着て、下にはグレーの袴を履いていた。二人はゆっくりと境内を横切って歩き、木の階段を登って本殿に入った。結婚式は、祓い清め、夫婦の誓い、三三九度と続いた。そして神々へのお供えがなされた。

　ママさんとサラは、母と娘のように腕を取り合っていた。二人は何も言葉を交わさなかった。二人とも着物姿だった。ママさんは薄い淡い水玉模様が入ったベージュの着物を着て、刺繍をあしらった帯をしていた。サラは絹の振り袖を着ていた。これは独身の女性が特別の機会に着る着物で、彼女のそれは濃いピンクの背景に桜のデザインが一面に施されていた。幅の広い帯には鶴の模様が施され、黒の地に金と銀の刺繍が施されていた。振り袖の部分は、ほぼ地面に着きそうで、彼女が歩くたびにまさに舞い上がるのではないかという印象を与えていた。顔にはおしろいをつけ、髪は結って、小さな蘭の飾りが付いていた。まさに若い日本の女性そのものだった。

　彼の方は、家族の友人とともにその背後にいた。そして頭の中で、自分の手前に大きな鏡があって、それがクローズアップしたり、背後に引いたりして、結婚式の様子を映し出して見せるのを想像した。この鏡に映し出されるイメージの中では、自分だけが西洋人として写っていた。サラは、あたかも十九世紀の浮世絵から飛び出したようにパーフェクトな日本人に見えた。それはおしろいのせい？それとも彼女の歩き方、立ち方？彼女とママさんとの間の絆が堅固なものになっているのが容易に見て取られた。たぶん共通の言葉が無いことで返って絆が強まっているのかもしれない。あるいは複雑で混乱する言語の介入なしに、彼女らは直接に単純にコミュニケーションできるのかもしれない。

　彼らが神社を去ったのは、午後も遅くなってからだった。ホテルまでの帰りの車は、通りや公園や庭園に沿って走り、そこには春の兆しが現れていた——それは木々や、人々の服装、微笑み、それから空気の中に残る暖かさに出

ていた。しかし、桜の花はまだ蕾のままだった。春が来たことが確実になるまでは咲くのを拒否しているかのようだった。

桜にはどうしてそれがわかるのだろう?桜を開花モードにさせる引き金は何なのだろうか?

　披露宴までは何もスケジュールがなかった。サラはママさんと忙しそうだった。それで彼は、近くを散歩することにした。すると最初の滞在時に寄ったことがあるカバン店を見つけた。彼はそこでスーツケースを買った。結婚式のために増えた服を入れるために必要と思ったからだ。それから彼は、空で覚えていたあの詩のことを考えた。あれは披露宴に適当だろうか?サラはどう思うだろうか?

空気が冷え始め、陽光は弱まり始めた。彼はバルコニーに出て市街を眺め、今日の出来事を思い出した。

この三日間をいっしょに過ごしているサラとはいったい何者なのか?彼女は文化的カメレオンだ。でも彼女はどうやって両親の死を乗り越えたのか?もしかして彼女の強さはここから来ているのか?

　彼は、自分が十八歳でそういう悲劇にあったらどう対応するだろうかと想像してみた。

彼女の適応力はすごい——それとも表面上だけなのか?この愛らしい若い女性は本当に自分と旅行したいと

思っているようだ。僕はなんて幸運なんだろう。今ここに
いられるのは、なんて素晴らしくて幸運なんだろう。

　隣のバルコニーのガラス戸が開いて彼女の声がした。「あな
たが何を考えているか当ててみましょうか?」
　彼は彼女の方には振り向かずに答えた。
　「いや今日のことを思い出していただけだよ。君が両親を
亡くしたのに耐えている姿には感動した。それに結婚式のこ
とも思い出していた——あのシンプルで美しい式。それから
また、僕はここにいて、君といられてどんなに幸せなのかとも
考えていた。ありがとう。この祝いの時に僕といっしょにいてく
れて。そして君が日本の女性に変身することも思い出していた
んだ。それから君のすばらしい着物、それから君の完璧な日本
人顔……」
　彼はサラの方に振り向いて、彼女が視線に入ると途中で言
葉を切った。「サラ、僕は本当に驚いてるんだ。どこであの衣装
をしつらえたの?君は豪華で、見るも麗しく、この上もなく美し
かった。本当だ。君の部屋にいってお茶をしてもいいかい?」
　サラは『二人でお茶を』を歌い始めた。彼はバルコニーを
去って彼女の部屋に向かった。彼女はお茶を入れていた。薄
手のガウンを着ていた。まるでシンデレラだ。でも現代の服を
着ている。彼女の髪は長くて光っていた。メーキャップはちょ
うど良く、ほとんどメークしているようには見えない。彼女はキ
ラキラと金色に光り輝いていた。
　「ママさんがまたやってくれたわ」と言った。「見てこの靴」
彼女はハイヒールを持ち上げて見せた。内側にディオールの
エンブレムが見えた。「そしてこちらはダンス用ですって」とい
ってタンゴシューズを見せた。

四国

　彼は座って言った。「ハッとするほど美しい。君を見つめち
ゃってごめん。自分がこんなに無礼者だったとは。でも君にす
っかり見とれちゃったんだ。なにか天国にいるみたいだ。君は
この世で一番美しい女性だ」

披露宴の会場は京都の中心にある大きなホテルだった。ラウ
ンジで飲み物が提供され、両開きドアが開いて、一行は西洋
式の宴会場に移った。会場の一方にはステージがあって、ジ
ャズトリオが『ローエングリン』の結婚行進曲をジャズ版で演
奏していた。来賓たちは丸いテーブルに座った。各テーブルに
はそれぞれ異なる花が生けてあった。
　二人は昨夜通訳してくれた新婦の叔父夫妻と同じテーブル
になった。彼の妻も英語を話した。実際そのテーブルは、二
人が気が楽になるようにと日本人で英語を話す人々が注意深
く選ばれて座っていた。いろいろ違う世代の人々がいた。サラ
の高校時代のクラスから同級生の女性が二人来ていた。サラ
は彼女らと、他の同級生たちのことや先生たちのこと、広島の
ことを楽しそうに話した。夕食は洗練された中華料理で、宮中
の料理番のレシピを再現したものだった。それにフランスワイ
ンがついた。その夕食は中国の風景を旅するようなもので、し
ばしば舌になれない味を味わった。また視覚的にも驚くよう
な料理がたくさんあった。
　スピーチと余興の間に、休息が入った。祝辞をする来賓に
は、マイクが渡され、照明が落とされて、その話者にスポットラ
イトが当たった。最初の挨拶は、上座に座った新郎新婦から
だった。二人はしたためてあった来賓に感謝する文を読み始
め、それから今度は自分たちの言葉で彼らの逢瀬、結婚の決
断、それからお互いに対する愛と責任について語った。挨拶

を終わると、次に挨拶をする人を紹介した。新婦の父が祝辞を述べる。そして西洋からの来賓のために通訳してくれた叔父が祝辞を述べる。ママさんが紹介された。今回は彼女のスピーチは喜びに満ちていた。愛について、繁栄と末永い充実した人生についてのスピーチだった。人生の困難に立ち向かうには、愛と信頼が欠かせないと言った。

　さて彼にマイクが渡された。スポットライトが当たった。彼は二つの詩を読んだ。日本語訳を書いた紙が全員に渡っていた。最初の詩は新婦の声で、二番目の詩は新郎の声で語られた。

緑に染まる地球

平地のあちこちに、
緑の点が現れる。
高峰の斜面に、
白い、黄色いラッパが鳴り
新しい季節の到来を告げる。

生命がひっくり返る、
冬の牢獄から解き放れて。
新緑が狂ったように燃え出し、
喜びが理性を越える時だ。

愛を求めて歌が湧き出し、
さまよえる詩人は大胆になる、
のぞき見て詩を作ろう。
音楽があまねく流れる。睡眠は忘れ去られる。

四国

我らは今、悔いもなく、
この新しい人生、この輝く、
太陽の季節の到来を、
この永遠の春の栄光を歓迎する。

飲み飽きるまで飲もう、
周りは気にせず踊ろう、
酔っ払って裸になって、
丘の斜面で、山の頂で、
この緑に染まる地球の、山や谷で。

岩の自問

僕は川の中の岩だろうか?
川底に横たわって、心地よく、丸みを帯びている?
それともゴツゴツしていて、
飛沫と渦巻きを巻き起こす見えない主か?
たしかに僕はどデカくはないから、
流れを変えたり、波を起こしたりなんかできない?

僕はむしろ一粒の砂でありたい、
夏には静かに、増水時には旋回して、
僕はいろんな岩石を纏う、でもそれは顕微鏡レベル。
砂金よ、僕は君を歓迎する、
そして、ずっと君といよう。
太陽が輝く限り、水があるかぎり、そして季節が変わり続け
る限り、

ゴツゴツした岩が削り取られて滑らかになるまで。

川の最後の一滴が
流れを変えるまで、
僕たちの最後の一原子が堆積するまで君といよう。

　彼は拍手と笑顔の中で詩を読み終わった。サラは彼を輝く笑顔で見つめた。彼に一片の紙が渡された。「次はサラを紹介してください」とあった。彼はベストを尽くしてサラのことを紹介した。どうやって救急病院の医師になったか、またどうやってスポーツウーマンになったか。（彼の言葉は同時通訳された。）続いて彼はサラの日本との関係、特に彼女が最も辛い時に日本の家族がどれほど彼女を支えてくれたか、そして、彼女の日本の兄がこのすばらしく、美しい女性と結婚して、サラがどんなに嬉しいかを話した。

　スポットライトがサラに移動した。彼女は立ち上がって、バンドのいる方に歩いた。彼女は暗い室内をゆっくり歩いた。薄手の着物が照明を受けて光り輝いた。彼女がステージに着く前にバンドの演奏がはじまった。バンドがちょうど『もし私がベルなら』のイントロを終わったところで彼女がマイクを取った。そしてエネルギーに溢れ、速く、堂々と歌った。歌が終わると、彼女はスキャットに入り、ピアニストがソロ演奏をした。再び彼女が加わって、彼らは高らかに楽しく演奏し終わった。そこで照明が消えた。バンドは演奏を続け、それから青く暗い照明の中に彼女が映った。次に光は明るく金色に変わって、彼女は『ボディ・アンド・ソウル』を歌い始めた。スローテンポで、体を動かさず、ストレートにそれを歌った。ソロの部分もなかった。純粋で誠実な歌だった。照明はゆっくり彼女の周

りを回って歌が終わった。そして真っ暗な中に彼女の顔が宙
吊りになって浮かんだ。照明がまた消えた。それから今度はス
ポットライトがバンドに当たった。彼らは『ラヴィアンローズ』
の演奏を始めた。イントロの間、サラは聴衆を背にして立って
いた。それから彼女はステージ前方に向かって進み出た。ス
ポットライトは彼女を捉えて、明るいバラ色の光で照らし出し
た。彼女はエディット・ピアフの生まれ変わりだ。情熱的で自
由で、フランス語で歌い、それから日本語で歌った。曲に合わ
せて彼女が動き、バラ色の照明が彼女のガウンを照らした。
彼女が歌い進むに連れて、スポットライトは次第に弱くなり、
歌が終わるとともに、彼女はバラ色の光の海の中に消えた。

　最後の曲は青と赤の照明で始まった。彼女はバンドの方に
向いた。そしてピアニストとスキャットを始めた。彼らは時々メ
ロディーを抑えたりして、いたずらっぽく歌った。そして最後に
彼女は聴衆の方に向き直って、明るい青と赤のスポットライト
が彼女の髪を照らす中、『虹の彼方に』を歌った。それから今
度はキーを上げ、シンコペーションを付けたダブルタイムの演
奏になった。曲に疾走感が出てきた。ベースプレイヤーがソロ
を始め、次にドラマーが、そしてピアニストがソロ演奏をした。
それに再び彼女が加わった。今度はワイルドでエネルギーに
あふれた即興で歌った。シンコペーションと独創に溢れた歌
い方だった。曲は高揚する調子で終わった。そして照明は青に
変わった。彼女の顔だけが、青い空に白く浮き出ていた。そし
て照明が消えた。

　ここまで拍手する間もなく歌が続いてきた。そして、今突然
の闇の中に、気圧されたような沈黙が残った。それからステー
ジがパッと明るくなって、彼女とバンドのメンバーたちがお辞
儀した。今度は聴衆は立ち上がって、拍手喝采した。ショーが

終わり、彼女が消えた。バンドがワルツを演奏し始め、スポットライトはダンスフロアの方に移った。

彼のこの天国にも近いような体験は、ここで中断された。それは突然自分の隣の席が空席になっていることに気がついたからだ。彼の知っているサラは、突然消え失せて、ジャズの歌姫に変身してしまったのだ。彼は再びサラを見ることができるのだろうかと疑ってしまった。

披露宴はダンス気分に変わって、新郎新婦がゆっくりしたワルツで踊り始めた。そして他の来賓たちもそれに加わった。誰かが彼の肩に手をかけた。サラだった。彼女は短く軽いドレスに着替えていた。そしてタンゴシューズを履いていた。彼らはワルツを踊り、彼は彼女の手が時々彼の上着のポケットに滑り込むのを感じた。彼らがワルツを踊り終わるころ、一人の若者が現れてサラと踊りだした。バンドの演奏はロック調に変わった。（ミュージシャンたちは気づかれないように演奏しながら交代していた）。彼はサラがその男性と踊るのを見た。それからまた別の男性と交代した。彼らは丁寧に交代した。彼女は休むことなく踊り続けた。疲れさえも見られない。ただ微笑んでお辞儀して、各パートナーと言葉を交わしていた。何語を話しているんだろうか？

彼は彼女のメモを見た。それには、彼女はママさんの国にいる——だから心配しないで。それから明日八時に起こしてねと書いてあった。

彼は夜中に何度か目が覚めた。そのたびに眠りに戻るのが難しかった。眠ろうとすると、廊下に足音が聞こえた。それにしても変だ。ホテルではみんなスリッパを履いているはずだが。その足音は彼のドアの前で一度止まって、それからまた歩き出

し、遠くに行ってしまった。それからしばらくしてまた足音が
聞こえた。今度は彼のドアの前で歩をゆるめたが、止まらなか
った。三度目には、それは彼の部屋の前で止まって、それから
いま来た方向に戻っていった。彼はこの不思議で、興味を引く
体験で、何かいじわるをされているような感じがした。それは
とても近くでリアルでありながら、同時にシュールレアルでも
あった。誰かが彼に近づこうとしていた。ホテルの関係者では
ない誰かが、ハイヒールを履いてホテルの中を歩いていた。ま
た足音が聞こえた。彼はさっとドアを開けた。しかし廊下には
誰もいなかった。

　また新たな一日が、昨夜それが終わったのと同じように始
まった——音楽のこだまとともに。彼は披露宴のことを思い
出そうとしていたが、昨晩の音楽の記憶が彼の気を散らせ
た。歌がこだまして行ったり来たりし、様々な節や一連のメロ
ディーがバラバラに出てきて、そして次の瞬間にはそれが遠ざ
かり、別の曲の断片がそれに取って代わった。

「私がベルなら……」朝の光は高い雲の間から差してい
た。「……鳥は飛び」天気が変わるのだろうか？今日は出
発の日だ。「……鳥は飛び」でもまだ行き先を決めていな
い。
　全部こんな感じだった。でもこれより美しいものが他にある
のだろうか？彼女は再び私の前で変身した。バタフライ・ガー
ルから日本の浮世絵の女性に、それからジャズの歌姫に。でも
いわゆる歌姫というのでも全くなかった。歌姫がする無用な
ジェスチャーは全く無し。余計なものは何もなく、欠けているも
のも何もなかった。全く落ち着いて、自然だった。完璧に音楽

に入り込んで、音楽の中から、音楽のために歌っていた。ステージのペルソナは音楽の泉そのものから湧き出ていた。そして歌の歌詞の意味をきちんと歌い出していた。そこには明確で説得力のある言葉があった。それは音と光、純粋で素直な、体と心から出ていた。

彼は八時に彼女のドアをノックした。返事がない。彼はもう一度ノックした。ドアに鍵がかかっていなかった。それで彼はドアを開けてサラを呼んだ。廊下の向こうの部屋からうめくような声が聞こえた。彼はもう一度「お早うございます」と呼んだ。
　「ねえ。いまシャワーを浴びてるの。ちょっと待ってね」

しばらくして彼女は彼の部屋に入ってきた。浴衣姿で髪は濡れて、幸せそうに見えた。二人はその日の計画について話した。十一時に茶会があって、それから彼らは、南に旅をして、しまなみ海道の自転車ルートに着く。しまなみ海道は本州と四国を結ぶ自転車ルートだ。
　「結婚式に出る準備をしている時、ママさんが私に聞いたの。私たちの計画はどうかって。私は彼女に自転車のこと、しまなみ海道のことを話したわ。そしたら彼女、私たちの旅行の手配をしてくれるって言ったの。それで午後五時発の尾道行きの電車の切符を買ってくれた。自転車は駅に四時までに配達されているからそれを受け取るの。ママさんて本当に魔術師のようだわ」
　「魔法といえば、君の昨夜の歌は本当に魔法のようだったね。僕は君に山ほど質問があるんだが、まあ二人きりになれるまで待とう。その間、僕は君の歌こだまを聞きくことにするよ」

四国

「後で全部話すわ。約束します。でも今は朝ごはんを取らなきゃ。それから哲学の道を歩いて桜の花が咲いているかどうかも確かめないとね？まずその前に私が荷物を全部まとめるわ。ああそういえば、スーツケースありがとう。ところで、茶会のドレスコードはカジュアルで靴はウォーキング・シューズを勧めているのに気がついた？自転車用のウェアを着て茶会に出るのかしら？そうなれば京都中で噂になるわね！」

哲学の道の桜の蕾はぎりぎりまで膨らんで、白い花びらの部分も見えたが、まだまったく開花してはいなかった。二人は昨晩のことを話した。彼は、あんなにたくさんの曲をどうやって準備したのか知りたかった。

「ああ、あれはママさんに選曲リストと、一つ一つの曲のキーを書いたリストを渡しておいたの。私はスタンダードな選曲をしたわ。そうすればみんなが知っていると思ったから。でも二曲だけは本当に歌いたかったの。『ラヴィアンローズ』はママさんのために——あの曲は彼女が好きな曲なの。照明が良くてびっくりしたわ。そのおかげでとても気持よく歌えて、ステージでリラックスできたの。いつかあのバンドの人たちともう一度歌いたいわ。もう十年以上歌ってなかったから、歌い方を忘れちゃったんじゃないかと心配だった。でも彼らはトップクラスのミュージシャンで、強すぎなくて、邪魔にならなくて、ずっと私をサポートしてくれて、刺激を与えてくれたの。私たちあの後本当に忙しくて——彼らと話す時間もなかったわ。それからジャズ・コンボとダンスバンドがスムーズに入れ替わったあのやり方も良かったわ。ピアニストが横に流れるみたいに代わって、もう一人のピアニストもぜんぜん音階を間違えないで入ってきたの。ダンスは二時ぐらいまで続いたのよ。魅力的な男性たちにもたくさん会ったわ。シローさんとも踊れて楽

しかった。彼は日本のお兄さんなの。すごい夜だったわ！深夜にかぼちゃに変身するんじゃないかと心配したわ。でもそうならないように頑張ったの。ガラスの靴はなくさなかったから私はまだフリーよ。京都の旅はあっという間でスリル満点だったわ。さてこれからは本当の旅——自転車の旅よ。でもその前に御茶会に出なくちゃね。私茶会に参加したことがないの。あなたは参加したんでしょ？」

　「うん、茶会というのは、それを知れば知るほどもっと楽しめるものなんだ。それは、少数の友人たちに特別な場所でお茶を振る舞うということだけなんだけど。丈の低い扉を通って茶室に入るのが普通で、中に入るとそこから庭園が見えるかもしれない。お茶菓子もあって、お茶そのものは一人一人にお客さんにそれぞれ違う茶器で点てるんだ。お湯は火鉢にかけた鉄瓶で沸かす。お茶は抹茶で、緑茶の若葉を粉末にしたものだ。それをかき混ぜて泡状にするんだ。お茶を点てる茶筅は、竹の一節からできているんだ。君は、隣の人がどうするか見ていれば作法はわかるよ。でも本当に大切なのは、茶器、茶を点てる動作、雰囲気、それからお茶、そして何にもまして——友情なんだよ。茶会は愛情の表現なんだな」

　二人は荷物といっしょに、桂川の近くの西京都まで車に乗った。車は藁葺の門の前で止まった。車を降りると彼は突然それがどこだか気がついた。

　「ここには前に来たことがあるんだ！これは桂離宮の庭園への入り口だ。信じられない。僕らは途方もなくラッキーだ。ここは申し込みをして認められた時だけ入れる場所なんだ。それもガイド付きで庭園を案内されるんだよ。ここの茶室の一つでお茶を飲めるなんて。なんだか嘘みたいだ！」

　他の来客たちも到着した。宮内庁の担当官が現れた。彼ら

はその担当官の後について庭園内の道を歩き始めた。その担当官は英語と日本語で庭園の配置、植物の種類、景色の美しさ、またその庭園、茶室、離宮それぞれの歴史を説明してくれた。

　「茶室と庭園は、一五七九年生まれの智仁親王によって建てられてました。彼は源氏物語に非常に魅了されていました。源氏物語は九七八年に紫式部によって書かれた長編小説ですね。それは宮廷生活について書かれた、最初の時代小説で、今日の時代に至っても評価されています。その後、徳川幕府は文化的な魅力を使って貴族たちを支配しました。例えば、書道、和歌、茶道などでね。フランスのルイ十四世も同様の政策をとって、貴族たちを従属させ、権力を集中させたといわれています。智仁親王は、おそらく源氏物語で桂という場所について書かれていたことを知っていたと思われます。『月のすむ川のをちなる里なれば桂の影はのどけかるらむ』という部分ですね。そこで彼は、この桂を手に入れて自分の美的感覚でもって庭園と茶室を建てました。中には富をあからさまに見せつけるような仰々しいものもあります。茶室は松琴亭と呼ばれ、質素で質朴な感じの茶室です。季節折々に変わる眺めを楽しむことができます。訪問される方々は、庭園内を茶室まで歩く間に、茶会への心の準備ができます。私たちもゆっくりと静かに歩きましょう。そして、どうぞこの静かな美しさを楽しんでください」

　彼らは大きくて複雑な庭園内の歩道を曲がりながらゆっくりと歩いて登った。石段があり、せせらぎの音が聞こえ、小山を幾つか越え、池には錦鯉が見えた。まだ早春だったため木々にはまだ葉がなく、枝々や下藪の間を通して、遠くの景色が垣間見られた。

　すると突然池の向こうに松琴亭茶室が現れた。手入れされた、自然な、盆栽のような形をした松の周りに、小石がたくさん同心円状に置かれ、藁葺の、質朴な木の柱を使った茶室が見えた。あたりの雰囲気は歴史と霊気に満ち満ちていた。彼らは茶室の裏手まで歩いて、そこから靴を脱いで畳敷きの小さな部屋に案内された。

　「サラ、これは最高に名誉なことだよ。僕たちは、茶の美学の頂点になるところで茶会に出ようとしている。この場所はフランク・ロイド・ライトやヴァン・ゴッホ、モネや西洋の他のたくさんのアーティストや建築家に影響を与えたんだ。本当に僕たちはラッキーだね。ここでお茶会に出てるなんてまだ信じられない！」

　しばらくして丈の低い戸が擦り開けられ、来客たちが招かれた。彼らはそこをよつん這いになって這い抜けた。茶室は三方向が見開きになっていて、そこからは池と庭園が見渡せた。新婚のシローさんとナオミさんが着物姿で訪問客たちを迎えた。一人一人の客が囲炉裏の周りの畳の上に座る場所を与えられた。火鉢には炭火の上にかけられた鉄瓶がことことと沸いていた。その鉄瓶の脇に茶器が用意されていた。ナオミさんが座って、深くお辞儀をした。それから彼女は茶器の準備をした。鉄瓶の湯を使って、赤い三角の布でそれらを拭いた。ゆっくりした様式的な作法は正確で、落ち着いていた。シローさんはお茶菓子とそれを切る質朴な竹のナイフを、お客の一人一人に配った。皆の目がナオミさんに集まった。その中で彼女は最初のお茶を点てた。ナオミさんの一つ一つの動作は計算され、慎重になされた。しかし彼女はそれを意識しているようには見えなかった。時間はゆっくり自然に流れた、その中で彼女

は、美しく粉末化された茶を計り、竹の柄杓でお湯を注ぎ、それを泡状に点てた。最初の客は彼女の叔父さんだった。彼はお辞儀をして、跪いて座った姿勢から手を前に差し出した。その手にナオミさんは茶碗を差し出した。彼はその茶碗を吟味した。それは黒く、先祖伝来の茶碗で、何世代にもわたって慎重に保存されてきた茶碗だった。それは茶の道を体現していた。すなわち質素、自然、抑制、深み、謙遜、不完全、そして非対称性だ。彼はその茶碗を四分の一回して、最初の一口を飲んだ。

　客の一人一人が注意深く、しかも愛情をもってもてなされた。周囲はあたかも霧が降りたようにぼやけた。周りの音は消え、ただお茶が準備されて出される音だけが聞こえた。時間の流れがゆっくりとなり、自らのうちに引きこもった。参加者の間で新しい関係が生まれた。また古くからの関係が改まった。さらに彼らとその周りを取り巻く環境についても同様だった。言葉は必要なかった。一連の動作が彼らに共通の言語となった——それで十分だった。

　茶会への訪問は、入り口から再び出ることによって終わった。そしていまは皆にお別れを告げる時だ。ただしママさんは除いて。彼女は二人を見送りに電車の駅まで一緒に来る予定だった。彼らを乗せた自動車が動き出すにつれて、人々は日本式にいつまでも手を振ってさよならをした。突然彼らは現実世界に引き戻された。さてこれからどうやってこの新しく掴んだ心の静けさを保とうか？茶の道を体験した後なので、それをどうやって生きるかが目下の挑戦となった。

　彼らは京都駅の隣の予め約束してあった集合場所で、自分たちの自転車と再会した。それと交換に荷物サービスは彼らのスーツケースを受け取った。こうして彼らの荷物は、自分たち

デイヴィッド・テプファー作

が着ていた自転車用ウェア、ラックトランク、ハンドルバーバッグだけになった。彼らは自転車の入った箱を開いて、それらを日本製の軽量自転車用バッグに入れた。ママさんは尾道までの切符をくれて、それから彼らが電車の中で食べるお弁当を選ぶのを手伝ってくれた。彼らの別れは、一緒に過ごした時間のことを思うと甘く、これからどれほどの時間会えないのかと思うと辛かった。彼らはママさんにお礼をしようとしたが、彼女はそれを聞こうとしなかった。彼女はただ旅行中ときどき連絡してくれるだけでいいと言った。彼女は気丈な姿を見せた。しかしママさんとサラの間の絆はとても強かったので、それに比してほんのすこしの間しか一緒に過ごせなかったので……二人は遠くないうちにまた再開しようと約束した。彼とサラは改札を抜けながら、振り返ったり、手を振ったりした。目には涙が滲み、苦悩の微笑みや喪失感、空白感が彼らに伴った。

別れが私の心を掻きむしる。微かな声が戸口の向こうに聞こえる。振り向くのが怖いの？怖い、でも私は振り向く。なぜ怖がるの？月に向かって飛ぶのは、自分の家に戻ること、それとも自分の家を離れることなの——私はかぐや姫。

　新幹線では、二人は自転車を最後方の席の後ろに置いた。それから席についてお弁当を食べた。快適な旅だった。新幹線は軽快に田園地帯をまっしぐらに走り、その優しい揺れは二人を眠りに誘った。
　サラは深い眠りに落ちた。夢の中で彼女はコンピューターと向き合っていた。ある二語を入力し、リターンキーを押し

た。それからウェキペディアの「近親相姦タブー」へのリンクを
クリックした。レヴィ・ストロースの一九五〇年代の人類学につ
いて読んだ。ホモ接合性、雑種強勢、血縁……ページが霞ん
だ。

一族は生き残る。消えたり、また戻ったりして。同族婚、
異族婚。タブーを破る私は誰だ?しかし結局私たちは
ひとりぼっちなの。それが重要。タブーなんて関係ない
わ?

　新幹線は突き進んだ。二人は日本にふたりぼっちだった。
彼は、茶会から始まって結婚式の前夜の宴会まで、一日一日を
さかのぼって振り返ろうとした。しかし彼の心は、茶会より前
には進まなかった。あれほどの場所でお茶を出してもらえる
なんて不可能だ。彼はこれから長い間、今日離宮を訪れた思
い出を愛おしく思うことになるだろう。散歩から始まって、茶
室を発見し、お茶をいただいて、最後は歩いて終わったこの思
い出を。とても自然なことなのにとても不思議だ。人為的なの
だが人為的に見せない自然さ。芸術というものはそういうもの
だし。

やっと窓を通して彼女の人生が垣間見えるようになっ
た。嵐が止み、若くエネルギッシュで不安定な天候の兆
が見える。彼女とともに一時一時を味わおう。——二人
だけで四国にいる間は。

尾道に着いた。二人は観光案内所に行って、しまなみ海道を
通って四国に渡るための地図とパンフレットをもらった。二人

はホテルに落ち着いて、それから旧市街を歩き、狭い道や階段を登って、丘の上に出た。彼らは地元の人が入る食堂を見つけた。そこで簡単な食事を取ることにした。メニューに料理の写真があったので注文し易かった。彼らはきのこ、牡蠣、とうふの鍋、それから生のウニが真ん中に乗って、その周りに焼き海苔がかけてあるウニご飯を頼んだ。それから他にカラメル状にしたサツマイモのような料理も頼んだ。こうして、彼らのこれからの食事のパターンが決まった。ある料理は見慣れたもの、他のは見覚えがありそうなもの、ただ近づいて詳細には確かめない。それから材料がまったくわからない料理もあった。

「このウニはハッとするような味だね。鼻にツンとして、ピーナツバターのような食感がある。それは白いご飯とよく合って、冷たく豊かな感覚を与えてくれる。サラ、僕たちはウニのどこを食べてるの？君は生物学を勉強したんだろ？」

「生殖腺よ。つまり性器ね。ウニはとても複雑な生物なの。棘で覆われていて、しかもそれを使って移動するの。そうやって岩の穴に隠れたりできるの。棘と棘の間に、先端にくちばしがついた小さな柄のようなものがあって、それが微細な食物を捕獲して、それを体の下側にある口に運ぶのね。吸盤がついた管がいくつもあって、それで岩なんかに張りつくの。海水に入れたウニを、解剖用の顕微鏡で覗けば、何百もある管足が見えるわ——しかもそれらは共同して動くの。初めて生きたウニを拡大して見た時は、すごく魅了されて、そのまま何時間も顕微鏡に釘付けになって見ていたわ。ウニが卵子と精子を放出して、それらが受精するのを見たの。おびただしい数の精子が、卵子の一つ一つの周りに張り付いて、くねくねと死に物狂いになって泳いで、皆真っ先に卵子のDNAと受精しようとし

77

ているの。それから、受精卵が分割して、胚が発達するのを、一週間ほど観察したわ。本当に興奮して眠れもしなかった」

「でも、君はどうしてそんなに賞賛するものを、食べることができちゃうの?」

「全然大丈夫よ。私この味が好きなの」

「じゃあ、味がすべてに勝つということだね」

「もちろんよ。自分の好きなものを食べるってとっても興味のあるテーマじゃない。パプアニューギニアのある種族は、愛する人が亡くなるとその脳みそを食べたでしょ。それは彼らにとっては、尊敬と愛の表現だったの。でも残念なことに、彼らはこの死人食のために、プリオン蛋白質で引き起こされる病気のクールー病が伝染したの。プリオンはスクレイピー、狂牛病や、クロイツフェルト＝ヤコブ病の病原体なの。それから、食べ物好き、というか好きなものを食べちゃう、もう一つの例は蜘蛛ね。クロゴケグモのなかのある種のものは交尾したあと、メスがオスを食べちゃうの。だから愛と食欲は密接につながっているのね。だからあなたも食事楽しんでね」

「うっ、食事代返してほしいね」

「あらあら、じゃ、胃洗浄器を持ってきて」

「サラ、君は本当に巧妙なカメレオンだね。僕がそれを誘ったのは認めるけど、君はまた変わった——今度は、外来病専門の生物医と、ウニの発生学の専門家になっちゃった。数時間前、君はジャズの歌姫だったし、その前は、君は十九世紀の浮世絵から飛び出てきた完璧な芸者みたいだった。それにその前はたしか、君は救急病院の医師だったよね。どうしたら、そんなに変身できるの?」

彼女は笑った。「じゃあなたは?あなたは前は傑出した、そして孤高の憧れのフランス文学の教授で——世界的に有名

なフランスの詩と演劇の権威だったじゃない。そこからあなたは、自転車のメカニックに変身して、それから今は自分の年齢の半分くらいになって、近所の少年みたいに振舞うようになっちゃった。本当よ!」

「君は幸せかい?」

「今までこんなに幸せだったことないわ。そしてこれから、私たちは、自転車に乗って冒険を始めるのよ。それもほとんど何も持たないでね。コンピューターも携帯も持たないで。ただこれから登る山々を決めて、食べる料理の中身の見当をつけて、泊まる場所を決めて、走る道を見つければいいだけなの」

「そうだ。そうなんだ。今僕たちは自転車ジプシーなんだよ」

二人は立ち上がって、テーブル越しに抱き合った。それからお酒をまた頼み直した。

彼らはもの思いに耽ったり、少しいたずらっぽくなったりした。「さてここで君に提案があるんだが。嫌なら嫌といってほしい。重要なことだからね。さてそれはというと……、この先も別々の部屋を取るべきだろうかということなんだ」

「何杯かお酒が回ったら、そういう質問をするんじゃないかと思ってたわ。あなた、いびきはかく?」

「いや、かかない。約束するよ。ちゃんと礼儀は守るから、浴衣も脱いだりしないから」

「私はいびきが気になるだけよ。あとはあなたが何を着ようとそれはあなたの問題だわ」

「もしいびきをかいたら、僕の浴衣を喉に詰めればいいじゃないか」

「それ、よくないわね。私は医師よ。浴衣をつめて人工呼吸をするなんてのは医師になる訓練の時、習わなかったわ。それに医療過誤賠償責任保険ではカバーされてないから」

四国

　「ということは、一緒に部屋をシェアしても構わないということだね」

　彼女は疑い深そうな顔をして言った。「まあ、やってみるわ」「さて今度は私が質問する番よ。私たち、来賓としての贈り物は持ってきたけど、私、結婚のお祝いは完璧に忘れていたわ！」

　「それは僕が二人を代表してあげておいたよ。ホテルのマネージャーに相談して、特別な封筒にふさわしい額の現金を入れて、渡したの。そして手紙を添えておいた。いつでもニューヨークに遊びに来てくれるようにて書いておいたよ」

　「安心したわ。あなたってなんて寛大なの！私が日本のお姫様を演じていた間にあなたが全部してくれたのね。結婚式に出るのに払った出費は割り勘にしましょう」

　「いや、それなら誰かがもう払ってくれたみたいだよ。それにこのホテルまで支払い済みだし。もし構わなければ、これから先の出費は僕が払おう。そしてニューヨークに戻ったら二人で割り勘にしよう」

　「とても寛大な申し出ね。ありがとう、お受けします。これからの旅が楽しみだわ。いろいろな食べ物を食べたり、いろいろなところに泊まったりしてみたい。少ない方が楽しめると思う。高いところや安いところ、いろいろなところで食べて、泊まってみたい。いつも豪華なホテルに泊まり続けたんじゃ飽きちゃうし。でも一、二度はいいかもね……」

　さてこれで二人の旅の方針が決まった。あとはゆっくり寝るだけだった。明日はしまなみ海道を通って四国に出発する。

その晩は嵐が一晩中続き、彼の眠りを妨げた。彼の部屋のバルコニーからは港が一望できた。風は建物の端に当たり、ヒューヒュー、ゴーゴーとシンフォニーを奏でた。それから、フー

ッというため息のような音のコーラスと、キーッと叫ぶような
独唱がバルコニーの上を渡っていった。彼は半分目が覚めて
いて、その何か人間の声のような音、グリッサンドやトリルで歌
われているような音を聞いて、その中に意味を探そうとしてい
た。人間の心はランダムな事象に意味を与える。例えば月に人
のかたちを見るように。同様に、彼は自然の音に人の声を想像
し、それらの声は彼の脳に住み着いていた。彼はほぼ生まれ
てこの方それらの声を聞いてきたが、いまだにそれに答える
ことはできなかった。これらの声たちは、言葉にはすることがで
きなかった。しかし、いろいろな感情を引き起こした。

　ようやく眠りが訪れて、不思議な夢を見た。彼は必至で列
車に乗り込もうとしたのだが、たくさんの荷物のためすぐに乗
り込めなかった。最後のスーツケースと格闘している間に、列
車のドアが閉まってしまい、彼は荷物を列車の中に残したまま
ホームに取り残された。そして列車はゆっくりと発車した。

　次の朝、雨はすでに止んでいたが、風はひきつづき強かっ
た。窓からは瀬戸内海と、そこに浮かぶ山がちの島々が見え
た。空を見上げると、荒天の空で、雲の流れは速かった。しか
し天気が回復する兆しも見えていた。

　朝食を取りながら、二人は観光案内所でもらったサイクリス
ト用の旅行パンフレットに目を通した。

　「しまなみ海道有料道路は一九九九年に開通しました。こ
の海道は、向島、因島、生口島、大三島、伯方島、そして大島の
各島を経由して本州と四国を結びます。最初の向島までの橋を
除いては、すべて自転車及び徒歩での通行が可能です。印が
ついたルートは各島でのお勧めの訪問先を示しています」

　「どう思うサラ？これは一日でも行けるルートだけど、観光

案内所の地図にはたくさん面白そうな場所が載っている。たぶん最初に山に登って全景を見て、どんな感じの場所か確かめてみよう。この地図によると、洋蘭の農園があって見学できるみたいだ。島で一番高い二八八メートルの高見山へ登る途中にあるし。公式のルートは海岸沿いの平らな道を走ることになっている。僕らは公式の平らな道を行こうか、それとも山に登る道を行こうか?」

　「全部見たいけど、向島だけでもおすすめの場所が十三箇所もあるから、全部回ってたら数日かかってしまうわ。私は登り屋だから——登り道を行きましょう」

　二人は近くのスーパーマーケットで、干し魚、ピーナッツ、おにぎり、その他の軽食を買い込んだ。そして本州と向島をつなぐ狭い海峡を数分毎に行き来しているフェリーに乗った。フェリーには、車が二台と、自転車に乗った制服姿の学生が一人だけだった。海峡には強風が吹いていた。しかしフェリーの船長は巧みにフェリーを操り、数分後には向島に着いた。彼らは人気のない街中を走り、それからゆっくりしたペースで竹林、畑地、果樹園などを抜けながら登った。

　「左側通行はどう?」

　「最高ね。ただあなたの後ろをついて行けばいいだけだから」

　「気が向いたら君が地図を見てリードしてくれていいんだよ。僕は後ろに下がって、リラックスして行くから」

　ちょうど地図に示してあったところに洋蘭センターがあった。手書きの洋蘭の花の看板があった。そこは丘の上に作られた大規模な施設で、そこから谷間の全景が見えた。ショールームには何百もの洋蘭が真っ盛りに咲いていて、大型から小型まで、またありとあらゆる色の洋蘭が咲いていた。

洋蘭の花、桜の花。少なくとも植物たちは、それが分かっている。美しい発明、美しい誘惑とは何かということを。

　彼らはひきつづき竹林の間の、急な一車線の登り坂を登った。彼らは登りの大半を立ち漕ぎして、ようやく二車線の道路との交差点に着いた。そこを過ぎてさらにまた上を目指した。ある尾根になっている地点を左に折れ、ジグザグの坂を登り、ついに山頂に着いた。そこは空っぽの駐車場だった。そこには日本で普通に見かけるようなシミ一つない公衆トイレがあった。それと日本語と英語で書かれた大きな地図もあった。二人は北側の景色を見ようと、廃線になって錆びついたリフトの下の狭い小道を、自転車を押して歩いた。すると最後はモダンな建物に行き当たった。それは廃業したホテルの廃墟だった。ドアは開いたままで、中にダイニングルームが見えた。窓は破れ、レストランの調理器具が散らばっていた。霊気があちこちに漂っていた。彼らは、壊れた床板に注意しながらテラスに出た。そのホテル内の散らかり具合と対照的に、北と北東に見える瀬戸内海の景色は、純粋なままの日本だった。眼下にたくさんの島々が見え、その向こうに本州が見えた。さらに手前には漁村、入り江、港、それから畑地が見えた。

　駐車場に戻ると今度は別の道を見つけた。それに沿って行くと、高見山の頂上に着いた。頂上の展望台では年配の女性が孫とお昼と食べていた。彼女らは自家製弁当と飲み物を広げて、梅の花の下ですばらしい花見をしていた。南の方角には雲は一つも見えず、風はすでに止んでいた。彼らは、おにぎり、干し魚、オレンジ、それから日本式に少量の塩を混ぜて、油分は抜いたピーナッツを食べた。目の前には見渡すかぎり島々が広がっていて、それらの間に壮観なつり橋がかかっていた。

「ここまでかなりの登りだったね。物書きにしては、君は健康そのものだね。僕の心臓が波打ってるときも、君は平気な顔をしていたじゃないか」

「そんなことないわよ。私だって同じよ。でも恥ずかしいから見せないようにしていただけ」

彼らは山頂から瞬く間に海岸まで走り下りて、そこから海岸に沿った道を走った。その道は村々、畑地、森、砂浜や露出した岩々の間を曲がりくねって続いていた。ついに二人は、つり橋の自転車道路入口の看板に到着した。そこで通行料の百円を箱に入れた。それは両面通行の自転車通路で、ゆっくりと曲がりながら登り、橋の下段の自転車、歩行者専用道路へつながっていた。橋の横断距離は長く、宙づりの位置も高かった。他のサイクリスト達には会わなかった。

「きっとこれは僕たちだけのために作ってくれたんだよ!」

橋の最後で、また自転車通路を下って、因島の海岸道路に出た。

「なにか宝島のようね、ピーターパンやフック船長まで出てきそうな所ね!」

「そうだね。サラ。観光マップによると、この島は十四世紀から十六世紀にかけて、村上水軍が本拠地にしていたところなんだ。彼らの城跡もいくつか残っているんだけど、全部比較的低い所にあるんだ。もしまた山に登りたかったら、標高二二七メートルの白滝山へ登る細い道があるけど。地図だとそこには石仏群があるみたいだね」

彼らは最初の尾根まで登って絶景を堪能し、それから今度はずっと下って、二股道路に行き当たった。そこには鉄製の現代彫刻が置いてあった。そこから今度は急な登り坂を登って、駐車場まで出た。そこには桜の木が二本立っていた。一本は

桜の花が一部咲きだしていて、もう一本はまだ蕾のままだった。ミニチュアのモノレールが見えた。その線路はくねくねと山を登っていた。それはラック式のモノレールで、ガソリンエンジンで動き、一車両は一メートルほどだった。これは山の上まで荷物を運び上げる大変頭のいいやり方だ。

彼らは両脇に灌木を植えた石段を歩いて登っていった。するとまもなく若い女性が大きなショルダーバッグを背負いそれを小さな子が引っ張っているのに出会った。その男の子は階段を登るのに苦労しているようだった。彼らは「こんにちは」とあいさつした。その女性は英語であいさつを返した。その男の子は彼らに大きな笑顔を返し、両手を差し出した。そのお礼に、男の子は山頂までおんぶしてもらった。その女性は少し英語を話せて、お決まりの「何処から来たんですか」などの会話があった。彼女はこの山のふもとに住んでいるとのことだった。彼らは花見をしにここまで登ってきたのだ。山の上まで登ると、二人は山門に出くわした。そこを入ると中に寺らしい瓦葺の建物が見えた。管理人は見えなかった。しかし彼らは二人ぼっちではなかった。周りに花崗岩の仏像がたくさん並んでいたからだ。

右手と上手には、ブッダとその弟子たちを含む巨大な石仏群があった。二人はその裏手の広い道を山頂まで登った。両側には列をなして並んでいる石仏や、グループになっている石仏たちがあった。頂上に近い最後の部分には、大型の石仏群、展望台、瓦屋根の鐘楼があり、鐘楼には青銅の鐘がかけてあった。彼らは水平につってある木の丸太を引っ張ってから、それを離し、鐘をついた。その深い鐘の音色は、柔らかい雷鳴のように、山々、谷、海にまで響き渡った。北の方向には、二人が軽食をとった高見山が見えた。その後ろに、本州

が見え、彼らが一泊した尾道の町も見えていた。西側には、白く輝くつり橋が見えて、その下の部分には、自転車道路も見えた。坂道を下ると祭壇に通りかかった。そこには不思議な四角い石の塊が置いてあり、その周りには砂地の土が同心円上にまかれていた。その石のてっぺんでは、オレンジと黒い色をした蝶が、春の温かい陽を浴びて、日光浴をしていた。南東の方角には、瀬戸内海の青緑の海に島々が浮かんでいるのが見えた。そしてすぐ手前には、畑地、港、町が見えた。それから大規模なガラスの建築物が芝生に囲まれて建っているのが見えた。その芝生はまだ冬の茶色をしていた。地図によるとそれは、県立フラワーセンターだ。

「もうこれ以上ないほど天気がいいね。こういう短い登りにはパーフェクトな天気だ。今気づいたんだけれど、ここまでいっしょに走ってきたルートはほぼ平らな道だった。それにしても君は本当に簡単そうに登るね」

「そうね。私は坂を登り始めると嬉しくなるの。そして下りになると飛ぶようになるの。でも永遠に登りつづけるわけにはいかないのよね」

彼らは石仏群の間を通って、また先ほどの寺に戻った。そこで彼らは管理人にあいさつされた。彼は二人にオレンジを一袋と英語のパンフレットをくれた。二人はそのパンフレットを読みながらオレンジをほおばった。「この観音堂は、約四三〇年前に村上水軍によって建立されました。今から一五〇年前に因島出身の柏原伝六と二人の弟子達によって約七百体の石仏が彫られました。伝六は、ノミを一振りするごとに三度礼拝してそれらの石仏たちに自分の信仰を彫りこんだと伝えられています」

社の向こうに露出した花崗岩の岩々があって、そこにも大型

の石仏、浮き彫りが並んでいた。三人が手ノミだけでこれほど多数の大規模で洗練された像を彫ったとは奇跡に思えた。

　二人は、赤や白の椿の花、それから梅の花を眺めながら歩道を下った。彼らは自転車に乗り換えると、今度は素晴らしいスピードで一気に海岸沿いの平地まで下った。それから彼らは先のフラワーセンターを訪れた。そこはまったく開放的だった。管理人も訪問客も見えなかった。その広い敷地は早春の感で、広々と植え付けされた花々、色ごとに分けて植えられたペチュニアの塔（らせん状のものもある）や球体、観賞用キャベツで作った絵柄、それからヒヤシンスなどが咲き誇っていた。温室中には熱帯の森が再現されて、珍しい植物が幾層にわたって植えられていた。ヤシの木がまるごと、大規模な洋蘭のコレクションも花盛りだった。ところどころに座れる場所があって、池もあり、野外のすがすがしさが感じられた。センター内をさらに歩き続けると、何本もの梅の木が真っ盛りに咲いていた。センターを去る時、彼らは旅行用折り畳み式自転車を見たが、サイクリストは見かけなかった。というか、このセンターに来て、まだ誰も見かけなかった。

　一日の大半を散策して過ごしたあと、二人は突然本式にサイクリングをしたくなった。最初は海岸線に沿って走り、途中で島の内陸に向かって登る大きめの道路に合流した。こうして二人は島を横切って北側の海岸に戻った。そこから今度は東南方面に、海岸沿いの岬や高台を巡りながら走った。時々逆風にあってペースが落ちた。島の全体の景色は、森が海岸の砂浜まで迫っている感じで、しかも居住地は少なかった。道は急カーブや登りや急な下り坂など変化に富んでいて最高のロード用コースだった。サラは元気良くリードした。直線コースに入って、二人並んで走った。彼はとてもハイな気持ちになった。

四国

「何でこんなにすごく気持ちがいいのかな？エンドルフィンのせいかな？」

「たぶんそれも一つね。運動は癖になるわね。あなた心がさまよう感じがすることある？」

「あるよ。夢を見るんだ。自転車が自分をとっても遠くまで連れていくことがある。ときどき過去や未来にもね」

「今日はどこへ行ってたの？」

「フランスの田舎に行ってた。春になって最初の温かい日だった。君は？」

「私は医学部の試験を受けてたの。そしたら全然知らない科目の試験問題が出てきたのね。それで自分は、間違った教室で、間違った科目を受けていたことに気が付いたの。それで私、出て行こうとしたの、そしたら、アナウンスがあって、私以外は皆間違った教室にいると言われたの。皆出て行ったわ。そしたら、試験官は私の知っている科目の試験問題を配ってくれたの。あなたの自転車の夢の方はどうなったの？」

「僕は荒れ野を走った。それから葉のない林を走った。でもその林には、白い可憐なマツユキソウと蘭の花がたくさん咲いていた。僕はそこを歩いて通ろうとしたんだけど、歩くたびに自分の大きな足が花を踏みつぶしちゃってね」

その日も終わりに近づいた。宿探しを始めなければならない。それで彼らは、ガソリンスタンドで止まって、「ホテル？ミンシュク？ドコデスカ？」と聞いた。それに対する答えは、今来た道の先の方を指さして、「赤崎」というものだった。それはあの遠くに見える橋のすぐ手前の町だろうと二人は推測した。赤崎港に着いて、また道を聞いて、彼らは数階建てのビジネスホテルにたどり着いた。辺りは暗くなってきて気温は下がり始めた。

　二人は和室で風呂付の部屋を選んだ。自転車は倉庫に置いてもらった。夕食を食べに出た時はすでに寒くなっていた。街の中心はほとんどだれも見かけなかった。数軒のバーとクラブしかなかった。ホテルの少し英語を話す受付の人に勧められた飲食店に着いた。入口の戸を開けて小さな部屋に入った。そこにはテーブルが数卓と寿司のカウンターがあった。他には客はいなかった。カウンターの中には男女がいただけだった。当然予想したごとくカウンターの男女は混乱して、珍客の対応に困っていた。共通の言葉はなかった。彼らにとっては、二人は、ここに降り立ったばかりの宇宙人が、何かつまもうと店に入ってきたようなものだった。沈黙が続いた。

　サラが「ニホンリョウリスキデス」と言った。カウンターの向こう側からは笑みが漏れた。しかしまだ二人を客として受け入れてくれるそぶりはなかった。「ミソ？」とサラは言いながら、ホットプレートの上の大きな鍋を指さした。しばらくの躊躇の後に熱い味噌汁が出された。大きくて美味しいあさりがたくさん入っていた。次に、いろいろな魚を指さして、サシミにしてほしいとか、スシにしてほしいとか頼んだ。彼らの目の前で、それらの魚はさばかれた。プロの素晴らしい腕だった。高級感があって、盛り付けも美しかった。二人はご飯も頼んだ。こうやって彼らはすばらしい夕食を楽しんだ。それは、メニューが全部日本語で、料理の写真もなく、だれも英語を解さない飲食店で食事をする最初の経験だった。このパターンは今後も続くことになった。

　ホテルの部屋は狭く、低いテーブルを押しのけて、布団を敷くと、それで部屋は一杯になった。浴衣、羽織、そして手ぬぐいが布団の上に置いてあった。掛け布団は厚手の羽根布団だった。テレビ、お茶道具、それから日本のホテルでスタンダ

ードな、紐を引っ張ってつける天井の蛍光灯。その蛍光灯は三段階に調節できて、三番目は夜間用のうす暗い光だ。バスルームとトイレはユニット式に作られており、プラスチック製だった。そこは日本の典型的なビジネスホテルの部屋だった。お風呂に入って、それから自転車用ウェアを洗濯した後、二人は布団に座ってその日の出来事を振り返った。サラが言い出した。

「今日も理想的な一日だったわね。何て完璧な旅の始まりなのかしら。見るところがたくさんありすぎて、その半分も見れなかった」

「僕も驚いたよ。こんなに見るところがあるなんて。それにあの石仏たちは、他の場所にあればそれこそ世界遺産にもなりそうなのに、ここではただ風景の一部なんだよね。標識もないし、入場料もないし、だからああやって自然で平静な感じがするのかな。ツーリストマップによると、石仏群ができる前に、すでにあそこは神聖な場所で、山の上に社があって、まわりには花崗岩の巨岩が散らばっていたそうだ。でも、どうやったらあんな岩に彫刻ができるんだろうか？岩を動かして回るだけでも大変なのに。彫刻は第一級品だ、コミカルなのもあればシリアスなのもある。ありとあらゆる感情が表現されてる。なんだか江戸時代の浮世絵を白と黒の岩に彫ったみたいな感じだね。それに仏たちの顔が喜びにあふれている。石工たちは、献身的に精力的に彫ったんだと思う。それにしても、あんなにたくさんどうやって彫れたんだろう」

「そうね。でもなにかそれだけじゃないように思うの。なにか不思議な力が働いたんだと思うわ。あそこには、茶会の時に味わった静けさがあった、あそこで大地と海と空が出会っているような……何か人間の精神に特別な働きをする場所だ

と思うわ。それから、あの若いお母さんと男の子は本当にかわいかったわね！彼女はとっても美人だったわ。アジアの人に特有のすばらしい形の目をしてた。彼らは、あの石仏たちの自然な優美さをそのまま体現しているみたい」

「あのオレンジもほんとうにおいしかったね。本当に気前のよいお土産だったね。ガイドブックによると僕たちはオレンジの産地にいるらしい。これからもっと食べられるといいね」

「それから今日は花いっぱいの日だったわね。ここでは蘭が珍重されているみたい。それにフラワーセンターは本当に解放的だった。盗難の心配なんてないのかしら」

「今日は車がほとんど走ってなかったね。それにドライバーのマナーもいいし。海岸沿いの道路は、登り下りが多くて、カーブを曲がるたびに景色や匂いも変わった。今日は本当によく登ったね」

「林から鳥の鳴き声が聞こえてきたのに気が付いた?」

「ああ、気が付いたよ。あそこからは不思議なにおいが漂っていたね。それから面白いハチの巣もあった。さて明日はまた別の島だね……そろそろ電気を消そうか?」

彼女はためらいがちに言った。「一つお願いしてもいい……」

「いびきをかかないでっていうんだろ?」

「いびきならいくらかいてもいいわ。それより、私が眠るまで私の手を握ってくれる?」

彼女は瞬く間に眠りに落ちた。彼の方は興奮して眠れなかった。部屋は静かだった。彼女の寝息を除けば。手を取り合っていると、彼女の温かさが伝わってきた。人とのふれあい——長い間恋しく思ってきたあの魔法の引力がついに訪れたのだ。彼の中で想像の扉が開いた。そこを通って過去からの

四国

声がやってきた。声が聞こえた。あのクスクス笑い、いつもの
響きだ。彼は答えた。

君は僕をあざ笑う——僕が苦しんでいるのを見て楽
しんでるんだ！僕が君だったら、僕に多少のシンパシー
（sympathy）くらいは感ずるのに。えっ、多少のシンフ
ォニー（symphony）だって？冗談でしょ。わかったよ。シ
ンフォニーでもいいよ。なにかロマンチックなシンフォ
ニー？マーラーのとか？どうか許してくれ。僕も人間なん
だよ。こうやって布団に寝てサラと手をつないでいる。
今僕にはこれが本当に必要なんだ。今晩は一晩中眠ら
ずに、この一時一時を味わうつもりだ。こうやって彼女
と手をつないで寝て、息さえも殺してね。君は僕に嫉妬
しているのかい？わかったよ。サラは僕と手をつないで
いる——僕を引っ張っている、僕はつながれている。
彼女のおかげで今日はへとへとに疲れた。そして今こう
やって疲れて（Tired ）、つながれて（tethered）いるん
だ。えっ、罰としてタールを塗られて（Tarred）、羽を付
けられてる（feathered）んだって？わかったよ、君は僕
のこの冒険を認めないんだね。僕が父親として振舞って
いるのも認めないんだね。じゃあ勝手にするさ。ことは
そんなに単純じゃないんだよ……彼女は僕から一フィー
トもないところに布団を敷いて寝ているんだ。これは僕
が辛抱強くしていることへのご褒美なんだ。僕はこの道
を行けるところまで行ってみるつもりだ。虹のような場
所に行きつくかもしれないし、嵐か津波に突っ込むかも
しれない。

　二人はスーパーマーケットで朝食のお弁当を買った。そして日の当たる温かいコンクリートの防波堤に座って、おにぎり、漬物、卵、それから魚の燻製を食べた。それは自転車ジプシーそのものだった。サラはママさんに電話をしたかった。それでコンビニエンスストアで止まって、電話のプリペイドカードを買った。それから電話ボックスを見つけた。彼女は、ママさんに、ここまでの旅の行程と、それから二人とも元気だということを何とか伝えることができた。

　それから彼らは、生口島に渡る橋の入り口の自転車通路に着いた。梅の花は満開で、桜の花もほぼ満開に近かった。その橋の自転車道路は広々としていて、彼らはカモメにでもなったような気分で走った。二つの三角タワーの下を通過して、海峡を越えた。生口島に着くと二人は、海岸に沿った平らな公式の自転車道路を走った。空には雲一つなく、風もほとんどなかった。二人は一休みしてアイスクリームを食べ、それから瀬戸田の町まで走った。瀬戸田では美術館を訪れて、昔の掛け軸、絵画、木の彫刻を観賞した。この海岸沿いの道は、大部分が自転車専用道路と歩行者用の通路が分かれていた。浜はひっそりとして、きれいだったが、夏に大勢の海水浴客を受け入れるための設備が見られた。彼らは、波打ち際の岩に据え付けられた、風で動く彫刻に見入った。遠くに大三島へ渡る多々羅大橋が見えてきた。多々羅大橋の尖った二本の三角タワーは、何か使用価値があるものというよりも、現代アートのオブジェのように見えた。自転車用通路を通って橋に登った。橋の上では、二人はサスペンション・ケーブルに引っ張られて、無重力になった感じがした。そのケーブルは各タワーの両サイドの高みに消えていた。

四国

橋の反対側の端は、自転車道路に続いていた。その自転車道路は島の中心地あたりにある畑地に沿って緩やかに登っていた。桜の花が咲いているのが頻繁に見えた。それからたくさんの観賞用の梅の花も見えた。なかには花が散りかけている木もあった。その自転車道路は鉄道の路盤を走っているようで、きれいに舗装されて、とても良いコンディションだった。傾斜はコンスタントで、自転車を漕ぐリズムが心地よく、自然に白昼夢の世界に入ってしまう。

彼女のペースにはついていけない。彼女は息が切れるということを知らない——これでは追いつけない。彼女は僕のことどう見ているんだろうか？自転車よ、自転車よ……僕が彼女の自転車を修理して、タイヤに空気を入れるようにさせてくれ。彼女があの美女で。僕はあの野獣だ。たったキス一つで、僕はあのおとぎ話『美女と野獣』の王子様に変わる。でもなんで僕が——僕は黒幕、自転車修理屋、それとも舞台係のどれなんだ？『嘆きの天使』のあの道化師の教授を演じよう。サラは完璧なマレーネ・ディートリヒだ。ニューヨークにいた時は、僕は教授という仮面の後ろに隠れていた。でもそれが剥がれ落ちて、道化の素顔が……幸せ者の道化の素顔が現れた。それとも僕はユーゴーの『ノートルダムのせむし男』のカジモドか？そしてサラ扮するエスメラルダに恋をする。でも待てよ。きっと僕は『オペラ座の怪人』のエリックかも知れない。サラは僕のクリスティーヌで、僕は彼女の「天使の声」だ。醜い顔のね。真実にしては陳腐すぎる。きっと僕は死ぬことになるんだ。彼女が誰か他の人を愛せるためにね。ガストン・ルルーはどこで彼の怪人

を見たのだろうか？ガストンの人生に本当に若い女性が
いたのだろうか？バレーダンサーだったのか？『オペラ座
の怪人』では、怪人のかなわぬ望みがロマンスを生み出
したのだ。かなわぬ望みを望め。桜が散るまでの望み、
せつなの恋を味わえ――ああ、それを望め。僕はゴシッ
ク小説の主人公だ。そうだ、このロマンスの罠に落ちた堕
落した大学教授だ、せむし男だ、怪人だ！スピードを落
とせ。桜の花が舞い落ちる。サラが漕ぐ。僕も死に物狂
いにペダルを漕いで、桜を追いかける。ゴシック小説の中
で。彼女は無限の春だ、泉だ、バネだ。僕は立ち漕ぎす
る。僕は座って漕ぐ。ブレーキをかける。体勢を傾ける。
ギヤを上げる。ギヤを下げる。街のいたるところを走り回
る。それでも彼女には追いつけない。

彼らは島の西側へ流れる川沿いの道を走った。マップルの地
図によるとそこに温泉があるはずだ。人に道を聞いて、やっと
たどり着いた。さもなければ、あの砂浜のすぐ後ろに見えるモ
ダンな白い建物が温泉だとは気がつかなかったろう。彼らは
自転車をロックして、シューズをスリッパに履き替えた。番台に
座っていた若い女性は英語は解さなかったが、入場券と小型
の手ぬぐいを売ってくれた。そして青色の男湯の入り口とピン
クの女湯の入り口を指さした。二人は、一時間半後にロビーの
マッサージチェアのところで会う約束をして別れた。
　最初の部屋には服を入れるロッカーがあって、そのカギに
は手首にかけるストラップがついていた。ガラスの引き戸を開
けると、その風呂場は天井が高く、大きな窓は海に面してい
た。部屋の一面には流し場が一列に並んでいた。そこで客は
体をきれいに洗ってから、湯船に入って湯に浸かるのだ。彼

は流し場の丈の低いプラスチック製の腰掛に座った。シャン
プーとリンスが備えてあったが、日本語なのでどちらがどちら
かわからなかった。各流し場には、お湯の出る蛇口とシャワー
が取り付けてあった。シャワーは曲げやすいホースに付いて
いた。プラスチック製のカミソリも置いてあった。彼はシャワ
ーで体を洗った。水がピシャッと跳ねる音が聞こえた。ある客
がプラスチック製の洗面器にお湯を汲んでそれを、腰掛に座
ったまま頭からかけていたのだ。それで彼もまねをしてみる。
お湯が体にあたる感覚がたまらなく良く、シャワーよりも楽し
かった。他の客たちがあの小型の手ぬぐいで体を洗っている
のを見て、彼もそれを見習って、体中をゴシゴシ洗った。体を
洗うのが済むと、初めて湯船に入った。腰まで沈む。湯船の端
の小さな滝から熱い湯が流れ込んでくる。男性たちは手ぬぐ
いで前を隠して歩き回る。そして、湯船に入ると、それを折りた
たんで、湯船の縁に置くか、頭の上に乗せる。数人の子供たち
が裸で走り回っていた。彼はすぐに熱くなったので、蒸気で曇
ったガラス戸の向こう側を覗いてみようと思って外に出た。外
気は冷たいショックだった。しかし外にある石で囲った温泉
に入ってまたすぐ温まった。彼は顎までお湯につかり、手ぬぐ
いは頭に乗せ、浜、海、それから向こう側に見える島々の景色
を見て楽しんだ。日の入り間近だった。空は黒、青、ピンク、赤
のまだら色をしていた。

それを背景に、太陽は急いで夜に向かって沈もうとしていた。
そのまわりを深紅の毛布が包み、それは赤々とバラ色に燃え
るベッドの中に沈んで行く。そして赤いしぶきがその上方にゆ
っくりと広がった。太陽がついに海に沈むと、その地平線上に
何かの形が現れた——それは亡き妻の顔だった。かすかで

あったが、しかし琥珀色の残照の中にはっきりと見えた。その顔はしばらくとどまっていたが、ついに灰色の雲の間に消え、あとに生気のない灰のようなもやだけが取り残された……そしてそのもやも、暗さを増した夜の空に流れ落ちるようにして消えていった。それはまるでロケット花火が炸裂した後の灰が散るようなふうだった。二人の男性が露天風呂の端で話をしていた。彼は風呂の中で凍り付いていた。

　震える体で彼は、室内に戻った。一人の客のしぐさをまねして、手ぬぐいをぎゅっと絞って、更衣室に戻った。手ぬぐいはスポンジのように体についた水分を吸い取ってくれる。そして最後に扇風機がそれを乾かしてくれた。更衣室には鏡と使い捨てのプラスチックの櫛が置いてあった。体を乾かし、服を着て、ロビーに戻ってみると、サラはマッサージチェアに座っていた。

　「天にも昇る気持ちだわ。温泉は素晴らしかったし、このマッサージチェアったら最高よ！」

　「僕も後で試してみるよ。ところで日の入りは見た？」

　「もちろん。何て壮観な眺めだったかしら。おかげでこれ以上ないほどすがすがしい気分になったわ。風呂場の中には、子供たちやいろんな世代の女性たちがいたわ。みんな楽しそうだった」

番台の女性は、二人に、温泉には宿泊施設がないので、近くの民宿に電話したと伝えた。温泉の人が車で道案内してくれ、二人はその後を自転車でついて行った。しばらく行くとある伝統的民家に着いた。そこには民宿の看板は出ていなかった。年配の女性が入口であいさつをした。それから小さな庭を通って、日本式の家屋に入った。そこでスリッパを履いて、彼らの部

屋まで案内された。スリッパを脱いで、その大きな畳敷きの部屋に入った。そこは木の彫刻で飾られ、ついたてがあり、床の間には生け花と骨董品が置いてあった。その中にはガラスケースに入った大きな人形もあった。その女主人も英語は話さなかったが、なんとか一時間後に夕食だということがわかった。

　そのあいだ二人は浜辺に出て散歩した。暗く、雨も降り出した。海を渡る風は潮の匂いを運んできた。民宿に戻ると、おかみさんは彼らの部屋の隣の部屋を開けた。そこには丈の低いテーブルに、座布団が添えられ、二人の席が設けてあった。日本食の夕食が二人を待っていた。それは漬物、アサリの味噌汁、刺身、肉と野菜の鍋がアルコール火鉢の上にかかっていた。それから竹串に刺した揚げ物、醤油味のだし汁でゆっくり煮たおでんだった。そのおでんには、卵、大根、つみれ、それにガイドブックの解説でその正体が明らかになった、ゼラチンのケーキのようなコンニャクが入っていた。

　「あなた一日中自転車に乗った後で、裸の男の人たちと温泉に入ったりして、今はどんな気持ち?」

　「メロウ(Mellow　)な気分だね。でもマシュメロウ(marsh mellow)じゃないよ。日本のゼリーのようなメロウかな——あの温泉と、この素敵な民宿で、最高の連れ合いと一緒に豪華な夕食を食べた後だから。サイクリングは良かったよ——昨日ほどの迫力はなかったけど、一日中海の景色が見られて良かった。生口島の自転車道路には登りがなかったから、登りが恋しいな。それからサイクリングで今日一番良かったのは、大三島の畑地を抜けながら、満開に近い桜を見られたあの鉄道の路盤みたいな区間だったかな。いつもそうだけど、街から離れて走るほどいいサイクリングができるね。でも僕の今日のハイライトは温泉だな。外の冷たい空気の中で、温かい温泉に

浸った。そして海と島々の向こうに日が沈むのを見た――あれは時間が止まったような経験だった。そして……僕が行くのをためらっている別の場所に運んでくれた」

「でもあなたはそこへ行ったのね――そしてまたここに戻ってきたのよ。うらやましい。私も別の場所に行きそうになった。でも、もう戻って来れないかも知れないと思うと怖かった。それで抵抗して、行かなかったの。本当は抵抗せずに為すがままに行ければよかった――私も裸になって知らない女性たちと一緒にいて、それでも安心していられて楽しかった。本当にいろいろな体形の人がいて。温泉の人は、私たちに宿まで世話してくれて本当に親切だったわね。ここのおかみさんはエレガントで美しい。七十代末の年齢のはずなのに。ここの人は私たちのことを心配してくれるし、西洋人の顔で、変な振る舞いをしても、それから日本語を話さなくても許してくれる。それにサイクリスト達のことも良く思ってくれてるみたいね」

「もう眠い?」

「ええ、今日はあなたがリクエストする番よ」

「僕のお願いは昨日の君のと同じ。僕が眠るまで手を取ってくれるかい?」

「もちろん喜んで。私のほうからも一つリクエストしていい?おやすみのポエムを聞きたいの?」

餌箱の鳥たち

餌箱の鳥たち
白、黄色、黒、
茶色、さび色

四国

頭をかしげ、尾をぴくぴく動かす
目にもとまらぬその動き。

タネやスエットめがけ
危険を冒して一口奪い去る
安全な木の枝に舞い戻り
くちばしで大きな
黒と白のヒマワリの種をこじ開ける。

その激しい叩打
タネをしっかりと足で挟み
打ち損ねなし。味方への誤射もなし。
硬い外皮から
きれいに種を取り出す。

それから目もくらむ羽ばたきで
またさっと舞い戻る
餌箱へ警戒を緩めて
また餌を一つかみ
命の危険も顧みず。

数えに数える
羽ばたき、心拍
分、秒
たった一粒の種のために
危険を冒す。

君たちの生きがいはただ

舞い降りて爪で地面を掴むためか?
巧みに舞い上がるためか?
それとも、餌と交尾にありつくための
ちょっとした争いのためか?

心配したり、気遣ったり、後悔することはないのか?
君たちの未来は、
過去の失敗を反映する鏡か?
君たちはどんな懸念を抱えているのか、
そして君たちの魂は?

君たちは、その質問に動きで答える、
ちょっとしたさえずりや歌で答える
でもその意味は君たちにしかわからない
だから君たちへの質問への答は
わからないままだ。

彼はその夜は長く深く眠れた。それはその日のサイクリングと静寂のおかげだった。しかし朝方、短かったが、またあの足音と風のシンフォニーの夢を見た。夢のあいだ中、遠くから聞こえる叫び声に悩まされた。彼は恐怖に震え、目覚めかけた。サラはまだ深く眠っていた。彼女の寝息を聞いて落ち着き、あのなかなか消えない叫び声を忘れようとした。彼女の寝息から、もう一人の人のことを思い出した。彼はサラに惹かれたが、彼女に触れることは恐れた。すると一瞬彼女が他の人物に見えた。

彼女は横になったまま目覚めていた。そして彼はまだ眠っているものと思っていた。そして再び人類学について考えた。

四国

人間は集団を形成することによって生存の可能性を高める。集団の規模は、血縁集団を超えて広がる。それにともなって争いも広がる。平和と戦争を司る要因は何か？遺伝子か？同系交配を禁止する集団が多い。人種差別は、家族や同族が自分たちの遺伝子プールを守ろうとする自衛行為なのか？近親相姦のタブーは異系交配を促進するためなのか？本能とか文化から自由になるには？桜の花が満開の時にどうやってその文化の違いを超えるのか？

朝になった。空は曇り、雨がやって来そうだった。潮風が海の方から吹いてきた。贅沢な朝食を食べながら、サラは彼の視線がほんの一瞬遠のいたのを感じた。そして、彼女は父親に同じ表情を見たことを思い出した。

　「何を考えているの？」

　「不思議な夢を思い出していたんだ。遠くから、かすかな音がして。何か絶叫のような」

　「人間の声だった？」

　「高い声だった——たぶん女性のね。でも、もしかしたら何かの動物だったかもしれない。夢はそれ自身の生命を持つというからね。なにかとても不明確なんだけど、同時にとてもはっきりしているような。悪夢というのではないんだが。怖くはなかった。でも何かその声に聞き覚えがあった。誰なのかとははっきりわからないんだが。君の方は何を考えていたの、サラ？」

　「人類学よ、それから、人種差別とか戦争のこと」

　「なにか興味ある話題だね。その間のつながりって何？」

　「近親相姦のタブーよ。人間の集団、同族、民族……雑種強勢……」

「雑種強勢？」

「雑種の交配によって強くなること。異種交配が同族交配を上回ることね。でもそれは集団のアイデンティティーと矛盾するの。人種差別や戦争は集団を守る行為だわ。でも大きなコミュニティーでさえ、新しい遺伝子のバリアントが必要なのよ。人類って、もう十分すぎるほど同質化してるから。この日本を見て、その極端な例ね。移民は入ってこないし、出生率は下がってるし。悪い遺伝子は人口全体を悪くするわ。近親相姦のタブーは、島国の同質化を止める原因になるわ。でもそれだけではホモ接合型への移行は止められないの。何が近親相姦のタブーをオンにしたりオフにしたりしてるのかしら。地球そのものが遺伝子の島といえるし。今のは単なる思いつきだけど。根拠はあんまりなさそうね……」

「いや、サラ、ものすごく興味ある議論だね。近親相姦のタブーを実行したら、ヨーロッパの王家なんかバラバラになっちゃうね。愛は雑種強勢を押し進める要因だ。そして、これこそあのキューバが望んでいることだ。あそこでは、白人と黒人の境界があいまいになって、肌の色がいろいろなグラデーションになっているから。いつか他の地域もそうなるべきだね……」

彼らはひきつづき海岸に沿って走り、どこか適当な場所で島の内陸に入って、対岸に出る道を行こうと決めた。マップルのロードマップには島の尾根を超える細道がいくつか載っていた。海の色は青から緑色に変わっていて、白い波頭も見えた。ある村に入った。そこはちょうど内陸に入るのに良い場所に見えた。住宅の間の細道に入って、谷間の急な坂道を登った。オレンジの林を抜けると道路の幅は一車線分もなく、彼ら

が探していた道でなかったのは明らかだった。しかし、太陽が
顔を出したので、登りは心地よかった。それで彼らはその谷を
登り切ることにした。農家や、さらにたくさんのオレンジ畑を
通った。空は晴れて、さらに温かさが増してきた。その道は小
さな社があるところで終わっっていた。その社は、花盛りの果
樹に囲まれていた。二人はそれを見つけたのが嬉しくなった。
それからまた幹線道路まで下った。彼らが探していた分かれ
道は、ちょうど次のカーブを曲がったところにあった。はっきり
とした標識もあった。

　内陸への登りは、緩やかだった。対岸に出て、海すれすれ
のところを、地形に沿ってくねくねと曲がって走った。道は交
通量がなく、青い空に雲がいくつか浮かんでいるだけで、風も
なかった。彼らは入り江で一休みして、干した小魚とアーモン
ドのスライスが混じったおやつを食べた。伯方島に渡る橋は、
普通の構造の橋だったが、自転車専用道路は幅が広かった。
海峡は狭く、流れの速い海流が下に見えた。

　ガイドマップによれば、伯方島の北側に桜の見所がある。マ
ップルのロードマップにはそこに至る道が載っていた。彼らは
森を抜ける一車線のきつい登りの道を登った。そこからは海
峡が見えた。その潮の速い流れを彼らは止まって見た――そ
れはパワフルで、大きな波によってできた大河のようだった。
頂上まで登るのは骨が折れた。しかしその甲斐はあった。そこ
では桜まつりが行われていたのだ。近くの小さな建物で、温か
い食べ物が売られていた。桜は辺り一面に咲いていた。満開
になっている桜もあり、満開手前の桜もあった。桜の木には赤
と白のストライプの提灯がかけられていた。花見客たちは木の
下にテーブルクロスを敷いて花見を楽しんでいた。ようやく待
たれた春が来たのだ。

　二人はランチに串刺しのタコとおでんを食べた。それから展望台に立って、自分たちが通ってきた島々とこれから通る島々を長い間眺めた。そこには小さな社があって、扉の上の、通常恐ろしい竜の彫刻が飾ってある場所に、流木が飾ってあった。それは本物の竜のように見えた。彼は立ち止まって言った。

　「あの竜を見てごらん。一瞬本物かと思った」

　「本当ね。彫刻より怖いわね。不思議だわね。どうして私たちはそこに竜があることを予想したのかしら。ただの流木なのに、それに自分たちの期待していたイメージを投影したのね」

　「芸術にもそれが言えると思うよ。実際に芸術を作るのは、それを見る人なんだ。アーティストの勧めに従ってね。でもどこにその境界があるんだろうか?」

　「じゃあ私たちは自分たちのイマジネーションを使って、時間を先に進めたり、後戻りさせたりすることもできるんじゃない?」

　「やってみようか。後戻りさせるのは簡単だと思うけど、先に進めるのはよくわからないな。あの今にも咲きそうな蕾を見てごらん……僕たちはあれが真っ盛りに咲いて欲しいと願ってみよう。するとすぐにでもこの果樹園が白い花で満開になるだろうか?」

　彼女は眼を閉じた。

　「やってみたわ。でも完璧にはできなかった。目を閉じた方が上手くいくわね。それでも私の願望は満たされなかった。そしたらきっとあなたはこう答えるんでしょ。『もうこれ以上望めないという限界まで強く望まなければだめだ。そうすれば、山全体が真っ白い桜の花で爆発する!』」

　「その答え、覚えておくよ」

四国

　彼はもう一度先ほどの竜を見た。今度ははっきりと二匹の
竜が見えた。彼はその竜たちが愛し合っているのを想像し
た。

二人は東側へ下った。途中にあった標識で、自分たちが先ほ
どいた場所は開山フラワーパークだったことがわかった。彼ら
は、彫刻と盆栽で飾られたある小道に見とれた。その小道は、
洗練された日本庭園を持つある旧家に続いていた。こんな素
晴らしい庭が個人の家にあるなんてちょっと信じられなかっ
た。そこからしばらく下ると、今度は石灯籠があった。五メート
ルほどの高さの灯籠で、大きな平たい石でできていた。それ自
身の重みで構造を保っていた。二人は先ほど登った道を下っ
て自転車ルートに戻り、次の大島にかかる橋まで走った。
　大島は、島の一番高いところを森が覆っていて、その下にオ
レンジ畑が広がり、一番下に海岸があった。海岸沿いの道に
も惹かれたが、結局メインの自転車ルートに従って走った。そ
の日の夕方に四国に到着したかったからだった。しかし、四国
へ渡る最後の橋に近づいた時、急に夕方の景色が見たくなっ
て、自転車ルートを離れて二百メートルの標高を走り登った。
急な上りの末に着いた展望台からは三六五度の見晴らしがき
いた。ここまで渡ってきた二つの橋と、また向こうに四国の今
治市が白く輝いて見えた。
　彼らは太陽が島々と橋々の向こうに隠れるまで見た。それ
は燃える夕陽の竜が、黒い島々を必死に掴みながら、黒く冷
たい海に沈もうとしている姿にみえた――ゆっくりもがきな
がら――最後は黄金の煙をプーッと吐いて消え失せてしまっ
た。
　空気は瞬く間に冷えてきた。彼は風よけのズボンとセータ

一、ジャケットを着けた。サラはまだ夕暮れを魅入られてたように眺めていた。彼がライトを取り付けると、サラは彼に言った。「先に下って。私もすぐ後から行くから」

赤い炎が弱まり、冷たく黒く消える。温かい服が必要になる時だ。夜が来て、炎と情熱が弱まる。官能的な黒が、光に取って代わる。その弱まり、炎、衰え、青春の喪失に酔え、一方で、その消えゆく光を包む黒にも酔え。

　彼女もライトを付けた。しかしスイッチは入れなかった。日没後の薄明かりが自分と周りの山々を包んでいるのを邪魔したくなかったからだ。彼女は温かい服に着替えなかった。走り始めると冷たい空気が気持ちよかった。すごい速さで走り下った。きっと下に着く前に彼に追いつけるだろう。

彼に追いつけるか？追いつける。まっしぐらに下る。よし。スピードは――無制限。視界良好。障害なし。冷たく澄んだ風、最後の残光、重力にまかせて……飛ぶように下る。鳥の急降下のような、混じりけのない自由落下だ。

爆発！正面衝突！黒い化物！フロントガラス！ブレーキ！スリップ！だいじょうぶ。ぶつからなかった。生きてる。生きてる？
　猛スピードの黒い車。私の車線！ライトも点けてなかった。私は転がり落ちる。速すぎる。震える。自転車の異常振動。トップチューブをつかめ。膝だ、チューブ、ブレーキ、ブレーキだ……クリップアウト。冷たい戦慄が

走る。間一髪で死ななかった。信じられないほど近かった。顔面をかすめたのだ。

　サラは震えていた。トップチューブを両ひざで押さえて固定し、自転車を安定させ、両手はブレーキ・レバーにかかっていた。彼女は恐怖と寒さで震えていた。もう少しで足をペダルからクリップアウトするのを忘れそうになった。そして道脇にショック状態で立っていた。自転車を置いても震えは激しくなるばかりだった。震えは止まらなかった。その時、下の曲がり角のあたりから、かすかに光の点が左右に揺れながらこちらにやってくるのが見えた。彼が彼女を探しに登ってきたのだ。

　彼女のすぐ下まで彼がきた時、ようやくサラは彼の名を呼んだ。すぐに彼は彼女にたどり着いて、両手に彼女を抱きしめた。自分のオープンジャケットで彼女を包み、肩と背中をさすった。それからサラの温かい服を取り出し、タイツ、ウインドパンツ、フィンガーグローブ、フリースのセーター、ジャケットに着替えるのを手伝った。二人は彼女のライトを点けて、ゆっくりと幹線道路の自転車道路まで下りた。橋の入り口には灯りがついていた。彼らはベンチに座った。彼はサラにチョコレートバーを与えた。そして彼女の肩を抱いた。それでもまだ彼女の震えは止まらなかった。糖分が効き始め、ようやく震えが収まり出した。

　「私、冷えてたのね。それでショック状態になったと思う。出発する前にちゃんと着替えをしなかったなんて、なんて馬鹿だったのかしら。たぶんあの日の入りを眺めていて、おかしくなったのね。もう大丈夫だから。これが四国へ渡る最後の橋ね。すぐに良くなるから。糖分が効いたのね。ありがとう。あなたが来てくれて助かった。私を待っていてくれてありがとう」

　まだ水平線に薄日が残る中、二人は、島飛びの、五本の塔からなる、巨大なつり橋を走った。二人の背後には、先ほど日の入りを眺めた山の後ろから、満月が昇ってきた。四キロメートルの距離を持つ橋は、二つの小さな島を飛び越え、六つの橋げたで四国までつながっている。それは夜の鳥が空中を高く飛ぶような走りだった。

　四国に着くと、自転車専用通路は、らせん状の傾斜を下っていった。下方に光が点った建物が見えたので、そこへ行って宿について聞こうと思った。彼らがその建物の玄関に続く自転車通路を通って近づくと、それは何かホテルのようにも見えた。結局それは、しまなみ海道のターミナルにあるサイクリストホテル、サンライズ糸山だった。二人はそのエレガントなホテルで温まり、安堵した。部屋とダイニングルームからは海が見えた。彼らが今しがた渡ってきた橋も見えた。二人は、お風呂を浴びた後ダイニングルームで落ち合う約束をした。

　そこはイタリアレストランだった。彼はプロセッコを一本頼んで、それから青白く輝く橋が窓越しにパノラマビューで見えるテーブルについた。サラはいまだに姿を見せなかった。しかし、よく見ると彼女がシルエット姿で自分の手前に見えていたのに気が付いた。彼女はガラス窓の外の草地の上に、彼に背を向けて立っていたのだ。彼が外に出て近づくと、彼女は橋の方を見つめていた。彼は彼女の手を取った。最初彼女は落ち着いているように見えたが、かすかな光の中でも顔にトラウマが見えているのがわかった。

　「私、あなたのお荷物でしょ。分かってるの」
　「君はただ恐ろしい目に遭っただけだよ」
　「ほんの数インチで、ぶつからなかったの。それ以上近づ

きようがないほど近かった。最初から最後まで一秒もなかった。でも体の芯まで恐怖で凍りついた」

「僕はほとんど一番下で君を待っていたんだ。そうしたら一台の車が猛スピードで走ってきて。黒い車で、男が運転してたと思う。もしかしたら女の同乗者がいたかもしれない。僕は彼らが日の入りを見に来たんだと思った。ライトを点けてないのは変だと思ったけど。その時急に危険を感じて、すぐに登り始めた」

「私にはあの大きくて黒いモンスターのような車が、どこからともなく現れて私にぶつかってきたと思う。私の右手は後輪ブレーキにかかってた。思いっきりブレーキかけたの。それで後輪がスリップして反対車線に入り込んだ。車が私にぶつかりそうになって通過した直後に、私はブレーキを離して体勢を立て直した。それから今何が起こったか気が付いたの。私は死ぬ一歩手前だったってことにね。交通事故に遭ってほとんど瀕死状態で救急病院に運ばれてくるあの患者さんたちのようになる一歩手前だった。それはいったいどんな感じなんだろうってよく想像することがあるわ。そしてこれが一つの解決策なのかも知れないとまで考えることもあるの」

「解決策だって？それはどういうことサラ？」

「私の両親が殺されてから、それとずっと戦ってきた死への願望のこと」

「君の両親の最期の瞬間をさっき追体験したということなのかい」

「ええ、そうよ。私は彼らの死と正面から立ち会って、そしてその最後の瞬間に、そこから逸れたの」

「もしそうなら、サラ、君は喜ぶべきじゃないの？」

「できないわ。そんなこと。これは違うの。私の両親は反対車線に入ってきた酔っ払いに殺されたのよ」

　彼女は彼から離れて陰の方へ歩いた。彼は彼女のすぐ後ろを追った。彼女の肩が震えているのが見えた。彼女は泣いていた。それからサラは彼の方に振り返って言った。
　「これは違うの。私の方が間違ったの。私の方が反対車線にいたの」
　彼女は、悲しみ、恐怖、トラウマ、罪悪感と戦っていた。その間、彼は彼女を広島のママさんのようにしっかり抱いた。

ウェイトレスがプロセッコのボトルを、コルクが飛び出さないように注意深く開けた。淡い黄色い液体から泡が表面に立ち上ってはじけた。沈黙の後、彼はグラスを掲げて言った。
　「四国へようこそ、サラ。君は最後の橋を渡り切ったんだ。君は決断をした。それは勇敢な決断だった」
　「どうして反対車線から出発したのか今でもわからないわ。自分がアメリカにいるとでも思っていたのかしら。それとも酔っていたのかな？いやそうじゃない。心の底ではすぐに自分が間違った車線にいることが分かっていたの。単純な間違いじゃなかった。それで私、震え出したの。それで自転車がふらついて、衝突間際まで行ったの。あんな恐ろしい思いをしたのは広島の時以来だわ」
　彼女は話すのをやめて、彼の肩越しにライトアップされた橋を見た。それから彼の方を見た。
　「衝突しなかった唯一の理由は、あなたがそこにいるって分かってたから。私を待っていてくれるって分かってたから」
　「僕はいつだって君のそばにいるよ、サラ。いつでも、そして、いつまでもね」

　それから二人は無理やり普通の会話に移っていった。彼

四国

が会話をリードした。そのイタリア料理は日本式のイタリア料理だった。その橋は彼らの目の前に立っていた。暗がりの中に白い塔が輝いていた。その景色が二階建てのガラスの窓からパノラマのように見えた。彼らは普通という仮面をかぶっていた。そして彼女がその日の出来事を話し始めた。始めはぎこちなく、その後は何もなかったように続けた。

「今日はとてもいい天気だったわね。道を間違えたことも良かったわ。そのおかげでオレンジの木でいっぱいの谷と、あんな特別の場所にある隠れ家のような社を見れたんだから。それからあの桜公園までのきつい登りも良かったわ。美味しいおでんを食べながら咲き始めの桜の花を見れたのもよかった——まるで若い桜の精力が、その咲きたいっていう欲望を一気に発散して山の上を一面に覆ったという感じだったわね」

「それからあの日の入りにはしびれたね。それに夜の橋を渡ったこと。そしてこの心地よい場所を見つけたこともね——みんな予定になかったことで、期待もしてなかったことだ。結局今日はうまくいった。僕たちはラッキーだった。もし一週間あったら一つ一つの島を、もっとよく見れたんだが。でもこうやって今四国に着けたのは良かった。さて明日は何をしよう、信頼するガイドのサラさん？四国は今まで通ってきた島々と比べるとものすごく大きいからね」

「気分転換に四国の大都市、松山を訪れるのはどう？ガイドブックによると、中世のお城があるんですって。それからあの有名な道後温泉もある。この温泉は日本で最古の部類に入る温泉なのよ。ロビーで会ったサイクリストは温泉の近くのゲストハウスを勧めてくれたわ。たまには大きな都市もいいかなって思うの。松山まで行く途中には、浜に温泉がある村もあって、そこにユースホステルもあるわ」

「いい計画だと思うよ。地図だと、内陸の山々も走れるみたいだね。それから四国の西側に出て、沿岸に沿って南に下るんだ。それからまた山に入って、最後に松山に着けばいいんじゃない?もしかしたら時間も場所も忘れるくらい楽しめるかもね。僕はまだこれから長い人生が待ってるという感じを味わいたい。しかも義務というのがなくて、ただ冒険と美のために生きる人生がね」

「それならそこらじゅうにいっぱいあるわ。蜃気楼を追うみたいな病みつきになるような道が……」

「そしてその蜃気楼を掴みとるんだ」

長い沈黙が訪れた。

「サラ、一つ提案があるんだが。君が飛ぶように走るのを見てみたい。僕と一緒に走るのは君の翼を台無しにしているように思えるんだ」

「あなたのペースが私のペースよ」

「いや、でも、君は生まれつきの登り屋だから。君が息が切れるのをまだ見たことがない。君には無尽蔵の酸素源があるみたいだ。だからいつでも気が向いたときにダッシュしていいんだよ。山の上で僕を待っててくれてもいいし、一度下りて、また登ってきてもいいんだよ。君が重力に打ち勝つのを見たいんだ。それが君のインターバルトレーニングになる」

「考えとくわ」

「今晩西洋式のベッドに寝るのは不思議な感じだね。なにか子守歌でも歌ってくれる?」

彼女は少し考えてから言った。「いろいろが感情が噴き出した後に歌うのって難しいの。でもやってみる。マヌエル・デ・ファリャの『七つのスペイン民謡』から『ナナ』を歌うわね。うま

113

く眠れるかも知れないわね。これは母がよく歌って私を寝か
しつけてくれた歌なの」

　しばらくして彼らは部屋で、電気を消して横になっていた。
彼女の声は、軽く、澄んで、この世のものとも思えないような、
豊かな、それでいて単純で直接的な響きを持っていた。スペ
インの子守歌は、雑然とした部屋の空気を落ち着かせ、和や
かにした。電気を消し、目を閉じ、ゆっくりと眠りに沈んでいっ
た。調和を破る音はなく、ゆっくりとした歌の旋律と癒すよう
な波の音だけがあった。

サラにも暗い影があったのだ。彼女の受けた傷口は十年
たってもまだ開いている。しかし彼女は今日死から逸れ
た、ほんの最後のマイクロ秒で。彼女はいまだ深く震え
ている。彼女が反対車線を下ったのは、時差ぼけのせい
だったのか？あの黒い車は何だったのか？誰がそれを運
転していたのか？彼らは彼女を狙ってやってきて、ああ
やって無理やり彼女に選択を迫ったのか？真実は誰にも
分らない。そういうことはよくある。でも一つだけは確か
だ。彼女には僕が必要なんだ。

　　ブレーキに手をかけたまま死ぬのは容易だった……あや
　　うくボンネットの上のひき肉になるところだった。彼は私
　　をどう思うだろう？私を温めてくれて、嵐から守ってくれ
　　た。今は眠って、心の平安を取り戻す時。子守歌をもう一
　　曲歌って、ママ。あなたにどうしようもなく会いたいの。心
　　の底からあなたに会いたいの。

次の朝はこの上ない好天に恵まれた。土曜日は自転車天国

だ。自転車を週末、あるいは一日レンタルしたり、車から自転車を降ろしたりする家族をたくさん見かけた。一団のサイクリスト達と出会った。大半がポーランド人のそのグループは、北京からやってきて、これから東京に向かい、そこからロサンゼルスに飛んでアメリカ合衆国を横断する予定だということだった。彼らはバンにキャンプ用具を積んで旅行していた。旅をしながらキャンプ場や宿泊施設を探すのだ。それからお揃いのスポーツウェアを着た女子学生のグループが、ヘルメットを付ける前に髪を整えていた。またハイテクのレース用自転車をバンから降ろしているカップルもいた。パーティーのようなにぎやかさだった。

二人は今治を抜けて、それから山道に入った。幹線道路から離れて、小道を抜けて、その道がさらに細くなった。すると日本の良き田舎の美しさがまた見えてきた。標高が急に上がった。彼女は彼の後ろを走っていた。

「後ろにいるサラさん。どうか先に行ってください。君がこの坂道をアタックするのを見てみたい」

彼は彼女が目の横をかすめたように感じた。それから突風が起こった。次の瞬間、彼女が手前のカーブを立ち漕ぎで曲がってゆくのが見えた。それから数分経って再びサラが現れた。ニヤニヤ笑いながら坂を下ってきた。五分後今度はフルスピードで彼をまた抜き去った。今回は彼女の呼吸が聞こえた。彼が峠にたどり着いた時には、サラは再び彼に追いつこうとしていた。これが三度目だった。彼の方はすっかり息が切れていた。彼女の方は深い呼吸をしていただけで、笑っていた。彼らは峠の頂上で止まり、おやつを取った。

「やっとこれで君のオービスク峠での話を信じられるよ。君はある種のメタボリック・ミュータントだね。信じられないほ

どのエネルギーを持ってる。君は生まれつきの登り屋だ。ほんとうに信じられない！君が次の峠を登るのを見るのが待ち遠しいね」

私が突然変異ですって？まるで宇宙人扱い？でもイライラせずに、気楽に聞き流そう。自慢してる？オービスク峠？まあいいか？二人の間だけだから。彼を信じよう。私のこの病気の魂を治すには強靭な体が必要なの。だからこのまま行けるところまで行ってみるわ。一つ一つ手がかり (CLUH) を見つけて、このパズルを解くの。

　峠の頂上で一車線の道が二車線に分かれた。それは海岸まで走り下るのに好都合だった。海岸の村、北条辻のユースホステルで、二人はオーナーと彼の犬に温かく迎えられた。彼らはさっそく近くの温泉に行った。そこは最初の温泉と同じシステムで、洗い場があって、それから室内と屋外に湯船があった。海水が入っている湯船もあった。たぶん海岸に源泉があるのだろう。屋外の湯船からは何にも邪魔されずに海が見えた。竹の仕切りの向こうから女性たちの声が聞こえた。太陽の最後のかけらが沈むと、急に冷え込んだ。しかし、空には夕焼けが燃え上がっていた。それからゆっくりと消えていった。微風が吹き、それが彼の湯船の中にある体と、湯船の外にある頭とのコントラストをさらに高めた。空は黄金色の光に満ちた。それから空高く散り散りになった夕焼け雲が、暗さを増す空を背景に赤く染まった。他の男たちが入ってきた。彼らはわざわざ日の入りに合わせてやってきたのに違いない。彼は内湯に戻って、ひと浴びして、それから体を乾かして更衣室に入った。それからロビーでサラに会った。

「女湯の方はすごかったわ。子供たちがたくさんいて。それに比べて外の光景は絵画みたいな美しさだったわね。空は絶えず変化していて。あの最後の赤い雲が黒い空に燃えて、素晴らしい三次元のアートだったわ。あの間を飛んでみたかった」

ユースホステルに戻ると、夕食が準備されていた。気さくでちょっと変わった独身の主人の料理だった。二人はその日の出来事、とくにサラのあの登りでのインターバルトレーニングのことを話した。

「あなた、本当に私のあのばかげた登りが気にならなかったの?」

「君が毎回ニヤニヤ笑いながら下りてくるのを見ると嬉しくなってね。僕は自分でもそこそこのライダーだと思っていたけど、あんなスピードで登るのなんて想像もできないね。君には本当にビックリさせられるよ。僕ももう少しアグレッシブにいこう。でも君に追いつくことなんか絶対にできない。だから僕はオブザーバーの役割で十分だ。どうかこの調子でいこう。だけど頂上に着いたら僕を待っていてくれよね」

部屋にはマッサージチェアがあった。温泉と料理、飲み物とマッサージで彼らは溶けるように眠り込んだ。夜半に彼は目が覚めた。そして寝たまま自分の幸運について考えを巡らせた。

僕はこの驚異の登り屋と日本に来ている。彼女は何であんなことができるのだろう?さてこれで自分には一つの課題ができた。もう少し頑張らなければ——呼吸の仕方を見直して、新しい肺の使い方を見つけなければ。筋力を超えるメンタルパワーも必要だ。彼女が自分のペ

ースに合わせてくれていることへの感謝を示したい。正直、彼女の若さとエネルギーに嫉妬しているんだ。僕は自分でももっと屈強なライダーだと思っていた。でも今は彼女とは競争にもならない。彼女の尊敬を少しでも勝ち取るために、これを何とか克服しなければならない。彼女は私にプレッシャーをかけたりはしないが、このペースではいけない。これは挑戦することに価値がある。彼女に、僕が最善を尽くして彼女の世界の入り口までたどり着きたいということを示したい——この老化する体から抜け出して、彼女の世界で彼女に会うんだ。

翌日彼らは海岸沿いを南に下った。それからまた山道に戻った。そして再び彼が一回登るところをサラは三回上り下りした。彼は彼女が飛ぶように登ったり下りたりするのを見て嬉しがった。彼女にはそれが容易だった。でも彼の方もペースを上げて、峠を登り切った。酸素が不足し、脚は痛み、心臓はドキドキした。それが気持ちよかった。彼は比較的早く回復できたため、こういう極度のエクササイズも自分の体に良いと確信した。

　ついに二人は松山市に入った。同市は、道後温泉からも、彼らが今夜泊まる予定のゲストハウスからも近かった。その日は日曜日で、道後公園は満開の桜で爆発せんばかりだった。その桜の下にはテーブルクロスがひかれ、花見の客にあふれていた。彼らは自分で食べ物を持参したり、公園内のスタンドで買ったりしていた。炭火の火鉢から煙が上り、ビールや酒が出回っていた。着物姿の男女も多かった。歌や笑いがあり、食べ物や飲み物が振舞われていた。彼らはイカ、タコ、魚やお菓子を食べた。完璧な桜日和だった。ゲストハウスにチェック

インした。それから歴史ある道後温泉で湯を浴び、湯から上がってから皇室専用浴室を見学した。ゲストハウスには屋上テラスがあって、温泉上がりで体が温かかったこともあり、二人は月が松山の上に昇るのを眺めた。

「サラ、きみの勧めで松山に来てよかったよ。日曜日で桜も満開だったし。皆幸せそうだったし、天気も最高だった。桜の花はふかふかの雲がまるで木にかかっているみたいだった。あの花の濃さといったら本当に驚きだね。これで日本人がなんでこんなに春のこの時を愛でるのかわかったよ。この時を迎えるために、彼らは慎重に公園や、寺社の周りや、川の土手に桜を植えているんだ。桜は豊かな春と、創造の喜びを祝うものだ」

「山越えの道を走ったのは楽しかったわ。それに松山市内の道も雰囲気がいいし、分かりやすいわ。スピードを出さない日本人ドライバー達のおかげね。花見の人たちは本当にリラックスして、満面に笑みを浮かべてた。それからあのテーブルクロスの横に一列に靴を並べて置いていた日本人の大人のグループの整然さはちょっと思白かったわね。若者のグループはもっとバラバラだったけど、でも大人のグループより着物姿の若者の方が多かった。子供たちは可愛くていたずらっぽかった——こどもはどこでも同じね。それからあのバーベキューの匂い、たまらなかったわ」

「そうだね、今日はすこし登りがあったのは良かったね。それにあの登りで僕もすこし頑張ったし。心臓が波打つのを感じたのは良かった。君は僕の励みだ！君のエネルギーというか酸素源って本当に無尽蔵だね。君は自転車に乗らない人に、登りの楽しさを説明しようとしたことある？」

「それは不可能だわね。大半の人が登りを怖がるから。でもどうして、私たちはこんなに登りが好きなのかしら？」

「僕たち男は、登りはかっこうつけるチャンスだって考えるけど、女性のほうが登りにより適していると思う。君がその証明だよ」

「私たちは何か見返りが欲しいの——例えばエンドルフィンとか下りの快適さとかのね。それから坂登りの味は徐々に自信をつけて、やっと獲得できるものなの。山間地は人も少ないから自転車で登るのに合っているのかもしれないわ」

「たしかに。登りは銀行にお金を貯めるようなもので、下りの時にそれを払うんだな。それから暗い谷あいからの登りで、空が開けていくときもそうだね。空がだんだんと開けてきて、もっと漕げばもっと空が広がる。頂上のメタファーはパワフルだね」

「あなたの言う通りね。空が開けるんだわ。そして光の中へ。登りって本当に素敵だわ。あなたが言うその面は絶対あると思う。そしてもう一つの面は、ハードな登りと快適な下りのコントラストね。私たち、このコントラストが好きなのね。誰もが好きになれるとは思わないわ。ひとの育ってきた環境にもよるじゃない?」

「サラ、君が子供のときに、君の両親が自由に旅することや人が予想しないものを求めることを教えてくれたんじゃないのかい?」

「両親はハイキング好きだったの。夏のハイシーズンにアルプスへハイキングするときなんかは、宿を前もって予約しておくとか、詳細な計画を立てたわ。でもそうじゃないときは、出発点と到着点だけを決めて、後は旅の途中で決めていくの。アルプス以外では、いつも野外でテントを張ったわ。それにはまずふさわしい場所を見つけて、ファイヤーを準備して、夕食を作って、それからテントを張るの。天気が変わって、計画を変えたこ

ともよくあったわ。あるときは高地で雪になって、それで高木限界地点まで下山したこともあった。アルプスでは人里からはあまり離れることはなかったけど、ワシントン州のノース・カスケード国立公園では私たちの他は誰もいなかったの。もちろん困難なこともあったけど、それは健全な困難さだった。この家族の冒険を通して、私たちの絆はもっと強まったの」

「そういった冒険が君に何か影響を与えてる?」

「たぶん想定内のリスクと計画変更に慣れたことかな。でもそれは私の生まれつきの性格かもしれないけど。皆でラテンアメリカに旅行したこともあったわ。たいてい電車とバスを使って移動したの。私たちは子供の頃には、親のすること、言うことをいちいち真似するでしょう。でも十代になると親と違った行動をとろうとするようになるのね。私はまだ誰かの親になったことないから、両親がどういう気持ちだったはかわからないわ。あなたの質問に答えるのは難しいけど、何かに挑戦したり、すこしハラハラするような経験をするのは好きね。もしかしたらアドレナリン中毒かも知れないし、そうでなければ、他人に自慢したいのかも知れないし、あるいはオービスク峠みたいに、何かを征服するスリルが好きなのかも」

「君ほどの怖いものなしに会ったのは生まれて初めてだよ」

「もしかしたら私、自分の中の恐怖を隠すために過剰反応しているのかも知れない」

「いや、もうしそうだとしたら、あの結婚式の歌のようなことはできなかったと思うよ」

「あー、あれ!あれはただのジャズよ。ジャズは自転車の坂登りみたいで——そんなに難しくないのよ。やり方さえわかればだれでもできるわ」

121

四国

彼女はゲストハウスの部屋で、電気ポットのお湯が沸く音を聞きながら、朝のお茶の準備をしていた。お茶の葉は目分量で。窓の外では朝の初光が現れ、雪のように舞い降りてきて、積もり、物のアウトラインを浮び上がらせた。彼女は日本のかぐや姫のおとぎ話を思い出した。

子供のない竹取の翁が、根元が光る竹を見つけました。そこには小さな子供がいました。翁はその子をかぐやと呼び、妻と一緒にその子を育てました。その女の子は、美しい女性に育ちました。求婚者は後を絶えませんでしたが、彼女はそれを拒み続けました。彼女は月を眺めては泣くのでした。彼女の家は月にあり、いずれそこに帰らねばならなかったからです。そうなれば彼女の地球の両親と、彼女に思いを寄せる者たちは悲嘆にくれてしまいます。

彼女はお茶をのせた盆を布団まで運び、茶碗に淡く黄色い液体を注いだ。そこから湯気が立ち上ってきた。彼は目覚めていて、自分の湯呑を取った。彼女の方はまだかぐや姫のことを考えていた。彼は彼女を見つめた。するとその立ち上る湯気の中に影が現れた――迫りつつある夜明けの光に、月影が圧倒されてできた影だ。その中に人々の影と彼らの過去とが現れて、そして湯気とともに雲散霧消した。

二人は市の中心部にある松山城を訪れた。それは城山の上に築かれていた。そこへのアクセスは徒歩かロープウェイ・リフトだった。そのロープウェイはあのホテルの廃墟にあった錆びついたロープウェイのいとこだった。彼らはロープウェイに乗

った。そこからは桜の木が良く見えた。城の周りには桜の木が
たくさんあって、城址内にも、その外にもたくさんの花見客が
あふれていた。着物姿の花見客も見えた。松山城は中世日本
の純正の遺物という印象だった。

　ゲストハウスに帰る途中、二人はスーパーマーケットに寄っ
て夕食の材料を買った。というのは、そのゲストハウスでは宿
泊客がキッチンを使えるからだった。彼らは三種類の魚、アサ
リ、野菜を買った。それはゲストハウスの主人と、他に現れる
かもしれないゲストをもてなすためだった。夕食はアサリから
始めた。酒を少し入れて蒸したものだ。甘みがあって美味しか
った。メインコースは蒸した野菜と魚の切り身だ。タタキにし
てサラダ菜の上に乗せた。フランス人のゲストが現れて、結局
八人でテーブルを囲むことになった。ゲストハウスの主人は、
若いアメリカ人と日本人の夫婦で、自家製のビールを出してくれ
た。その夜は、近所の日本人たちも出入りした。会話は英語、
日本語、フランス語の間を行ったり来たりした。

　次の朝、彼らはゲストハウスのすぐ上の丘にある神社を訪
ねた。そこは桜の花が真っ盛りであった。二人が神社を去ろう
とすると、年配の女性が入ってきた。その女性に何か感じて、
二人は立ち止まって振り向いた。彼女の方も立ち止まって、彼
らをいぶかしげに見た。それからバッグの中から額に入った
写真を取り出した。亡くなった夫に桜を見せに来たのだと言っ
た。その写真には桜の花に囲まれた亡き夫が写っていた。三
年前に彼が亡くなったとき、二人は結婚して五十年経ってい
た。彼女の夫はこの桜の木が大好きだったので、毎年春に彼
にそれを見せに来るのだと言った。

　二人は、無秩序に広がる市街地を避けるために、内陸部行
きの電車に乗った。電車の中では話す時間があった。

「あの神社で会った年配の女性には感動したわ。泣きそうになっちゃった。彼女は自分の苦痛と喜びを私たちと共有したかったの。私たちに人生や愛がはかないものだって思い出させたかったの。だから一生懸命に生きて愛しなさい、幸福は桜の花のように短いんだからって言ってた」

「彼女は旦那さんと五十年連れ添ったんだね。でもそれが千年だったとしたらもっと別れるのがつらかっただろうと思う。愛し、愛されることに十分というのはないんだ。コール・ポーターの歌みたいに、『恋とは何でしょう?』だね」

「あなたは詩人でしょ。なのに医者の私に愛が何だか聞こうっていうの?」

「そうだね。君には生命って何って聞くべきだね……」

「よろしい、でも一つだけ条件付きね。もしあなたが愛について同じように説明してくれたらね」

「じゃあそれで決まりだ。先生。では先生からお先にどうぞ。目的地に到着するまでまだ時間が十分あるから」

「ありがとう。では、生命とは何か?それは重要な科学のテーマね。私が師事した教授の一人は、宇宙生物学者だったの。彼女のコースを取った後、彼女に付いて生命の起源とその定義について卒業論文に書いたの。そのサマリーを説明しましょう。

生命というときは、地球上の生命を指すの。その理由はまだ地球以外で生命が見つかっていないから。まず、生命について定義する前に、それが地球上で進化したのか、あるいは地球外からやってきたのかについて考えましょう。私たちが知り得る限り、地球上のすべての生命はその生命情報をDNAに蓄えています。そして現在までわかっているすべての生命組織体では基本的に同じ遺伝子コードが使われているの。だからおそらくすべ

ての生命は同じ起源から発生したと考えられるのね。さらに、地球上で最も古い岩、三十五億年以上前の岩から、化石バクテリアも発見されているの。地球の歴史は四十五億年よね。だからバクテリアの形での生命は、ほとんど地球の歴史のはじめから存在していたの。今まで話したことからじゃ、まだ生命を定義することはできないわね。でも生命の起源はどこか地球の外からやってきたというパンスペルミア説とも矛盾しないの。この説によれば、生命の起源はバクテリアの形で、岩か氷塊でできた彗星にくっ付いてやってきたらしいというものなの」

「生命の起源の第二の可能性としては、生命は化学反応から自発的に発生したという説があるわね。これはまだ観察されてはいないけど、生命の基本的な材料は宇宙に偏在していて、必要な時間と、適当な環境がそろえば、原始的な生命化合物は、地球でも、宇宙の他の場所でも発生しえると主張するの」

「でも生命の起源の問題だけからは生命をまだ定義できないわね。生命を定義するには生物学が必要なの。生物学によれば、生命は器官、細胞、化学反応の集合体として定義されるわ。これまでに多くのことが知られているの。たとえばDNAにコード化された情報の意味を構成する言葉にあたる部分のシーケンスを含めてね」

「塩基配列のことだよね。昔僕が化学の学生だった頃、ワトソンとクリックによって解明されたDNAの構造と遺伝子コードに興味を持ったから。僕の父は物理学者で、母も生化学者だったから。彼らは第一世代の分子生物学者たちで、僕はその種の用語と一緒に大きくなったんだ。だからDNAの塩基配列の話のところまでは分かってるよ」

「そうだったわね！そうなると話が早いわ。あなたもこの分野の知識があるのだから」

四国

　「まあ僕の知識は錆びついてるけどね。でも君の言いたいことはわかるよ。DNAが生命を決定づけているんだよね」

　「少なくとも潜在的にはそうなの。でもまだ他にもっとあるかもしれない。もしかしたら——詩の領域にね」

　「ありがとう。じゃ次は僕の番か。さて、生命には終わりがあるんだ。生物は死ぬ。結局いつかは活動をやめてしまう。呼吸が止まり。心臓が止まる。そして微生物に食べられて、腐敗する。その過程は本当にドラマチックだ。そうやって生命は活動を停止する。でもそれには始まりはある？いつ？どんなふうに？受精した時に始まる？それとも外に生まれ出た時だろうか？僕たちは生命の開始点を正確に見極めることはできていなんだ。そればかりか生命の終わる時点さえ決めるのは難しい。僕たちが死ぬとそのDNAはどうなってしまうのだろう？他の生命体に再利用されるんだろうか？僕らは死ぬんだろうか？それともただバラバラになるだけなんだろうか？」

　「私はバラバラになるだけだと思うわ。というのは私たちのDNAの一部分は壊れないで、子供たちに受け渡されるでしょ。もし私たちに子供がなかったら、その破片が私たちの親戚の子供たちによって受け継がれるの」

　「僕もそう思うよ。たぶん僕たちはパッチワークみたいな何かだと思う。それが僕たちの種全体をカバーして、そしてそれがまた地球の生命体全体の一部をカバーしているんだ。だから死というのは、地球上の、それから宇宙の他の地域の生命全体が死滅した時にだけ意味を持つものなのだと思う」

二人の哲学的な会話は中断された。電車が目的地の内子町に着いたのだ。彼らがそこを選んだのは歌舞伎座を見るためだった。その劇場は木造建築の傑作だった。二人は若い日本の

126

女性に英語でガイドしてもらった。彼女は劇場の歴史とその機能について丁寧に説明してくれた。その週は公演がなかった。しかし役者がいなくてもその劇場そのものが、舞台の仕掛け、跳ね蓋、隠し通路などがあってショーそのものだった。

二人は南西の港町、八幡浜まで走ることに決めた。そこから九州に向かって長く伸びている佐田岬半島を走ることができる。

その途中で彼らはトンネルを通った。片側に狭い側路が通っていた。最後にようやく向こう側に光の点が見えた時にはホッとした。しかしその光に近づくまでにかなりかかった。トンネル内を通る車の反響が、彼らを追い越す前と、追い越した後に長く響いた。光はだんだん大きくなったかと思うと彼らはまぶしい光の中に投げ出された。トンネルを通ることは、自転車だと大それた冒険になるのだが、自動車にとってはありふれた経験なのだろう。

八幡浜で彼らは港にある小さなホテルを見つけた。そして食堂で夕食を取った。一晩中雨が降り、明け方にかけて嵐が強まった。

彼は強風が建物にあたる音で目が覚めた。サラは、嵐にも気づかず眠っていた。彼は嵐の音に耳をふさいで、眠ろうと努力した。けっきょく眠っているとも起きているともつかない状態に入り込んでしまった。彼は荒地をよろめきながら歩いていた。その荒地は彼の手前に永遠に続いているように見えた。強風をよけたかったが、それもできなかった。風は窪地を捉え、露出した岩々の周りに渦を巻いた。人の声が聞こえてきた。それはたった一言だった。「今……」、そしてそれがハイピッチで繰り返された。「今……」、風が当たるたびに、何度も何

127

度もその言葉が聞こえた。ついに彼は完全に目が覚めてしま
った。

　今。

　彼は掛け布団から這い出た。そしてバスルームに入り、洗
面用具のバッグを開いた。その中には皮のケースが入ってい
た。彼は、封がしてあるプラスチック製の袋を取り出して、浴
衣の袖に入れた。廊下に出て、屋根に上る階段を見つけた。
彼はドアを開いて、スリッパを脱ぎ、裸足で濡れた屋根に立
った。雨は止んでいたが、風は依然強かった。背中に突風
が吹きつけた。彼は建物の端まで辿り着き、そして東の方角
を見た。日の出のかすかな兆しが見えた。夜明けはまだだっ
た——ただ少しばかりの光子が雲の切れ間を縫って太陽から
やってきていただけだった。まだ空は開けていなかった。嵐
がまだ空を覆っていた。しかしそれでも灰色の広がりの中に夜
明けは感じられた。

　彼は袖からそのプラスチック製の袋を取り出して、端を歯
で食いちぎった。舌と唇に渋みが走った。彼はその切り口を指
で広げ、ためらった、日の出がひっ迫しているのを感じた。そし
て、その白い粉を上方に投げて風にまき散らした。それは暗黒
の中に飛散した。東の地平線の方に向かっていった。そこには
日の出の最初の光の兆候が表れていた。

　彼はそこにとどまって眺めた。東の空が明けた。暗闇の中
から白い光が広がった。それから彼は向かい風に抗って階段
のドアまで戻り、濡れた足で階段を下りた。スリッパは手で持
って。彼はできるだけ早く部屋に戻った。そして自分が深い恐
怖におびえていることに気が付いた。熱いシャワーに飛び込
み、舌をなめた。渋みが音のない突風のように舌に走った。指
には白い粉の膜がまだ残っていた。それを彼は慎重に舐めて

128

落とした。何とも言えない味がした。それから熱い湯ですべて
を流した。彼女の灰を撒いたとき流した涙さえも。

ホテルでの朝食の時に、二人は四国の地図全体を眺めた。
　「サラ、どうだろう、今日は雨の中を走る?それとも雨が止む
のを待つ?あるいは計画を変更して電車で移動しようか?」
　「必要なら雨の中を走るのも気にならないけど、一日中雨
が止みそうにない中でスタートするのは気が重いわ。この嵐
は相当大きいみたい。だからあの半島を走るのは天気が良く
なってからの方がいいわ。天気予報は一日中雨と言ってるし。
もしかしたら一日休みにした方がいいかも。でも休みといって
もものすごくたくさん見るところがあるし……私はもう今日一日
が刻々と短くなっているのを感じるわ」
　「地図を見ると、電車で南に下って、そこから四万十川の渓
谷に沿って走るルートがある。足摺岬の周辺はいろいろ狭い
道もあるし。岬と島々があるので南西の海岸はアクセスしにく
くて、唯一海岸沿いの狭い道でつながっているだけなんだ。
別のルートとしては、もっと東の室戸岬まで走る案もあるけど、
そこへ行く道は比較的広い道が一本だけしかないようだね」
　「私は狭い道の方がいいわ。昨日はほとんど人家のある道
を走ったから。でも、あのトンネルには興奮したわ——まあ少
し悪条件だったけど、でもあの歌舞伎劇場を見るために寄り道
した甲斐はあったわ。トンネルに入るちょうど前に見た、あの
一人で歩いている巡礼者がとても印象に残ってる。彼はあのト
ンネルを通って出てきたの。あの自動車やトラックが通る中を
よ。騒音はあるし、歩道は狭いのに、それでも菅笠をかぶって
満面に笑みを浮かべていたわ。次に来るときは、私も八十八カ
所巡りをしてみたいわ。全行程は千五百キロメートルになるそ

うだけど、菅笠をかぶって金剛杖をついて歩くだけの価値が
あるわ」

「あの男性が足を引きずってたのに気が付いたかい？彼は
金剛杖だけじゃなくて、杖も使って歩いていた。あれを見たら
自分が怠け者のハイテク自転車ゲス野郎に見えた。ああいう
光景を見るとこちらも謙遜な気持ちになるね」

彼女はまたお茶を注いだ。外は豪雨だった。

「ちょっと気になることがあるんだけど。あなた夢遊病の
気がある？」

「夢遊病？今朝早朝にシャワーを浴びたことかい？」

「というか、廊下に濡れた足跡があったから。その足跡は
部屋に入ってくる方向にはあって、出ていく方向にはなかった
の。全部言わなくてもいいから。ちょっと気になっただけなの。
昨日の晩、一方通行で裸足の訪問客でもあったのかしら」

「まあ、そんなようなもんだね……正直に言うと、僕は早起
きして屋根まで登って日の出を見たんだ。でも僕はちゃんと目
が覚めてたよ。濡れた屋根を裸足で歩いたんだ。スリッパを
台無しにしたくなかったから。それで裸足でまた部屋に戻った
わけさ。君はうらやましく思ってないかい？」

「ええ——とっても。でも私、本当のことを全部話してくれ
るまで待つわ」

彼らはポンチョをかぶって駅まで走った。しばらくすると二人
は、江川崎行きの小さくて乗り心地が良い電車に乗っていた。
二両編成の電車が単線を軽く揺れながら走った。それは電車
というよりも魔法のバスのようだった。運転手が彼らの手前に
座っていた。二人は電車の先頭に立って、線路がこちらに向
かってくるのを、それからトンネルの入り口、橋、村々が流れ去

るのを眺めた。その電車は風景の一部となっていて、それが
通っても、周りになんの影響も残さなかった。雨が弱まって小
降りになった。彼はサラの第六感に戸惑い始めた。別に彼女
に隠すことは何もない。

「サラ、君に告白したいことがあるんだ。昨夜のあの足跡に
ついてなんだが……君に全部話さなきゃいけないと思って」

「あのプラスチックの袋のこと? 片側が破れてゴミ箱に捨
ててあったわ」

「君は僕の予想のずっと先を行ってるね!」

「夜シャワーの音を聞いたわ。それから今朝あの足跡を見
たの。それからあの破ってある袋をゴミ箱で見つけたの。それ
には白い粉が付いてたわ」

「僕を麻薬中毒者だと思う?」

「いいえ、あなたは麻薬中毒じゃないわ。袋の中身がなん
だかも知ってるわ。あなたは愛情中毒者なのよ。私もそうだっ
たの。私も両親の遺灰を撒いたことある」

「君はそこまで知っていたのか。妻は自分の遺灰を、プロ
スペクト公園に撒いてほしかった。そしてその一部は日本にもね。それで君が京都での結婚式に出る話をしたとき、すべて
が落ち着くべき場所に落ち着いたんだ。僕は君と日本に来た
かった——君をもっとよく知るために——そして妻の遺灰の
最後を撒くために。僕はずっと過去の影と戦ってきたんだ。そ
して君だけが僕の唯一の味方なんだ。今僕には君の若さ、君
の強さ、それに君の思いやりが必要なんだ」

「そして私のほうは、愛の定義についての講義が必要なの
ね。この前の電車で生命について少し説明したから」

彼は木々の葉が過ぎ去るのを、畑地が過ぎ去るのを眺め、
躊躇しながらも話し始めた。

「ありがとう。詩人であるかどうかはともかく、それは僕にも全然わからないんだよ。すべての道は愛に続いるのに、僕たちは愛そのものについてはあまりよくわかってないんだ。一つ一つの愛の形は区別できてもね。ある人々にとっては愛は蜃気楼みたいで、目の前に現れては逃げてしまう。別の人々にとっては、愛は簡単に、あるいは優雅にやってきてそこにとどまる——少なくともしばらくの間はね。僕たちはどういう時に愛があるのか、どういう時に愛がないのかは分かっている。その愛が本物の時は、それを定義することもできないし、作り出すこともできないし、維持することもできないし、売ったり買ったりすることもできない。愛の天敵は死だ。だから愛は生と密接に連携している。もしかしたら愛は生命の源であり、定義なのかも知れないね?」

「カルメンは、愛は規律なんか何も知らないジプシーの子だと言った。『恋は放浪者の子ども。規律なんて何のその』彼女は正しい。愛は独自の時間に独自のやり方で生きるんだ。愛は詩人や作詞家の生活の糧だ。でも僕達いわゆる芸術家は、風俗の仕事をしている人達よりもっと愛について知っていると言えるだろうか?僕たちは『ロマンチックな愛』という言い方をする。それはセックスやそれを望む愛のことだ。でも愛にはもっと他の形もたくさんある。例えば僕たちの家族に対する愛、友達に対する愛、それからペットに対す愛とか。でもそれらはお互いに何か別のものなのだろうか?ロマンチックな恋人たちは『愛し合い』、その結果、生命が生まれる。だから愛の意味は生命を生み、育てることなのだ。だから愛は食べ物とも関係あることがわかる。でも音楽も愛と関係がある。音楽は愛の言葉だ。パーセルの詩に次のようなのがある。

　もし音楽が愛のための食べ物なら、
　私は喜びで満たされるまで歌い続けましょう、
　そうすれば私の歌に聞き入って、あなたも
　飽きることのない喜びに心動かされるでしょう
　あなたの目、表情、あなたの舌が、
　あなたが音楽そのものだと語るでしょう」

　「それは私が好きなパーセルの曲だわ。でもあなたの詩の中にも何か愛を定義するものがあるんじゃない？」
　「そうだね。どうして僕はいつもこうなっちゃうのかな？待てよ……そうだ、ずっと昔に書いた詩があるんだけど。これは僕自身の経験からできた詩なんだ」

愛の高み、高みの愛

光と水と空気が調和して
林檎ほどすばらしいものはない
イカルスのように高みにあって、しかも落ちないで繋がれている
熱い太陽でバラ色にかがやき、その実には甘い果汁があふれる
大きな丸い実を小枝から下げて
高く、天に近く、雨に洗われたその実は小綺麗だ
何も身につけず美しく、愛の女神のように僕を誘惑する。

ああ、それを手にとってみたい！

四国

この梯子のほかに僕を邪魔するものはいない、
あと一段足りない、でも、
もし僕が背伸びしたら、届くかもしれない。
もう一段、下は見るな。後ろを振り向くな。
楽園まであと一歩だ、あと一歩
深呼吸して勇気をふるい、それもう一伸びだ
天国まで、完全なものに触れるため、誘惑からの解放まで、
完全な満足まであと少し。
あとほんの一インチ。

ところがその時、そよ風が吹き、枝を向こうへ揺らした、
梯子は、伸びきった、
ため息、憤り。そして僕の腕が、
伸び過ぎた腕が痛む、それでも
この指の熱い欲望と、
愚かな頭の痛みに比べたらなんでもない。

僕はその赤と緑の肌に触れる、
すると、彼女は手元から滑って逃げた。もう一度、もう一度
挑戦する、
が、彼女はあざ笑う。

「もう一インチ、もう一段だ」
そうして、僕は永遠の狂気に陥る
美を所有したいという、
この絶望的な企てに。

そよ風がまた吹いてかすかに揺らした

その疑うことを知らない、無防備な、
まったき欲望の対象を……ほんの数ミリこちら側へ

そして僕はハシゴから身を乗り出す。
気流が指の間を抜けて、腕から胸に流れた。
僕は片足をハシゴにかけ、片手で彼女を掴む。

僕はこの世で、そして天国でも一番の幸せ者だ。
この世とあの世の境界線で、
のるかそるかの恍惚を味わっている。

それでも彼女は僕の手に落ちない。そして僕は罠にはまった。
出口のない愛という罠に。上にも下にも行けない。
さらに僕は夢中になる。手の指から伝わる
みずみずしい果肉のひんやりした感触で。

なのに彼女はまだ落ちない。彼女もまた
僕が陥ったこの冷酷な苦境を
見て楽しみたいのだ。落ちることもできない。
飛ぶこともできない苦境。下で何らかの罰が待ち構えているから、
僕たち二人は、ほとんど無の上に均衡を保つ。
ただ一本の細いへたに支えられて。
そして片足は梯子の段にかけたまま。

頭の鈍い僕でも、最後に思いついた
唯一の解決法。それは、結婚だ！

四国

よって僕はプロポーズをした。最初は小声で、
次には大声で宣言した。
それから喜び叫んだ。ケッコンだ！

絶叫の興奮で僕はバランスを崩し、
梯子にかけた片足が段から滑り落ちた。
そして、桟橋から出奔する船のように、
スローモーションで背中から落下した
ぐるぐる回転しながら、目は開いたまま、
通過する葉っぱや、木の枝、空、また、
こんな大きな同類を見たことないと、ビックリしてさえずる
仲間の鳥たち
を見ながら、
その中を僕はにぎやかに落ちていった。

でも梯子と僕は古い友たちで、
あらかじめ練習でもしていたように、
上手く曲げた膝に梯子の段が引っかかった。
現実に引き戻された。でもそれは逆さまの現実だった、
僕は大興奮の最中に止められて、
自分の不格好なパフォーマンスに、顔を赤らめた。手には
褒美を掴んで。
でもあざができるほどには強く掴まなかった。

かすかな拍手が聞こえた。ずーっと下のほうで、
若者がまるでサーカスの技でも見るように見上げていた
そして曲芸師がウォームアップを始めていた
あたかも僕がサーカスのショーを仕掛けたみたいに！

でもちがうんだ。これは本当の人生で、僕は救われたのだ。
愛を抱きながら。
僕は、僕に挑戦したものたちから手足をほどいて、
再び梯子の最上段に昇った。今度は注意して。
心臓は高鳴り、頭は恐怖と情熱でふらふらした。

この止まり木から僕は次にどうしようかと思案した
あるいは、この征服感をどうやって持続しようかと、
すなわちこの自然を征服した男らしさの証明を、
それから重力に対抗するのに使ったいやらしい小技を。

僕は救われた命と成就した愛について思案した、
そして獲得したものの美しさについても思いを巡らせた。
若さと成熟の完璧な融合
紅潮して理想的な形で、
何と大きく、なんと手に余ることか！
触るとひんやりとしてしかも同時に温かい。
これが完璧の意味だ。

これが愛の意味だ。

流れる夏の雲たちを証人として
僕は僕たちの結婚を完結させる、
僕の勇敢さへの報いとして。
最初の歯形が入り、
皮が破れ、そして、
冷ややかで甘いリンゴの果汁があふれる。恍惚の瞬間。

僕はゆっくり時間をかけるが、すべてが過ぎ去るのは早す
ぎる
僕は、鐘の音と、
後まで残る香り、一連の出来事の記憶、
それから証拠の品である林檎の芯とともに取り残された。

僕はその残った芯さえも、情熱を持って食べてしまった
それでも僕はまだ満たされずに、今度は
その最後の形跡まで食べた。
それは僕が最後に勝利を勝ち取った林檎のへただった。

彼らは江川崎駅で荷物を下ろし、自転車の準備をした。その
小さな村の近くを四万十川が流れていた。雨はすでに止んで
いて。道はほぼ乾いていた。西の空が晴れて、午後の日が差し
て暖かかった。二人はそこの唯一のカントリーユースホステル
に電話して空き室があることを確かめた。というのは、川沿い
にある他のユースホステルは遠く離れていたからだ。スーパ
ーマーケットに寄ってフルーツと地元の豆腐を買って後で食
べることにした。
　道は川の流域に沿っていて、尾根や岬までの短い登りの道
があった。空気には雨上がりの乾燥感があり、またサイクリン
グできることが嬉しかった。ユースホステルは川の反対側にあ
り、地図によると細い道でつながっている。この細道に入るに
は、橋を渡らなければならないが、地図にはこの橋が特別の
橋だとは説明がなかった。その橋が目に入ったとき、二人は、
それが公道の橋だとは気が付かなかった。それは一車線の橋
で、コンクリートの支柱に支えられていた。驚いたことにガード
レールもなければ路肩もなかった。ただ狭いアスファルトの

道の両端に白いペンキで線が引いてあっただけだった。橋の表面の色は川の水の灰色とほぼ同じで、あたかも橋を逸れるとそのまま川の上を走れるような感覚があった。橋を渡るのはまるでピンと張ったワイヤーロープの上を歩くようだった。静かだが流れが速く、両岸に深く水をたたえ、幸せそうな川の景色を味わいながら走った。

　二人は橋の真ん中で止まり、自転車を降りて、温かい舗装道路の上に座っておやつの林檎と豆腐を食べた。午後の日は山際に迫っていた。影は長く伸びていた。彼女は何か考えている様子だった。

　「結局あなたも、私が生命を定義できなかったように愛を定義できなかったのね。じゃあどうして私たち、愛し合っているとか生きてるってわかるの？」

　「頬をつねって痛かったら生きてるってことだね。でも愛を知るまでは本当に生きてるって言えないと思う。恋をしているときには、何も君を傷つけることはできない。愛についての決まり文句のすべてが本当に思える」

　「じゃあ頬をつねって痛かったら私は生きてるのね。もし痛くなかったら私は、死んでいるか、恋をしているかだわね。じゃあやってみましょうか？」

　彼女は頬をつねって見せた。反応なし。もっと強くつねった。彼女は一呼吸おいて彼を見た。それから別の場所をつねってみた。

　「痛くないわ！だからもし私が生きているんだとしたら、きっと恋をしてるのね！」

　「そして君が本当に恋をしているんだったら、今までにないほど君は生きてるわけだし、何も君を傷つけたり、君の喜びに水を差すことはできない」

四国

　彼女は立ち上がり、彼に手を伸ばして、そのガードレールのない橋の真ん中に座った彼を引っ張り起こした。
　「これで私の方ははっきりしたわ。あなたの方はどうなの？」
　「僕の方はこの何カ月もつねってるよ。君といるときはいつもね。全然痛くないんだ。ただ幸せな気持ちだけさ。それも際限がない、高揚して、終わらない喜びなんだ。僕は恋をしている。激しく、どうしようもなく、狂おしく君に恋をしている！」
　橋がその真ん中を中心にしてゆっくり回り出した。二人もゆっくりとお互いに近づいた。橋が彼らの周りでだんだん速く回り始め、川もぐるぐる回り出し、周りの山や空まで回り出した。そして彼らはさらにお互いに近づいた。そして夜の冷気が彼らを包む頃、二人は固く抱き合ってお互いの温かみを分かち合った。そして二人は一つになり、宇宙の渦の中心に生きていた。

　その橋の向こう側の細道はサイクリスト達にとっては夢のような道だった。登り下りが小刻みにあり、川が左手を流れ、山は右手の上にそびえていた。杉林、竹林、ところどころに果樹園や畑地があった。ある農家にユースホステルの看板がかかっていた。これが彼らが目指していた場所だ。彼らはちょうど日が落ちた時に到着した。
　夕食の準備ができていた。それで彼らは宿の主人たちと、もう一人の客と席に着いた。その客もサイクリストで、三週間の予定で一人で四国を旅行していた。彼らは、ホステルの奥さんが川ガイドで、旦那さんは木のカヌー作りをすることを知った。夕食は美味しかった。
　彼らの部屋は四人部屋だったが、他の客はいなかった。二

人はそれぞれ男湯、女湯に入った後、電気を消したまま話した。彼女の声は幸せそうだった。

「あなた眠い?私は眠いわ。眠くて、同時に満足しているの。でもこれから私たちはどうなるのかしら」

「それは時間が決めることだよ。ニューヨークで君は恋にはいろいろな形があると言った。僕らがどういう形になるか見ようじゃないか。それがどこへ僕たちを連れていくのか、そして僕たちに何を教えてくれるのか。期待しながら進めて行こう。でも急がずにね。ゆっくりと行けばいいさ。レースじゃないし。学ぶことはたくさんあるけど、僕たちには時間がある。時間は僕たちのものだ」

朝食は卵焼きを除けば日本式だった。その卵焼きはハート型に焼いてあって、真ん中につやつやした黄色い黄身がのっていた。

「ほら。あれを見て!何てかわいいのかしら!もしかして彼女私たちのこと感づいているのかしら?」

「それはないと思うよ。彼女には、僕たちは幸せな親子のサイクリスト達に見えるだろうね。たぶん彼女は幸せなサイクリスト達をたくさん見ていると思うけど、僕たちほど幸せに見えるのはそんなにいないだろうね……」

彼らは昨日の細道を先に進んだ。赤い橋を渡って少し広い道に入った。それからまたガードレールのない橋を渡った。昨日と同じようにその真ん中で休みをとった。

「私、この橋がどうしてミニマリストなのか、その理由が今わかったの。川の水位が高いときは、橋は水面の下に沈むはずなのよ。もしガードレールがあったら、洪水のとき流れてきた物が引っかかっちゃうでしょ。だからガードレールがないことで橋がきれいに保たれるわけね」

四国

「なるほど納得いく説明だね。それにあの二本の白線が外に落ちないように引いてあるわけだな。でももし車が二台、橋の中央で出会ったらどうなるのかな。バックして戻るのは危険だし。その点、自転車は最高だ!」

彼らは、農家や小さな村々を周回するバンからお昼の材料を買った。三番目の浸水式の橋に出会った。それから谷は大きく開けて、彼らは川を見渡せるベンチに座って、昼食を取った。

彼らは畑地をひきつづき走って、それから四万十市に入った。そこで電話ボックスを見つけて、ママさんに電話をし、それからガイドブックでお勧めの旅館を予約し、大岐ビーチに向かった。そこへ至るには、海沿いの交通量が多く、長いトンネルがある道があったが、彼らはその代わりに細い山道があるルートを選んだ。そのルートの最初の行程は走行が大変だった。それは、けばけばしい看板がある商業地や空の駐車場などを通らなければならなかったからだ。でもいったん狭く細い道に入ると、杉林に囲まれた小川沿いを走った。それから一車線の道路は急な登りになった。ときに十五パーセントほどの登りに出くわした。それは重力との長く、ゆっくりとした闘いだった。

彼らは最後の四百メートルばかりの雑木林の道を登って、ついに勝利した。その林には山桜が咲いていて、周囲の黒いまだ葉をつけていない山腹を照らしていた。彼らは尾根沿いを走り、それから海岸沿いまで下った。

旅館では彼らが唯一の客だった。その旅館は環境にやさしいミニマリストの旅館だった。主人は彼らに明日、日の出か日の入りに浜を訪れることを勧めた。大岐ビーチは急な坂道の先にあった。それは黒い岩と細かい砂の浜で、大きな波が

142

押し寄せる素晴らしい浜だった。浜の背後にそびえる丘陵に
暮れてゆく太陽が、縞模様をなす砂と岩場に影を投げかけ
た。彼らは、黒潮に温められた海に浸かりながら、浜の端から
端まで行ったり来たり歩いた。砂は白から灰色、オレンジ、黄
色、黒のシェードを成していた。そのため、海水が動くたびに
複雑な、時には左右対称に近い模様が表面に描かれた。

　さて旅館に戻ってそれぞれの浴室に入った。湯船は薪の
ボイラーで焚き付けられ、ミネラルを含んだ入浴剤が入ってい
て、肌を滑らかにした。入浴後肌が乾くと、肌に柔らかな膜が
残った。彼らの部屋は大きく、ヒノキ造りで、窓からは海が眺
められた。彼らはおやつを食べ、音楽を聞いて、それから彼ら
の人生について語った。

　「君は宇宙生物学の教授のことを話してくれたよね。僕も
彼女のこと覚えているような気がする。確か何かもめごとがあ
ったんじゃなかった?」

　「その通りよ。その時私もそこにいたの。あの教授のクラス
を受けられてラッキーだったわ。彼女の授業の一部は生命の
起源についてだったの。前にウニが精子と卵子を排出するの
を観察したことを話したわね。それは彼女のクラスだったの。
私たちは精子と卵子が受精するのを観察して、それから一週
間受精卵が発達する様子を観察したの。私たちがその発達過
程のすべてを位相差顕微鏡で観察している間に、誰かが、と
いうか私が、先生に人間の受精について質問したの。それが
きっかけになってあの事件が起こったの。彼女は人間の場合
も同様だと言ったわ。でも人間の卵子はもっと小さくて、それ
に人間の精子はウニのそれとは違った形をしているはずだか
ら、自分でその違いを確かめてみなければと言ったの。でもそ
こで彼女は良いアイデアを思いついたのね。もしクラスの誰か

が精子を提供してくれれば、ウニの精子との違いが直接観察
できると言ったの。もしかしたら人間の精子がウニの卵子にひ
きつけられるかどうかまで観察できるかも知れないって言っ
たわ」

　「きっと彼女は、後先のことまで良く考えずに、そういうこと
を言い出したんだろうね」

　「もちろん、成り行きでそうなったの。彼女はただアイデア
の豊富な科学者だったというだけ。あのウニの卵子と精子の
実験にもすごく意気込んでいた。ラボには最低でも十人は男
子学生がいたわ。しかもそのうちの何人かは筋肉隆々のマッ
チョタイプだった——あのTシャツがぴったり体にくっつくボ
ディービルダーのような体のね。教授は人間の男性はものすご
くたくさんの精子を作るけれど女性は限られた数の卵子しか
作れないと指摘したの。だから問題は男子学生たちが精子を
持って来れるかどうかにかかっていると言った。この時点で、
もう彼女が男子学生達をじらし始めているのがわかったわ。
そして、男子学生たちはそれに恐れおののいた」

　「それで、彼女はクラスの学生たちを見渡しながら返事を
待っていたの。顔に皮肉っぽい笑みを浮かべてね。そしてちょ
うど彼女が他の話題に移ろうとしたとき、彼女の顔から大きな
笑顔がこぼれたの。そして彼女は後ろに座っていた男子学生
を指して、勇気ある戦士だと彼を誉めたの」

　「彼は見せびらかしたり、興奮したりする学生じゃなかった
わ。クラスの後ろの方に座ってても、成績は良かったの。そう
いうわけで、彼はあっという間にクラスのおたくからクラスの
英雄に変貌したの。そしてやっと、あのマッチョタイプの男子
学生たちが、隠れていた椅子の下から這い出たの——彼のこ
とをうらやましそうに見ながらね。女子学生たちは（私も含め

てね) みんな興奮したわ。クラスのみんなが、彼をまるでスーパーマンが教室に飛び込んできたように見たの。彼は実習室の手前にできるだけ自然に歩み出て、棚からプラスチック製の遠沈管を引き抜いて、みんなの方に微笑んでから実習室を出て行った」

「彼は五分くらい経って戻ってきて、教授に遠沈管を渡し、またみんなに微笑んで、それから自分の席に戻ったの。大拍手が起こったわ。教授はその遠沈管を持って、ライトに照らして、『悪くないわね、とてもいいわよ。協力してくれてどうもありがとう』って言ったの」

「それから教授はその精子の入った試験管を氷の上に載せて、私たちはこの宝物をどうするか議論したの。私たちは射精の体積と重量を測って、それから濃度を計算したの。それから生理食塩水を使って一連の希釈をしてから位相差顕微鏡を使って、マラッセの血球計算盤を使って精子の数を数えたのね。

その精子はものすごく濃かったんで、私たちはそれを百倍に希釈してやっと数えることができたの。でも精子たちは気が狂ったようにあらゆる方向に泳いでいたから、エタノールで希釈したの。すると酔っぱらった精子の動きが落ちたわ。そのことを除けば、彼らはものすごいエネルギーを持っていた。一ミリリットルあたり精子の数は一億六千万もあった。射精された精子の全体数はほぼ七億だったの。全くすごい生殖力ね！教室の女子学生たちは本当に興奮したの。男子学生たちはたぶん、少なくとも自分の精子を観察したかったのね」

「そうやって私たちは人間とウニの精子を比較して、それらがだいたい同じ大きさだということがわかったの。一方、ウニの卵子の大きさは、直径が約百ミクロンで、人間の精子のしっ

ぽを計算から除外すると、だいたい二十倍くらいの大きさだった。人間の精子はウニの卵子に惹かれている様子はなかったわ。ウニの卵子から発した化学誘引物質はペプチドだったのね。でも人間の場合には、プロゲステロンなどの女性ホルモンなどもっと他にも誘引物質が働いているらしいことがわかったの。人間の精子の嗅覚受容体がたぶん関係しているらしいわ。今話したことはだいたい二時間くらいの間に起きたの。それから次の数日間、私たちは時間があるときにラボに来て、ウニの受精卵の発達を記録して、また室温と冷温状態で保たれた人間とウニの精子のサンプルを比較したの」

「授業の最後の方で教授は、精子を提供してくれた男子学生に感謝したの。彼は、精子バンクに定期的に精子を提供しているからそれは大変でも何でもなかったし、またそれは科学への貢献として税金控除の対象になるからと落ち着いて答えたの。教授はその学生に何人の子供の父親になったか聞いたの。そうしたら彼はそれはわからない、それから米国では上限の規定もないしと答えた。それから精子バンクについて面白い議論が発展したの。それは精子バンクから同じ父親の精子の提供を受けて生まれた子供たちが、知らずに結婚して近親相姦になる危険性があるとかね」

「私が教室を出ようとすると、黒板に誰かの電話番号が書いてあることに気が付いたの。次の日その電話に電話したわ。それはもちろんあの精子の提供者の学生だった。私たちはコーヒーを一緒にしたの。彼は予想と違ってとてもクールな学生だった。でも私たちの間には何も起こらなかったの。ただ、彼がそのクラスで私を負かして最高点を取ったのは覚えているわ」

「もちろんその事件のことが漏れて、教授は学長に呼び出

されたの。でも彼女はその経緯をちゃんと説明して、それ以降は同様のことは繰り返さないことを約束したの。それで、以降は何も起こらなかったわ。でもその教授は終身在職権を得るとすぐに他の大学に職を見つけたの。私は彼女のクラスにとても感動したから、彼女の指導で卒業論文を書きたいと頼んだのね」

「精子を観察したのはエロチックな経験だったかい？」

「そう、とってもエロチックだったわ。でも卵子が受精する方がもっとエロチックで興奮したわ。命の始まりを見ることを想像してみて！あなたたち男性はラッキーだわ。あなたたちは配偶子をたくさん生産して、位相差顕微鏡を持っていれば、それを見ることもできるんだから」

「実は僕も一度精子を提供したことがあるよ……」

「話してちょうだい……」

「まあ、すごく昔のことなんだけど。そしてこの旅館からはずっと遠いところの話しだけど。その時僕たちは子供を授かろうという努力をしていたんだ。その努力は楽しかったけど子供はできなかった。それで僕たちは不妊治療クリニックに行ったわけ。僕はそこで精子を提供して、その数を数えてもらって、その運動性と形態のチェックをしてもらった。それは試験管内受精をするために必要だったんだ。まあ、これだけ聞けば簡単なことに聞こえるんだけどね。僕はある夏の暑い日にそのクリニックを訪ねたんだ。でも早朝だったからまだすこし涼しかった。僕は何列も座席が並んでる大きな待合室に入った。でもまだ誰も来てなかった。そこには机が一つあって、女性が一人座ってこっちを見ていた。彼女は白衣を着てなかったから、きっと受付の女性なんだろうと思った。でもその何と美人なこと！しかもスカートは短いし、ネックラインは低いし――本当

147

に美しかったな！僕は心の中で、ことは簡単に行きそうだと思った。彼女に用紙を渡され、それに記入して、その間僕は彼女の低くカットされた服と、大きな茶色の目、そのほかをチラチラとみた。でも彼女はとても気持ちよくフレンドリーに対応してくれたんだ……それから彼女は僕に座るように言った。僕は座って雑誌を読むふりをして彼女を盗み見ていた。しばらくして、ドアが開いた。そして白衣を着た男が入ってきた。彼は手に何かを持っていた。そして僕の名前を呼んだんだ。その待合室には僕の他は誰もいなかったのにね。そして彼は僕に写真入りのIDの提示を求めた。それを彼は慎重にチェックして、それから自分についてくるように言った。僕たちは小さな窓のあるドアを通って診療室のような部屋に入った。彼は僕にプラスチックの遠沈管を渡した。それには目盛りが付いていた。それから僕にボロボロになったセクシー雑誌を何冊か渡して、部屋を出て行った」

「そして僕はこの全然ロマンチックじゃない場所に、みじめな男性雑誌と、プラスチック製のネジカップ付きチューブを持って置き去りにされた。いやはや。ことはだんだん難しくなってきた。でもそこで一つアイデアが浮かんだ。僕は部屋の電気を消して、あの待合室が見える位置に立った。そこからは、そのドアの小窓を通して、例の受付嬢がはっきりと見えた。雑誌なんて必要ない。こんな美しくてセクシーな女性が、暑い夏の朝に薄着でいるんだから。僕は、ベッドから転げ落ちるくらいの短い間にそのことを成し遂げた。ただその受付嬢とベッドに入り込むことを想像するだけでよかったんだ」

「僕はその大切な試験管を持って、次の指示を待っていた。僕の射精した液体はその管の側面を流れ下って、円錐形の底に溜まっていった。僕はそれを手に持って振り回し、液体

全部を底に落とし込んだ。そして体積の目盛りを見た。ようやくドアにノックがあって、さっきの白衣の男が入ってきた。僕は彼にその試験管を渡して、彼の後について待合室まで戻った。そこはすでに人でいっぱいになっていた。彼は試験管を光に掲げて、みんなが聞こえるような大きな声で、『悪くないね、四ミリリットル以上だ。ぜんぜん悪くない、平均以上だね』と言った。それから彼は満足そうな目つきで僕をチラッと見た。僕はどう反応していいかわからなかった。でも待合室のみんなが僕の方を見ているのは分かったんだ。とっても恥ずかしい思いをして、できるだけそこから早く去ろうと思った」

「で、結局あなたの勇敢な努力の結果はどうだったの？受付嬢の電話番号もらった？」

「待合室を出る時、僕は彼女に微笑んで、ありがとうと言った。そうしたら彼女なんて言ったと思う……『いつでもお好きな時にどうぞ』って言ったんだ。そして僕にウィンクしたんだ」

「その話信じるわ！」

「ありがとう！　でもそれで僕はとても怖くなった。僕は一夫一婦制主義者だからね。べつにそれは宗教上の信念じゃなくて、長い伝統なのだから。あの受付嬢は危険だった。ともかくあのクリニックでの経験から僕は不妊治療を求める人たちがどういう過程を通るのかということがわかったんだ。でも結局僕たちの場合はうまくいかなかった。でもあの精子チェックは楽しかったね」

二人は日の出前に起きて、自転車用ライトを点けて浜まで歩いた。岩の上に座って色のない最初の朝もやの兆を感じた。それから光が急に増して色が現れた。それは黒から灰色に、それから青っぽい灰色に、そして澄んだブルーに変わった。しか

し、まだ日は生まれる前だった。金色の光がゆっくりと出てきた。それは最初砂の上に投げかけられ、そして波の泡に侵入して、最後に海岸の岩まで登って、ついには木々を捉えた。本物の光が鋭い光線を海の上の空中に放った。遠くに見える霞を貫き、低く浮かぶ雲たちはその主題を拾い、ピンク色に変わり、それからすぐに赤く燃えた。最後に水平線上に赤く丸い太陽がかすかに現れ始めた。そして新しい日は生まれた。

　彼らは水着とタオルを持ってきていた。空気は冷たかった。空と海はひきつづきあらゆる方向に反射する光のショーを繰り広げていた。波は浜に高く押し寄せていた。それは潮が急激に満ちてきていたからだ。彼らはそれでも海に入った。砕ける波の下にもぐり、波打ち際の向こうに出た。それから彼らは浮き沈みした。手をつないだり、また離れたり。冷たくなってきたので再び波打ち際に戻ろうとした。波と波の間を縫って速泳ぎした。しかし潮はどんどん上がり、波打ち際は急な登りになった。それでひと波ごとにうまく砂浜の高いところに逃れることはできず、砂と泡と水と一緒くたになって転がった。ついに新たな波が浜に当たって砕けた時に、二人はお互いの手を結びあって、次の波が当たった時に、浜に突進した。それはちょうどその波が砕けた後、また海の方へ押し戻す直前のタイミングだった。彼らは全身べとべとした砂にまみれたが、無事浜に辿り着けハッピーだった。彼らは体を乾かして旅館に戻った。そして、部屋でシャワーを浴びて残りの砂を落とした。それは臨死体験ではなかったものの、もしちょうどうまいタイミングで浜に戻らなかったら厄介なことになっていたかもしれない。

　足摺岬の南側の道は楽しめた。メインのルートから外れる狭

い道がいろいろあって、それらは海岸沿いに走っていた。彼ら
はお遍路さんたちに出会った。お遍路さんたちは白装束に円
錐形の笠をかぶり、金剛杖をもって歩いていた。二人はある
村で休み、小さな漁船が水揚げする様子を見た。生き生きし
た色のイカを含めたあらゆる海の生き物が見られた。彼らは
鯖寿司をおやつに食べた。それは元の魚の形を再現するよう
に作ってあったが、中に入っているのはすし飯だった。別の村
は、イカの漁獲センターのように見えた。イカが洗濯したワイ
シャツでも干すように、ヒモに吊るされていた。

　岬のてっぺんから海が見えた。彼らは灯台に見とれ、そして
ジョン万次郎の銅像を発見した。彼は地元の漁師で十九世紀
中ごろに数奇な運命を経てアメリカに渡った人物だった。彼ら
はそれから四国八十八カ所巡りの三十八番手にあたる金剛福
寺を訪れた。小雨が寺の境内の美しさをさらに増した。境内
には大きな池もあり、それも降り注ぐ雨の滴に映えていた。寺
の周りには七十基ほどの大型の座禅する姿のブロンズの仏像
群があった。それらは複雑で変化に富み、らかにインドの仏
像の影響を示していた。またそこには弘法大師の像もあった。
彼は九世紀に中国から日本へ密教を伝えた。彼は最初の巡礼
者で、円錐の笠をかぶり、袈裟をかけ、金剛杖を持っていた。

　彼らは寺の向かいにある飲食店で遅い昼食の麺を食べ
た。そこには一人のお遍路さんが座っていた。彼は安心して満
足そうに見えた――二人と同じように――路上の旅に幸せを
感じているように見えた。彼らが昼食を終わって飲食店を出る
ころ、小雨は大雨に変わっていた。近くに泊まる場所を見つけ
たい思いにも駆られたが、ポンチョと風よけズボンをつけて
雨の中を走りだした。ポンチョの下はぬくぬくして、大部分は
濡れるのを免れた。

四国

　この雨は亜熱帯の植生をさらに輝かせた。そして突風を伴いさらに強まった。本物の海洋性気候だ。岬を巡りながら走るのにはかなり苦労した。途中に見えるはずの小さな町々や港などはこの海の壁の向こうに隠れてしまったようだった。彼らはそれでも負けることなく突き進んだ。しかし二人とも心の中では密かに、これは努力に値するものだろうかといぶかっていた。

スペインの雨。雨なしには得るものなし、草地もなし。でもまだ雨が降っている。タイヤにかかる水が靴に染み入る。雲のダムが決壊して、このかわいそうなポンチョは薄っぺらでもう守ってくれない。彼女はまだ気づいてないが、これは天が土砂降りを欲しているのだ。彼女はまだ乾いている。その若さに守られて。僕の方はずぶぬれだ。カーブではゆっくり。直線ではスピードを上げる。海岸線は霧の中。砕け散る波音が聞こえる。水の中をバシャバシャと走る車。暗い森、そして風は僕に吹き付ける。彼女は守られていて、水も通さない。僕は古参の水兵だ、老人と海だ。僕は獲物を取り戻せるか？僕は道から逸れずに走る。でも道から水が溢れ、砕け散る波に出会う。でも僕は登らなければならない。この吹き付ける雨、天の望みに抗って。

　突然前触れもなく、彼らは大きな建物に出くわした。そこには「ジョン万次郎資料館」と英語で書いてあった。これは嵐を避けるに最高だと思われた。資料館は開館中で、受付の人は、ずぶぬれで滴がポタポタ垂れている訪問客でも喜んで迎えてくれた。
　彼らは十四歳の漁師ジョン万次郎の驚くべき物語に引き

入れられた。万次郎は四人の仲間と小舟で一八四一年漂流した。百四十三日後に無人島に辿り着いた。それから彼らはアメリカの捕鯨船に救助された。船長のホイットフィールドはジョン（本名は中濱萬次郎）とその仲間の漁師たちをハワイに連れて行った。ホイットフィールドはジョンの寛容な性格と知性を見抜いて、彼をマサチューセッツ州のフェアヘーブンの自宅に連れて行った。そこで彼はアメリカ式の教育を受けた。十年間で、彼は英語、造船、数学、測量と航海術を学び、さらに民主主義とか両性の平等などの知識も得た。彼は捕鯨船の一級航海士として働き、カリフォルニアのゴールドラッシュの時期に十分なお金を貯めてハワイに行った。そこで彼は他の仲間たちと合流した。彼らは小舟で一八五二年日本に帰国した。将軍や旗本はジョン万次郎のアメリカでの知識に頼ってペリー提督との交渉にあてた。万次郎は日本最初の海軍教育機関で測量、航海術、造船を教えた。そしてその生涯を日本に西洋の文化を伝えることに捧げた。また彼の外交官としての活動も日本の開国に貢献した。

　彼らが資料館にいる間も雨は弱まらなかった。それで彼らは、再びポンチョを着て走り出した。ようやく一軒の民宿を見つけた。民宿の主人は英語を話さなかったが、サラの日本語は少しずつ上達していた。そして、二人が濡れ鼠なのも気にせず親切だった。夕食はたっぷりで、マグロの刺身、エビ、アワビ、サラダ、食べ慣れない味のいろいろな野菜の料理、それから漬物が出された。夕食の間彼らは熱燗の酒を飲んだ。民宿は浜で見つけた漂流物で飾られていた。それにはガラスの浮き玉も含まれていた。お風呂はとても熱く、二人はゆっくりくつろいだ。今日は長い一日だった。しかしそれでもまだ夜の会話のエネルギーは残っていた。彼は彼女の宗教観が知りたかった。

「サラ、弘法大師と八十八カ所のお寺についてどう思う?」

「すごいと思うわ。それは疑いないし、興味もあるわ。でも私は特定の宗教を信じたことないの。お寺を見て回ったのも楽しかった。それに仏像も素晴らしかった。できればもっと見たいわ」

「僕は、ここで初めてインドの影響が他のアジア諸国まで広く及んでいることに気が付いたんだ。仏教の源流についてとっても興味がある」

「じゃあ善通寺に行けるかしらね。ガイドブックには、絶対に見逃せないお寺で、弘法大師の生地でもあるって書いてあるわ」

彼らは地図にその場所を見つけた。そしてそこまで、内陸の祖谷渓を通って行く大まかなルートを決めた。祖谷渓はその峻険な山の景色で知られている。

「もし天気が良くなれば、明日は私たち一日中海を見ながら走ることになるわね。狭い道がたくさんあって、周りに町はほとんどなくて、岬周りの登りがたくさんあるの。私はいつも登りの準備はできてるわ」

「僕の方も明日の長距離サイクリングが楽しみだよ」

「あなた眠くないの?」

「ああ眠いよ。サラ、君の方は何を考えてるの?」

「あの橋のこと思い出してたの」

「この先もっとあると思うよ——優雅で、長くて、狭くて興奮するね。ガードレールもないし」

「それから山の峠を頂上まで登り切って、新しい水系に入るの。一つの世界から別の世界に入るの」

彼女はゴスペルの『深き河』を歌った。

　「深い河よ、
　私の故郷はヨルダンのかなたにある。
　深い河、主よ、
　私はあなたを越えて集いの地へ行きたい。
　深い河。
　私の故郷はヨルダンのかなたにある。
　深い河、主よ、
　私はあなたを越えて集いの地へ行きたい。
　ああ、あなたも行ってみたくないか、
　あの福音の宴に、
　あの約束の地に、
　すべてが平和な地に?
　深い河、主よ、
　私はあなたを越えて集いの地へ行きたい」

次の朝、空は澄んで明るい太陽が輝いていた。民宿の家族は外に出て彼らを見送ってくれた。彼らはまたサイクリングに戻った。一定のリズムで前方に進んだ。砂と小石の浜、露出した岩々の海岸線、そして半島や島々が遠くに収束する場所をめざして。岬の道は幾つものトンネルを通っていた。それで彼らは、旧道を見つけてトンネルを迂回し、またはトンネルの上をまたいで走った。空気は前日の雨で洗われてキラキラしていた。道は渋滞がなく、スピードが出せた。
　彼らは海岸線に沿って走った。そしてその幹線道路は内陸部に入り、また海岸線に戻って、今度は海岸沿いの細い道を走った。サイクリングに最適の条件だった。彼女はしばしば先頭を走って、後戻りし、それから二度目の登りを走った。彼の方は心臓が耐えられる限界まで頑張って走った。彼らはとこ

ろどころで自転車を止めて景色を眺めた。

マップルのロードマップでは少し内陸に入ったホテルを勧めていた。それは小ぎれいでかわいいホテルだった。小さな畳の部屋があり、こたつも置いてあった。これは低いテーブルに毛布をかけて四辺を覆い、テーブルの下に電気ヒーターが付いている暖房具だ。彼らは部屋に入ってお茶を飲みながら、こたつにあたり、それから風呂に入った。入浴後ホテルで夕食を取った。シンプルで、新鮮で、美味しく、量も多かった。一日中サイクリングした後に食べるのにはパーフェクトな夕食だった。今日はサイクリングができたので、彼女は生き生きしていた。

「ほんとにあの岩場の多い海岸線は魅力的だったわね。道が曲がりくねったり、景色がどんどん変わったりして本当によかった」

「本当に今日は完璧な日だったね！サラ、君の言う通りだよ。あの景色の絶妙なバランスは本当にすばらしかった。山も楽しめたし、海も楽しめた。見学するような記念物はなかったけど、あの素晴らしい景色と、サイクリングを楽しめたことが、勝因だね。どう思う？」

「ええ、そうね。自転車に乗ること自体がご褒美なの。それは景色や文化的な興味に勝るわ。ほんとに私たち恵まれてるわね。あなたは登りが速くなったわね。それに私の方もエネルギーと酸素の使い方がもっとうまくなって、もっと強くなったように感じるわ。空気がきれいなのも大きいわね。私四国が大好きになったわ。それにあなたの言うとおりね。自転車抜きでは同じようには感じなかったと思う。でもあの八十八カ所巡りをして歩いているお遍路さんたちも尊敬するわ。結局あれが四国の島を知る究極の方法だと思うの」

　ホテルには朝食は付いていなかった。それで彼らはお弁当を売っている市場まで自転車で走り、道脇のセルフサービスの露店でオレンジも買った。彼らは入り江の温かい岩の壁の上に座って、カモメと烏を見ながら朝食を食べた。

　「なんてすばらし人生だ。何も計画しないのに。僕たちは遅れもしないし、早すぎることもない。今日は後で電車に乗る予定だけど、時刻表のことなんか心配してない。今夜泊まる宿さえ決めていない。僕たちは祖谷渓に向かう。そこにホテルがあるかどうかも知らないんだ。でもきっとうまくいく。これが僕らのさすらい人生さ」

　「みてよ、今日もまたパーフェクトな一日で、こうやって外で朝ごはんを食べている。朝なのに、ショートパンツで走れる暖かさ」

　「僕は過去とも未来とも切り離れている。いま君とここにいる。ただそれだけが欲しかった。明日はまた代わり映えのしない一日というんじゃなくて。明日はまた今日みたいに素晴らしい日になるんだ」

　二人は宿毛市まで走って、そこで、高知市行きの電車が四五分後に発車することを知った。電車に乗るために自転車を荷造りする時間は十分にあった。その電車はかわいく塗られた二両編成の電車で、畑地を抜けながら、四万十市まで行き、そこからは海沿いを走った。彼らは高知市で電車を乗り換え、駅で寿司弁当を買った。最初は学生服を着た生徒たちがいっぱいだったのが、山地を登り始めるとだんだん乗客が減った。そして電車は山地の北側を吉野川に沿って下った。それは一級の激流下りのように見えた。

　彼らは祖谷口駅で下車した。夕方近かった。川にかかる、

四国

歩行者と自転車用のつり橋を渡って、その狭い吉野川の支流を祖谷に向かって登った。彼らは両側が急峻な谷の奥深くまで入った。そこは春の緑が様々な色相を成していた。その中に鮮やかな山桜が咲いていた。日が尾根の向こうに落ちた。しかし登りのため彼らの体は温かかった。道路は狭く、空いていた。一日が終わろうとしていた。そして山の寒さが頂上から谷に下り始めていた。道は黒い川を離れて、明るい空が見えた。しかしそれとても次第に明るさを失っていった。彼らは登り続けた。それは幸運を信じたのか、それとも運命を信じたのか、あるいはペダルを回すこと以外に何も考えていなかったのかもしれない。立ち漕ぎしたり、座って漕いだり、また立ち漕ぎしたりして峻険な坂道を登っていった。道は容赦ない登りが続いた。冷たい空気の中で、彼らはまだ温かかった。しかししばらくするとライトが必要になる。でもどこを目指せばいいのか?それはどうでもよかった。彼らはその道が導いてくれるところを受け入れるだけだった。

「調子はどう?まだ温かい?」

「大丈夫よ。でも次に止まって、ライトを点ける時は、タイツとジャケットを出すつもり」

「サラ、この道はどこに続くんだろうね?」

「ロードマップには谷の上の方に村がいくつか載っているわ。祖谷渓はツーリストガイドに載ってるから、そのうちの一つに泊まる場所があると思う」

「あの手前の山にそそり立っているのは何だろうね?」

「何か断崖にビルがくっついているみたいね。道はあそこまで続いているみたい。だからもうすぐなんだかわかるわ」

彼らがそのビルの前に着いた時には、もうあたりは暗くなりかかっていた。看板には祖谷温泉とあった。

「祖谷温泉だわ！これがあの有名な温泉なのね。ガイドブックで読んだけど、谷の別の場所にあると思ってた。ここには露天風呂まで下りていくケーブルカーがあるのよ。きっと空いている部屋があると思うわ」

中に入るとロビーがあり、受付では若い女性が対応していた。その女性は彼らが自転車ウェア姿だったのに驚いたようだった。しかし冷静さを保って「ちょっとお待ちください」と言った。それから数秒後にビジネススーツを着た男性と受付に戻った。彼らは部屋があるかどうか尋ねた。彼は二人を笑顔で迎え、予約台帳をみた。

「お待ち下さい。部屋はあると思いますが、ダブルチェックする必要があります。どうぞそちらにしばらくお座りください」

彼らはその心地よいソファに座って、幸運で幸せな気持ちになっていた。ここは明らかに普通の温泉とは違う。エレガントな調度で、ロビーの先に格調高い食堂があり、その入り口が見えた。旅館と違って温泉宿は、予約なしの宿泊客や夕食を食べにくる客たちも受け付けてくれる。そしてここではいい食事を食べられそうな感じがした。受付のマネージャーが戻ってきた。

「申し訳ありません。私が先ほど申し上げた部屋は空いておりません。あれが最後の一般客室でした。間違った情報を提供してしまい申し訳ございませんでした。しかしながら、お客様は自転車で来られたようですし、外も暗くなっております。ですので、別のお部屋をご提供できるかと思いますが？スペシャルスイートで、一般客室の二倍の料金になります。ですが、一晩だけ、一晩に限りますがスタンダードの料金でご提供できます」

彼らは歓喜した。そして彼らは自転車の荷をほどいた。彼ら

の荷物はポーターが運んでくれた。そしてこのポーターが部屋まで案内してくれた。昨晩泊まった部屋とは比較にならない部屋だった。たしかにそれはスイートだった。しかし普通の場所とは違う場所がつながっていた。壁のほとんどはガラスになっていて、そこから、さっき登ってきた谷が暗さを増して見えた。また谷の向こう側の山々も見えた。大きなテラスが付いていて、そこに露天風呂が設置されていた。露天風呂と部屋とはまたガラスの壁で区切られていた。露天風呂の隣に足湯付きのベンチがあった。そのスイートは明らかに自然に近いことを意図して作られていた。装飾は豪華にシンプルだった。それからサウンドシステム、CDのコレクション、安楽椅子、マッサージチェアもあった。メインの部屋には大きなこたつもあった。彼らは浴衣に着替え、羽織を羽織って、食堂に下りて行った。そこには部屋の一部を区切った場所に特別のテーブルがしつらえてあった。そこからは、自分たちの部屋と同じ二方向の外の景色が見られた。

　夕食は着物を着た女性が給仕してくれた。その女性は珍しい地元の料理の食べ方まで教えてくれた。喉が渇いたので彼らはビールから始めた。続いて料理が現れた。それには四種類の料理が盛られた細長い楕円形の皿、それとは別に、端を摘まんだような形の白いボウルの中に、四角い薄緑の皿が乗って、さらにその上に赤大根のスライスを乗せてあった。その楕円形の皿の中央には、四角い折り紙の上に小鉢が乗っていた。その鉢の中には季節の野菜料理が入っていた。それが何の野菜かは分からなかったが、ニンジン、キノコと一緒にあえてあった。その上に、蕾桜の枝が一枝かけてあった。その鉢の右隣には、ピンクと茶色の平らな形状の料理が竹串に刺してあった。そしてそのさらに右隣には、これまた見なれない食材

の深緑色のナッツのような料理が載せてあった。さて、中央の小鉢の左側には、長方形で、野菜フランから切り分けたようなものが二切れ重ねてあった。そこに、今料理されたばかりの感じがする細身のタケノコが二本立てかけてあった。これらに、グラスに入った食前酒、漬け汁、アルコール七輪が二つ付いた。一つの七輪には木製のせいろが乗っていた。黒い陶器のボウルの中に銀色の丸い金網が置かれ、その上に珍しいサラダが美しく盛られていた。そのサラダには、二種類の色のゼラチンの切り身、ニンジンの飾り切り、シソの葉、タケノコのスライス三枚、きゅうり一切れと、その上に興味深い正体不明の緑色のペーストが少量乗っていた。

　「これはこれは、夢のようなサイクリング後の贅沢料理だわ!」

　「僕もそう思うよ。でも魚も肉も見えないね。これからメインの料理が出てくるに違いない!」

　二人はワイングラスを上げ、黙ったままで乾杯した。ただ目と微笑みだけで理解しあえたのだ。彼はもう一方の腕を胸の前へもってきて、グラスを持った腕を密かにつねってみた。目を閉じた、そして目を開けてみると、彼女はまだそこにいた——奇跡だ。彼は喜びと涙が同時に満ちてくるのを感じた。彼女の目からも涙が一滴こぼれた。それから今度は女の子らしく大きな笑い顔を作った。彼女は自分をつねって見せて言った。

　「私恋してるの。これ以上の幸せって考えられない——今二人でこの素晴らしい場所にいて、この芸術作品のような夕食を一緒に食べている」

　彼女は身を乗り出して彼の手を取り、彼だけに聞こえるように、透き通るようなささやき声で歌った。

四国

「あなたの目だけで私にカンパイして、
私もあなたに同じことを約束するわ。
それとも杯の中にキスを残して
そうしたら私はもうワインを頼まない。
魂の底からくる渇き
それが神酒を求めるの。
でももし私がユピテルの神酒を飲むことができるとしても
あなたのそれには代えられないわ」

　二人の姿がガラスの壁に映った。そしてその向こうには、あの山桜が咲く山があった。山は暗くて見えなかったが、桜の姿は夜の闇を背景にくっきり見えた。彼らは、陶器製の箸置きから箸を取って料理を食べ始めた。それは並べられた料理の手前に置かれていた。
　「おいしい！このタケノコは本当に新鮮で柔らか！」
　「それにこのサラダ、美し過ぎて食べるのがもったいないね。でもこの緑の野菜、それからゴムのような感じのものをソースに浸けてと……ひんやりして柔らかくて、ソースはお醤油ベースの塩味。わかった。このきゅうりの上に乗っている緑のペーストは、つけ汁用におろした生のわさびだ！」
　「みてこの竹串に刺したピンクのヘラみたいなもの、中に野菜が入っているわ」
　「この緑の四角いものはお豆の料理みたいだ。ライムで味付けしてつやを付けてある」
　「この真ん中の鉢の野菜ときのこ試してみて。何か下に巻いたものが入ってる。この味は初めてね」
　「このナッツみたいなものは、中が柔らかい。何かナッツのような練り物でナッツの形に作ってある。味は塩味だね」

　給仕の女性がやってきて、せいろの乗った七輪に火を入れた。空のお皿は下げられ、料理が盛られた皿が出された。二つ目の七輪に火が入れられ、鉄製の鍋が置かれた。その中には野菜、肉、きのこが入っていた——こうして各自の手前に置かれたそれぞれ二つの七輪は料理中となった。

　こうしてコースの最初の料理を食べ終わると、次には串に刺した二匹の小型のマスのような魚がかごに入って出てきた。その二匹の魚はかごの側面に沿って泳ぎ登るような形に盛り付けてあった。そして、その尾は白いボウルの中に納まっていた。二匹のマスの間に、さらに二つの串があって、それらには白い皮のなにか黒っぽいものがロリポップのように巻いて刺してあった。そのかごには杉の緑の小枝が添えてあった。給仕の女性は彼らに、串を手に直接マスを丸ごと骨まで食べてくださいと言った。地元の人はそうやって食べるのだという。

　マスはジューシーで外側はカリカリして塩味がついていた。ロリポップ状のものはその魚の卵のようだった。ツンとくる塩味だった。二人はそのマスを美味しそうに食べた。その竹でできたせいろの中には、陶器のボウルが入っていて、四角く切った餅が薄いソースに乗っていた。そしてその上には、見慣れない葉と、菜の花が乗せてあった。二つ目の七輪の上の鍋は具が煮え、卵二個とそれを割り入れるボウルが出された。そのボウルは大きなスプーンの形をしていて、ブルーと白い色で区切られて、輝きを周りに放っていた。彼らは、卵をボウルに割り入れ、煮えた鍋から肉と野菜を摘まんでその生卵に浸けて食べるように教えられた。これとは別に、シンプルな平たいお皿も出され、それにはおろし金とピンク色の岩塩が乗っていた。

　「この岩塩は何に入れるのかしら?」

四国

「鍋に合うはずだね。鍋の煮汁が肉と野菜の間のバランスをうまくとってる」

二人が煮えたばかりの鍋をつついていると、今度はかごに紙を敷いたものが各自に出された。その紙にはもみじの柄をプリントしてあった。そして、その上には天麩羅が乗っていた。それは熱かったが、油っぽくはなかった。くるくる巻いたまだ若い蕨、それに根菜に少し衣をつけて天麩羅にしたものだ。これに続いて、地元の蕎麦が出された。それは澄んだ汁の中に、なにか卵のようなものの薄い一切れが付いて出された。次は濃い紫色をした茄子ともう一つの野菜の漬物だった。その上には微小な何か赤いものがかけてあった。たぶん赤唐辛子だろうか？そして、この懐石料理の最後は、六角形のボウルだった。中にはカスタードクリームのようなものが入っていて、その上に青ネギのみじん切りが乗っていた。そしてこれでも足りないかといわぬばかりに、とても変わったレイヤー・ケーキと、もう一つの何かの形を模したようなケーキが出てきた。

「サラ、こんな美しいもの、トゥインキーみたいに簡単に食べていいものだろうか？」

「問題ないわ。トゥインキーみたいな味はしないから。素晴らしい。とくにこの二つのイチゴと、ホイップクリームで作った白い花は神業ね」

ひとすくいの完璧なバニラアイスクリームがもう一つのボウルの底に静かに横たわっていた。そのボウルの内側には蓮の浮彫がしてあった。

こうして延々と続いた夕食が終わりとなった。サラはまだ満足していなかった。

「本当にすごかったわね。目にもお腹にも素晴らしいごちそうだったわ！さて次は何をしましょうか？とても難しい選択

ね。下の渓流にある温泉に入ったらどうかしら？夜遅くまで開いているそうだから」

　ケーブルカーは、照明に照らし出された満開の桜の木を左右に見ながら急角度で下りて行った。下の渓谷には小さな建物があり、いつものように男湯と女湯に分かれていた。

　「私はたぶん早く上がると思うわ。もうベッドタイムが待ち遠しくなっているから。あなたの方はごゆっくりどうぞ。部屋の鍵を閉めないでおくわね」

　彼はゆっくりした。それだけの価値があった。大きな温泉の湯船は、渓流のすぐ上にあった。石の柱から熱いお湯が絶え間なく湯船に落ちていた。湯船は岩の間に自然な形ではまっていた。湯船の底は平らな石だった。お湯は熱く、空気は冷たかった。彼はひとりだった。熱いお湯が首にかかりリラックスできた。お湯に浸かって体が熱くなると、岩にのぼって体を冷ました。部屋に戻るとサラは熟睡していた。

　彼はしばらくテラスに出て、下を流れる渓流の音を聞き、今日一日を振り返ってみた。

これは彼女が全部計画していたのだろうか——スイートルームに泊まることになったことも？いやそんなことはない。これは自分をつねってみなくても明らかだろう。これ以上の望みを叶えられるだろうか？僕はハイになっている。日本の高い山で。僕はひとりぼっちじゃない。ここに寝ている若い女性を全身全霊で愛しているし、それについて恐れてもいない。僕たちは風の強い、狭い道を、二人だけでがむしゃらに登ってきた。目的地も考えずに登った——ただ上を目指した。暮れていく光の方へと。ただ僕たちを信じて。そして突然この崖にぶら下がるように

四国

建っている不思議な建物を発見した。そしてこの部屋が
僕たちを待っていたんだ。素晴らしい夕食もとって、黒
い山腹を眺めて、露天風呂に入って。これ以上のことは
望めないような素晴らしい日だった。でも明日はきっとも
っと素晴らしい日になると思う。

彼は音楽を夢見た。バッハの無伴奏チェロ組曲。完璧に演奏
され、そこに存在した——夢にしてはリアルすぎた。それか
ら、茶碗が受け皿に置かれる時のクリンという音、そしてお茶
が注がれる音が聞こえた。お湯。目が覚めた。彼女が彼にお
茶を出していた。枕を背に上半身を起こし、茶碗と受け皿を取
った。彼女は彼の前でシルエットになって立っていた。彼女の
後ろで、山腹に朝日が当たるのが見えた。様々な相の緑、新緑
の様々な相、鮮やかな山桜の白が山腹を覆っていた。彼女は
何も言わなかった——ただ微笑んだだけだった——それか
ら振り返って、テラスの方に進み、ガラスの引き戸をゆっくり
開けた。彼女の姿はまだシルエットだった。彼に背を見せて山
腹の方を見つめていた。彼女の横から、露天風呂から上がる
湯気が見えた。下の渓流の音が聞こえた。それから彼女は浴
衣を脱ぎ、浴衣かけにかけた。彼に背を向けて木製の風呂イ
スに座り、頭から背中、そして彼が初めて見る彼女の裸の後ろ
姿の全体にシャワーが流れた。

これはきっと道に迷って飢えた旅人が、食べ物や飲み物
を欲して、目の前に美味しそうなご馳走を想像していると
いう幻覚に違いない。

　しかし彼女は本物だった。石鹸を体につけて体を洗い、そ

れから体を流す。それから湯船に入る。お湯に浸かる。頭を左右にひねる。体を伸ばす。両腕を上に差し上げる。それから両腕を交差してストレッチ。そして最後に頭をまた木の湯船の端にのせてゆっくりした。長い間そのまま動かなかった。それから立ち上がり、湯船から出た。横を向いた。彼は舞い上がるような気がした。彼は時間を――その山桜の山を飛び越えて、これまでの自分の人生のすべてを遡った――何十年も、そして生まれた瞬間にまで、酔っぱらうように舞い戻った。

彼女はまた山の方を向いた、そしてバスタオルで体を乾かし、それからそれを頭にターバンのように巻いた。そのすべては意識された動きだった。それは茶の作法と同じだった。愛をささげる行為だった。彼女はドアを開けてこちらに来た。モナリザの微笑みを浮かべ、ターバン以外に何も身につけていなかった。

彼は立ち上がり、二人は部屋の中央ですれ違い、手と手を合わせ、目と目を合わせた。それから今度は、彼が、テラスへ出て、彼女の取ったポーズの一つ一つをすべて繰り返した。浴衣を脱ぎ、体を洗い、湯船につかり、湯船から出て、ゆっくり横向きに立った。そしてバスタオルでターバンを巻き、最後に部屋に戻ってきた。その音楽が止んだ。彼女は自分のベッドの上に寝ている。そのベッドは彼のベッドにくっ付いていた。彼女は彼の方を見た。彼が近づくと腹這いの姿勢になった。掛け布団は彼女の下半身しか隠していなかった。バスタオルは床の上にあった。彼もターバンを床に落として、掛け布団を上半身からはだけた。彼女は美しかった。それは彼が何時間も彼女の後ろを走りながら想像した、その想像に違わない美しさだった。彼は彼女の片足のかかとにキスをした。それからもう片方の足、それからゆっくりと彼女の体を首の方に向かっ

て登っていった。彼は彼女の上になった。それからゆっくりと彼女の上に乗り、二人はゆっくりと溶け合っていった。こうして二人は初めて出会った。彼らは愛し合い、やさしくキスを交わし、時が永遠に止まることを願った。頂上はすぐそこだ——ゆっくりと一歩一歩味わい、視界が広がっていく。新しい次元、普遍の真実へと。そしてついに彼らは頂上に至った。

空気は暖かく心地よい、が、ところどころに肌を突くひんやりした場所もある。渓流の流れが遠くに聞こえる。ガラスの向こうに見える山に、速足の雲の影が映り、流れてゆく。雲は優しくなでる。どのくらい眠っただろうか。サラは起き上がり浴衣を羽織った。それから、一瞬ためらった後、ふたたび浴衣を床に落として、彼の元に戻った。空気はひんやりとしていた。ひとかたまりの霧が登ってきて、山にかかり、山桜を覆い隠してした。二人は一緒に起きて、テラスの露天風呂へ行き、一緒に熱い湯船に浸かった。そこから刻々と変わる天候を眺めた。低い雲が通り過ぎて、雨を運んできた。おだやかな霧の波が祖谷渓の急峻な斜面を登り、尾根々々まで至った。そして谷の底の方も満たした。それが通った後にはところどころに光が差した。二人はお湯に浸かり、お互いを優しく撫で、それからお互いを拭いあった——母親が赤ん坊を愛情をこめて拭うように。それから浴衣を羽織って朝食を食べに行った。

彼らのテーブルから外を見ると、山も谷も全体に雲がかかっていた。そして、ガラスの壁には雨が当たり始めていた。山の隠れ家で一緒に朝食をとる。

　大きめの籠に七品を盛った朝食が各自に出された。魚、何種類かの初めて食べる料理、サラダ、味噌汁、それから野菜鍋

が七輪にかけられていた。各料理が美しい陶器に盛られていた。豆腐、漬物、それから食材は分からないがとてもおいしい料理。グラス一杯のミルクまであった。

　朝食の帰りにロビーを通ると、マネージャーと会った。お互いに「おはようございます」のあいさつを交わした。彼らは間もなく荷物をまとめて、部屋から出る予定だと伝えた。マネージャーは頭を下げた。それから数分後、彼らは荷物を持ってロビーに戻った。チェックアウトするつもりだった。マネージャーが受付にいた。彼はこれは大嵐になりそうで、サイクリングには向かないと言った。そしてスタンダードの部屋を割引料金で提供できることを伝えた。数分後、二人は同じ階の別の部屋に案内された。

　この部屋は、前の部屋と比べればもっと伝統的だった。布団があり、中央に炬燵があり、普通のアメニティだった。ただ壁は前室のようにガラスで、テラスもあった。この部屋を特徴づける豪華な点は、部屋の真ん中に白い磁器の湯船があったことだ。その風呂場スペースと居間は床から天井まであるガラスの仕切りで区切られていた。その風呂場からは山の景色が眺められた。また風呂場にはシャワーと木製の風呂いすも置いてあった。調度はスイートルームと同じように、簡素でしかも豪華だった。

　「ポンチョを着て少し散歩しようか？」

雨がしきりに降り注いだ。それに時々突風が加わった。山は断崖のようで、脇に入る細道もないようなので、道に沿って歩くほかはない。彼らの足は道にあふれた雨水の層で水浸しになった。しばらくして建設現場に遭遇した。そこで道は一車線に狭まった。ずぶぬれの旗振りの男性が、車もほとんど通らない

169

道に立っていた。彼らがやってくるのを見て嬉しそうだった。二人は崖の上から温泉が見えるところまで登った。それは下に見える雲の間に垣間見えた。彼らが戻るころには雨が上がった。その旗振りの男性は彼らが戻ってくるのを見て先ほどよりもっと嬉しそうだった。

　彼らは浴衣に着替え、下の露天風呂までケーブルカーで下りた。湯船は空で、渓流と谷の底は霧で一部見えなかった。彼は男湯に一人きりだった。そして渓流はそのすぐ下を流れていた。熱い湯船に浸かった後、彼は更衣室に戻って浴衣の裾から何かを取り出した。彼は裸のまま歩いた。体からは湯気が昇っていた。そして露天風呂の端まで歩いて行って、その透明がプラスチックの袋を食い破って穴を開けた。そして指でその穴を広げてから、それを歯でくわえて、露天風呂の手すりを乗り越え、下の渓流に下りた。凍りそうになるほど冷たい水の中に立って、ゆっくりとその白い粉を流れにまいた。一部は沈み、一部は流れ下っていった。渦を巻きながら水面に浮かび、流れ落ちてゆく水の音の中に消え去った。彼は唇と手を舐めた。またあの渋い味がした。それから彼は先ほどの手すりを越えて露天風呂まで戻り、湯に浸かって温まってから更衣室に戻った。

部屋に戻ると二人はマッサージチェアを使った。音楽を聞きながら、嵐雲が山腹に吹き付けるのを眺めた。雨が再び強まったが、その後は降ったり止んだりした。夕方になり光が弱まった——霧が濃くなって夕暮れが早まった。二人はその夕暮れの光景を部屋から眺めた。彼はアームチェアに座り、彼女は彼の両足の間の床に座った。背をアームチェアにもたれ、彼の膝に腕をまわした姿勢だった。雲は山桜を撫で、杉の林の間

170

を抜けていった。彼は両手で彼女の頭を側面から包むように当てた。彼女の顔の形を手触りで感じた。それから耳、両肩へと手を下した。彼は前にかがみ彼女の額に口づけをした。それから手をさらに下にずらして胸に触れた。周りには何の音も聞こえなかった。彼ら二人だけだった。時間と空間が止まった。二人の肌がふれあい、温かさが伝わることだけが唯一のコンタクトだった。

　彼女は振り向いて跪いた。彼女の頭は彼の膝の間にあった。彼は前にかがみ、彼女の背中を撫でた。彼女は浴衣を脱ぎ、彼を口に迎え入れた。二人はゆっくりと床に崩れ、絡み合った。アームチェアは後ろに退いて、今や二人きりで生命と愛の奥深い根源まで分け入った。

夕食にワインをオーダーした。二人はただ「乾杯」と言っただけだったが、交わした視線と微笑みには、多くの意味が激流を流れるような速さで渦巻いた、そしてまた静かな流れに戻った。夜の光と共に言葉は消えていた。食堂の音はかき消されていた。さらには色までもが夜の中に失われた。しかし彼らの表情は晴れやかだった――二人の目は生き生きとして、よく観察できた。二人はお互いが食べる姿を観察し、互いの口を通して料理の味を味わった。すでに彼らは一卵性双生児になって、言葉なしでもすべてが理解できた。光と時間によってつながれていた。

　最初の料理は、各自に大きめの皿が二つ出された。真ん中にあるのは四角く平らな籠で、竹のたがが四隅を繋げ、さらにその上をまたいで中央にアーチ状の取っ手が付いている。さらに四角い折り紙の四隅が、籠の直線部からはみ出るように乗せてあり。二つの四角がずれて重なっているように見えた。一

角には、二匹の光沢ある魚が杉の枝の上に乗っていて、その隣には何か丸いものが、きゅうりの切ったものに乗っていた。それは、大麦をローストしたもののように見えたが、中身は丸く不思議な団子の形をしていた。その向こう側には小さな、青磁の鉢があって、その中には何かアボカドのような緑のものがあった。しかしそれはアボカドではなかった。その右には、四角く切って焼き目を付けた豆腐に竹串を刺したもののようだった。その上には刻み海苔が乗っていた。さらにその右隣には、お餅のようなスムーズな丸いものがあった。色は少しピンクがかって、少しスパイシーな葉っぱがそれをくるんでいた。左側の上方には、チューリップの形をした青い鉢があって、蓋を取ると、中には菜の花の茎をゆでたものか、漬けたものがあった。そしてそのすぐ横には小さな鉢があって、抹茶に似たような緑の汁が入っていた。そして一番手前には白ワイン。

　二番手の料理は刺身の絶品だった。竹の枝を編んだマットが一匹の魚の、頭と尾がちょうどはみ出るような形で置いてあって、その上に一口サイズの切り身が乗っていた。刺身はシソの葉と、大根を刻んだものの上に置いてあって、その横にはきゅうりのカップにわさびが乗っていた。それは醤油につけるためのものだ。そのお皿料理は、さらにニンジンを花のように切ったもの、ゆずの端を切ったもの、それから二切れのレモンのスライスで飾ってあった。その四角いお皿は、白い色で、青と、淡い茶色で縁が飾ってあった。その魚は竹串で泳いでいるような形で固定されていた。

　「サラ、君は今までこんな感じのプレゼンテーションを見たことある？なにか生きた魚が自分の前にいて、同時にそれを食べているような。それを食べながらその魚に感謝してるような」

「いいえ、ないわ……知らない料理がたくさんあって。一つ一つが新しい経験ね」

彼らはゆっくりとこの素晴らしい料理を堪能した。一品一品感動したり、食材を推量したりしながら。七輪といっしょにお皿が出てきた。それには、赤身の肉、ブロッコリー、玉ねぎ、豆腐それから黄色い何かのスライスが入っていた。それらを七輪で焼くのだ。食材を七輪で焼く間、二人は各自大きな竹の筒を出された。それは縦に割られていた。中にはマスの焼き物が細長い葉に乗っていて、その下には白くて熱い小石が入れてあった。新鮮な赤い生姜の茎が魚の尾のあたりに立てかけてあった。尾には塩が振ってあった。それはおつまみ料理だった。二人はそのジューシーな魚を堪能するお互いの姿を感動しながら見た。いっぽう七輪の網の上で赤身の肉、玉ねぎ、豆腐などが程よく焼けると、それも二人は美味しそうに食べた。

「サラ、僕たちどうしてこんなに食欲があるんだろうね。今日は自転車にも乗らなかったのに！」

「そうね、でも他にいろいろな運動をしたじゃない——まだ布団から起きてもいないうちにね！」

彼らがお肉と野菜の料理を終わりかけること、次の料理が運ばれてきた。一つは淡いピンク色のボウルに入っていた。それはご飯と一緒にソースに絡めた豆が混ぜてあった。それは大きなピンク色の桜の花と、小さな緑と黄色のもみじの花で飾られていた——そして両方ともなにかで砂糖漬けされていた。天麩羅の料理はエビ、そのエビに立てかけられたシソの葉、その手前には茄子の天麩羅があって、それらは軽く天ぷら粉が付けられて揚げられていた。その茄子の皮にはたくさんの切り目が入れられ、天ぷら粉と天ぷら油が入りやすく、し

かも中まで揚がるようにしてあった。なにかそれは海の中の昆布が海流に揺れているように見えた。それからまた、蕎麦も一束あった。それはたぶん海苔に巻かれていて、天麩羅のために二つに切り分けて、切り口が見えるように置いてあった。天麩羅の最後は、これまた初めて食べるみずみずしい根菜の天麩羅だった。これらのすべてが吸い取り紙の上に乗せられていたが、一滴の油あとも見えなかった。

　小さな黒っぽい色のボウルにはタロイモらしきものをすった濃い液体が入っていた。そしてその上には緑の刻み海苔がかけてあった。もう一つの青と白の鉢には。濃い紫色の茄子の漬物が、大根のような、でも大根ではない白い野菜の千切りが立てかけてあった。また蕎麦のお椀もだされた。それには刻み葱と豆腐のスライスが乗っていた。茶碗一杯のご飯。軽めで、ふわっとして、少し粘り気があった。そしてこれが夕食のメインの最後となった。デザートは、黒い漆塗りの長方形のトレーに三つのデザートが乗っていた。一番左にはダーク、ホワイト、ミルクチョコレートを重ねた二切れのケーキ。真ん中には完全に丸い形のバニラアイスクリーム、右側には青い縁取りをしたガラスの鉢に完璧なレモンの形をしたものがあった。それは濃厚なレモンカスタードで、それは何か甘酸っぱく美味しい何かの皮に入れてあった。それらすべてが正方形の折り紙の上に乗っていた。その折り紙には、赤と白の桜のデザインがプリントされていた。小さいスプーンとフォークが置いてあった。

　「これはシンフォニーだね！どうやってこれをプロデュースしたんだろう？なんて創造性に富んでしかも美味しんだろう！」

　「そして見た目も素晴らしいわ」

二人は体を抱き合って寝た。その夜は静かで長かった。朝は

黒い山に白い桜がうっすらと見える形でやってきた。彼は目覚めて、音を立てずに布団から這い出た。彼女は、鳥が渓谷を渡り、木々で餌を食べて、それからまた空の方へ鳴きながら飛んでゆく夢をみた。彼女は、その鳥たちの一匹で、重力とすべての重みから自由だった。舞い降りるのも、舞い上がるのも自由だった。彼女は谷の底へ急降下し、水の上を滑走し、渓流が水しぶきを上げながら、遊び、歌い、踊るのを聞いた。すると何か音が聞こえた。茶碗が受け皿に置かれてクリンと鳴った。彼女は目が覚めた。彼がお茶を出していた。二人は枕を背にして座りお茶をゆっくりすすった。

「私、この地球上で最高に幸せな女だわ。地球にいて、この宇宙で最高の恋人を持っているのだから。あなたは愛の歴史の中でも一番長い、一番愛らしい誘惑でもって私を幸福の絶頂に連れて行ってくれた。私はあなたのものよ。体も心も」

彼女は立ち上がり、ゆっくりと山腹の方に歩いた。そして山桜の方に手を伸ばした。それから風呂場への入り口のドアを開けた。そこには熱い湯が待っていた。彼はこのバレエの動きの一つ一つを注視して、記憶に留めた。彼女は彼の方に向いて、体に石鹸をつけ、体を洗い、それから体を流した。そして彼女は湯船に入った。彼は彼女の安らかな表情を見た。その広げた両腕を見た——そして髪、濡れた、お湯から立ち上がる湯気。それが彼女の体を包んだ。彼女がお湯から上がると、彼は、恋人として、彼女を愛情をこめて優しくタオルで拭った。それから今度は彼が彼女のジェスチャーを繰り返した。その間彼女はそれをアームチェアに座って眺めた。そして彼が上がると、彼女は彼を拭い乾かし、それから二人はお互いを知った恋人同士として抱擁した。それから彼女は彼の手を取って畳を歩き、布団に入った。

四国

こうして彼らは自分たちの過去を消し去った。自分たちにも何が起こっているのか気が付かないままに。いままでのすべてが剥がれ落ちて、彼ら二人の現在のみが残った。低い声での息遣い、喘ぎ、チラチラと送る視線、口づけ、そしてささやき。彼らの記憶はゼロにリセットされた。彼らは原始に戻って、その命の根源のところで生き生きしていた。新しい意味がこの原始的な根ともいうべきものから出てきた。今という意味、そして過去のないまま、未来を構築すること。朝日が山腹を照らし出していた。山桜を照らし、新緑を照らした。空は晴れやかで、嵐は去っていた。それは山をきれいに磨き、清めた。彼らはバルコニーに立って、この新しい世界とお互いを褒め称えた。

「サラ、僕が見てるものを君も見えるかい?僕たちは峠を越えたんだ、そしてその向こうはパラダイスだ。僕は正気を失っちゃったんだ。恋に狂っちゃったんだ。一日の一秒一秒を君と一緒にいたい。命の定義は簡単だ。それは君といること——どこであろうと構わない」

「そうね。私には美しい山が見えるわ。雨に洗われて生き生きして、山桜が満開になってる。そして私の隣に美しく寛大な男性が見えるの。私はその人の温かい体を感じ、すべてが満ち足りた思いがする。そう、私たちは峠を越えたのね。そしてその向こうはパラダイス。私たちだけがいて、手を取り合って。私を待っていてくれてありがとう。私を待っていてくれてありがとう」

二人は山の景色全体を眺めながら朝食をとった。向かい合って座り、お互いの足が触れていた。メニューは前日の朝とは違っていたが、似たデザインだった。彼らはお腹が空いていたので、すべてをむさぼるように平らげた。

　昨日の旗振りの男性はまだいた。満面に笑みを浮かべ、大袈裟なジェスチャーで彼らに旗をふった。道はホテルからゆっくり下っていた。そこからは下方に温泉、くねくね曲がって伸びる渓谷が見えた。それは下流にある小さな町で川に合流した。そこで二人は止まって、葛の蔓でできたつり橋を渡った。それは山の人々の天才を観光客に観てもらうために復元された橋だった。彼らはひきつづき東へ向かった。ランチは自家製蕎麦を出す飲食店で食べた。サラは今後のルートを計画していた。

　「地図だと県道四十四号線がここから北へ向かっていて、あの山を越えていくの。そこを越えると別の小さな道につながって、それから二番目の登りがあるの、でも最初の登りよりはきつくないわ。それからずーっと長い下りになって、それが吉野川まで続くの。祖谷渓に来た時に下りた駅よりずっと下よ。そこから、別の山系を超えて善通寺に入るの」

　「君の案でオーケーだよ。下り以外ならどこでも連れてってくれ」

　それで彼らは落合峠まで登った。途中には茅葺の農家、それから峡谷、山腹の杉林、山桜、草地、音を立てて流れる激流、残雪、空気が薄くなる高地を通った。登りが続いた、容赦のない登りだった。狭い急な登りでは立ち漕ぎし、座れる箇所は座って漕いだ。おやつを食べたり、遠くに見える祖谷渓を眺めたりした。彼は信じられないほど最高のサイクリングを楽しんでいた。しかも夢に見るような女性と同伴で。

　「ここはアルプスよりいいね。一台も車を見かけなかった。パーフェクトで本物の山道だね。サイクリストの夢が実現したようなルートだよ。しかも君といっしょだなんて。でも君はまだインターバルはしていないね！」

　「ここはあなたと一緒に走りたいの」

四国

　「僕も全力で走るよ。登りは急だけど、僕が何とかできそうな登りだ。でもいったい峠はどこだろうね？地図だとこの先にジグザグの坂があるはずだ。そこまで登れば見えてくるだろう。最後の区間は長いトラバースだね」

　二人はスイッチバックを登りながら、陽が早く西に傾いてほしいと思った。谷の上を回り込む道を走り、二人は最後の長いトラバースに入った。眼下には渓谷、山の尾根々々が見えた。彼が先頭を走り、スピードを上げた。そして一回一回の呼吸ごとに肺をいっぱいに拡げて呼吸のリズムを高めた。彼は最低速ギヤを維持し、息切れする手前まで全力で漕いだ。彼女は彼の後ろを走っていたが、いまや彼に並んだ。

　「これは最後のトラバースなのかしら？」

　「そう願いたいね。けっこうな登りだね。標高も高いし。少し先に行ってくれる？後ろの景色が見たいんだ」

　彼女は彼を追い抜いて立ち漕ぎになった。しかしスピードは変えなかった。彼女は後ろを振り向き、彼にウィンクした。

　「いい眺めだね。元気がでるよ」

　彼は少しスピードアップして二人の間の距離が縮まった。しかし彼女は後ろに彼が迫ったのを感じてスピードを上げた。彼の苦しい息遣いが聞こえた。それでしばらくは同じスピードを保ち、それからスピードを落として彼と再び並んだ。

　「ずいぶん元気いっぱいね。お昼のお蕎麦が原因かしら」

　「気分がいいからさ。お蕎麦のせいじゃないよ。原因は君がスパンデックスのショーツ姿で走ってるからさ。もうその下に何があるかわかったから、後ろの景色は僕をもっと元気づけてくれるんだ。君と一緒に走るのは虹を追いかけるみたいだ。でも君はその虹より美しいけど」

　登りが突然急になった。それで二人とも立ち漕ぎで走った。息遣いがさらに激しくなった。そこは一車線の道路で視界は良好だった。それで二人は並んで走った。空気は冷ややかだったが、彼らの体はペダルを漕いでいるため熱かった。彼は水筒を出して彼女に差し出した。それから自分が水を飲んだ。

　彼らは小さな社を通り抜けた。そこには弘法大師の像が建っていた。尾根の頂上がすぐ見えるところまで近づいた。スピードを上げた。立ち漕ぎでダッシュした。彼が一気に前に進み出た。彼女もそれについて行った。彼はさらに馬力を入れた。痛みと興奮で筋肉が燃えるようだった。彼女は彼のすぐ後ろに下がった。二人の肺と心臓は、警戒域を超えて、最大値も超えて、今や通常の限界を超えていた……ここで彼は再燃焼装置に火をつけて、一気に加速した。彼はスーパーマン・モードになっていた。痛みは消えた。筋肉繊維は物理法則に逆らっていた。彼はまたも前に飛び出て、ギヤを上げ、一気に急加速した。そのまま峠の頂上まで登り、草の上に自転車を倒し、よろめきながら立っていた。

　彼女はそのすぐ後ろにいた。彼女も自転車を地面に置き、二人は両手を広げて走り寄り、息が切れ切れになりながら抱き合った。彼は跪き、彼女の太ももを両腕でロックして、最後の力を振り絞って、彼女を宙に持ち上げ、雄たけびを上げ、彼女も空中で叫んだ。二人はヘリコプターのように回転し始め、最初はゆっくりとそれからだんだんスピードを上げ舞い上がり、雲の中に消えた。

　二人が再び地上に舞い降りると、彼女は、立っている彼の頭の上に倒れかかった。彼の顔が彼女のお腹に埋まった。突然彼女が絶叫し、飛び跳ね、足をバタバタさせた。それから彼

の背中を拳でたたき、髪を引っ張り、首を掴んで強くゆすぶった。彼は彼女をしっかり抱いたまま、バランスを失って、二人ともそのまま地面に倒れこんだ。

　二人はヒステリックに笑って、それから草の上を転げまわった。最後にお互いを見つけて、手を強く結び合った。彼は彼女を引き寄せ、髪を撫でた。

　「悪い子ね！このいたずら者！頂上までの登りで私を破ったばかりか、私の最大の弱点まで見つけるなんて！私は永遠にあなたのものよ。あなたに完璧に征服されてしまったの。私の負けだわ。あなたは私の秘密を握ってる。私のこの体も魂も……」

　「……おへそも……」

　「でもどうしてわかったの？」

　「とっても美味しかったから。ちょっとしょっぱくて。我慢できなかったんだ。僕の舌をくすぐってね」

　二人は草の上に寝そべって、涙が出るまで笑ってからその涙をぬぐった。二匹の烏が二人を怪訝な目で見ていた。この一対のキチガイ人間たちは何をしてるんだろうというような目で。

　「こんな変なの今までに見たことないよ、カー」と一匹が言った。「なんかけいれんを起こしてるみたいだ。人間にしても変な行為だな。きっと発情期に違いない。ひょっとしておやつでも取り出して、そのおこぼれを俺たちに置いて行ってくれないかなあ？カー」

　二人はお互いを見るたびに、ゲラゲラと笑い出してしまい、心臓血管の回復が遅れた。それで結局目を覆うことにした。やっと回復すると、仰向けに寝て、手をつないだ。彼女が言った。

「私ここから下りたくないわ。ここで一生あなたと一緒に流れる雲を見ながら過ごしたいの。お願い時間よ止まって！」

「サラ、僕はこの自分の時計は喜んで壊せるんだが、時間を止める力はないんだ。でも今夜ここで過ごすことはできるよ。僕が火を起こそう。でもこの標高では薪は少ない。火なしでは寒くて暗い夜だ。さっき二匹の鳥を見たけど、捕まえるのが難しそうだし、あまり美味しそうにも見えない。だから夕食はいつもより少なめになるよ」

「わかったわ。でももしここから下るんだったら、素敵なディナーを約束してくれる？」

「約束するとも。そして下るのは標高だけだということも約束するよ。僕たちは新しい水系に入った。新しい人生の入り口だ。僕は全力を尽くして僕たちがここにとどまれるようにするよ。この高みに――そして決して下ったりしないと。でも僕が全力を尽くしても、結局時間がそれを決めることになる。時間は止められないんだ。いつか僕らの関係をいくらか修正しなくちゃならなくなるかもしれない」

「わかったわ。本当よ。あなたの努力と時間のこと受け入れるわ」

彼らは、落石、木々の枝、道路の崩れに気を付けながら下った。下りは急斜面で、曲がりくねったトラバースや、スイッチバックの繰り返し、また杉林を流れる急流に沿った道などを通った。二人は標高の高い峡谷を走り下った。農業関連の建物が数か所見えた。それから二人は桟敷峠の登りに入った。かなりのきつい登りだったが、最初の登りと比べれば楽だった。今度は峠の頂上では止まらずに進み、遠くに吉野川渓谷が見えるところまで下った。陽はすでに、二人がいる場所と善通寺

との間にまたがる山系の向こうに沈んでいた。寒さが感じられた。下りは長かった。ようやく農家が見え、道幅が拡がった。二人はスピードを上げた。そしてちょうど暗闇が下りた時に、下り終わった。三加茂の雑貨店で、近くにホテルか民宿があるか聞いた。お店の人はホテルまでの地図を書いてくれた。ホテルの受付係はロビーに自転車を置くように言い、近くの飲食店を勧めてくれた。そのホテルは標準的な西洋式のホテルで、バス付だった。湯を浴びた後、飲食店まで歩いて行って、地元の蕎麦、天麩羅、ビールなどを含めて大量の夕食を注文した。

「君は幸せそうだね」

「そうなの、とても幸せだわ。ほんとにすごい日だったわね！あなたはあの峠までダッシュでものすごい馬力出したわね。あんなことができるなんて知らなかった」

「僕もさ、でも気分が良かったね。きっとハイになってたんだ。君のおかげでね！なんだかまるで生まれ変わったように走れた。僕はまだあそこにいるんだ。そして、がんばってずっと居続けるつもりだ。あれは登りとか、標高とか、山の景色とか体力とかの問題じゃなかった。あれは君と一緒にいたかったからなんだ。なんの制限もなしに君といたかった。君を知って、君と一緒に生きて愛して、僕は自由になった。恍惚状態になった」

「でもあなたは十歳の子供みたいにいたずら者だったわ！」

「たしかに君の言うとおりだ。僕は内部情報を掴んだので、またそれを使うかもしれないよ……」

彼らは歩いてホテルに戻った。彼女が最初に部屋に入って電気をつけた。すると枕の上には二つ折りにした紙を見つけた。それには彼女の名前が書いてあった。

渚に砕ける

波は永遠に砕ける
切れ目なくまた別のが来る
一波ごとに来て砕ける。
雄々しい音を立てて。一度また一度。
順番に、永遠に続く
昼も夜も、渚を洗う。

切り離れた心、壊れた人生
砂と泡と混じり合い、微粒子になる。
微小化して海岸に取り残されるか、
奈落の深みに後戻り
気泡を含んだ海流の蛇行
エネルギーは音となって拡散する。

激しいリズムで、無数の振幅で
とめどなく来たり来る、この敗戦の兵士たちは
どこからやって来るのか？
運命？風と波に運ばれる？
この浮かぶライダーたちは、立ったり、座ったり、
座ったり、また立ったり。

この浜辺に至り
砕け、打ち上げられ、そして朽ちる
それは流星の残骸、記憶、
ナーガの妖精たち、
星間凝縮物。

四国

そしてこのカオスの中へ
僕たちは秩序から飛び込む
細かい砂の浜から、
砂と泡の中を
僕たちは泳ぐ、海底につく
それから懸命に浮かび上がる

ニルヴァーナへのもがき
波の砕ける向こうに安らぎの地が
秩序が、無秩序、カオスを制し
孤独と平安の地が
柔らかな泡が上昇する
天は晴れて、細かい雲

僕たちは轟く波の上で話す
連携が崩れ浮かび上がる、
視界も心のつながりも失って、
それからまたつながって、泳ぎ
一緒にこれからの
ボディーサーフィンについて考える。

波に乗るのはだめだ
渚に砕け、首が折れる
考慮の余地なし、そのかわり
波の後ろに滑り込もう
それがいかほどの波でも
狂ったように泳ぐだけだ。

僕たちは先延ばしにして漂う
カオスの渚に、カオスの中に
カモメに見られながら、
彼らの餌となり果てるのか
僕たちはためらう、まるで迷い子のように、
でもそうじゃない。

僕たちは砕け散る波に耳を傾ける
その浜辺に激突する音、不義に対する
神々の怒り、不自然な
自然の力が
水に、重力に
そしてこの用心深い僕たちに集中する。

僕たちは浜辺に近寄り、
巨大な波をやり過ごす
桁外れの大きさ、それから僕たちの
運を試す。今度はやさしい波か?
いや、待て!次のだ。行け!
泳げ!今だ!

潮が満ちた
波が急な、崩れやすい
砂浜に砕ける。
波の後ろに回り
泡にまみれて
流れに乗る、
また海に戻される

四国

次の機会を狙う
傭兵の波が
僕たちを
浜辺に打ちつけ、転がし
均一化して
それからまたネプチューンの海に連れ戻した

第三の波はもっと大きく
僕たちはもっと激しく転がり、捻じれて
一緒になって、
立って手首を掴み合って
浜辺が崩れて
砂粒が中に舞う

僕たちは沈んだ。第四の波が
打ちつけ、僕は底に当たった
砕ける音が聞こえた
君といっしょに上方にダッシュする
下方以外なら構わない
砕け、投げ出され、跳ね返る

手と膝が浜に当たる
僕たちは必死に上昇する
砂の盛り上がり
助かった
第五の波にやられる前に
その後も次々とやってくる波に。

僕は危惧していた
永遠にああやって砂の泡とともに転げまわり
カモメと、砂の層に
僕らの未来を託すのではないかと。
しかし第四の波が救ってくれた
日をそして夜までも。

僕たちは激しく呼吸し
激しく笑う。何という快走だったか。
潮が速やかに満ちてきて、
渚は峻険な登りになっていた
なんという驚きだ、でも
僕らはやった、やったのだ。

耳、毛、体中が砂まみれだ
太陽は輝き、僕たちを乾かした
それから僕達は優しく
手をつなぎ歩いた。僕は君を見る
君の手首にあざができていた
僕らが愛で結び合ったところが。

ホテルで朝食をとった後、二人は橋を渡った。その橋は魚の形
をした銅像で飾られていた。そしてもう一つの橋には地元の
題材が、黒い花崗岩に彫ってあった。それから二人は自転車
道路を上流に向かって走った。そこは高い土手になっていて、
彼らと川の間には竹林が茂っていた。彼らは下に見えた道路
の脇にあった販売所でイチゴを買った。売り子は白い手袋を
はめてイチゴを一つ一つ吟味して、それから紙製の箱に入れ

た。イチゴは赤くつやつやして、長い緑のへたが付いていた。特別な包装で丁寧にパックされていた。二人はそれを土手に座って食べた。手前の竹林を眺めながら。それらはみずみずしく、ツンとする酸味があって甘さもちょうどよかった。近所の水耕農場で穫れたものだった。その完璧な形と長いへたでそれがわかった。

サラは大きな、赤く光る、パーフェクトな形のイチゴを口の前でぶらぶらさせた。そして彼の方をいたずらっぽく見た。彼女はパッと舌を出した。イチゴはゆらゆらした。彼女はそれを口に少し近づける。舌でそれをじらす。それから彼女の舌はまた攻撃を始めた。しかしなかなかイチゴをもぎ取れない。その間彼女の目は彼とイチゴを行ったり来たりした。何回か挑戦した後、そのイチゴは彼女に降参したように見えた。そして彼女の舌、唇はそのジューシーなフルーツを飲み込んだ。彼女はそれを噛んで飲み込んだ。しばらく格闘した後、ゆっくりと指でへたを口から引っ張り出した。すると濡れたイチゴが勝ち誇ったように彼女の口から飛び出した。彼女はそれをまた目の前でゆらゆらさせ、オオカミのような笑みを見せてから、パクッとくわえ、噛んで飲み込んでしまった。今度はへたまで全部。そして最後に悦楽のうめき声を上げた。

　彼らは竹林を歩いて抜け、川まで出た。川は澄んで、流れは速かった。しばらくして、自転車道路が終わった。彼らは一般道路に入って川に沿って走り続けた。二人は町に着いた。それから昼食の弁当を買い、郵便局のキャッシュマシンから現金をおろし、サラは週一度の電話をママさんにかけた。彼らはその渓谷を後にして、善通寺の手前の山系に続く、別の

急峻な渓谷を登り出した。段々畑が見下ろせる場所でお弁当を食べた。眼前の山にはいろいろな色相の緑が見えた。日光は新緑をキラキラ輝かせ、その間に山桜が満開になっているのが見えた。

登りはコンスタントで容赦なく続いた。彼は力がみなぎるのを感じた。

「サラ君は今日インターバルしてないね。僕が挑戦してもいい?」

「そうね、あなたが下ってくるときにニヤニヤする顔を見てみたいわ」

彼は先に進んだ。彼女の方はゆっくりしたペースで走った。彼はすぐに無酸素状態に入った。脚に痛みを感じた。呼吸のペースを速め、息を吸うたびに横隔膜を下に拡げた。彼は一人でその丘に立ち向かった。登りが急にきつくなった。ギヤをシフトダウンして、漕ぐペースを速め、激しく呼吸した。短い区間登りが緩んだので、彼は回復して、立ち漕ぎになって、ギヤを上げてダッシュした。そうしてまた登りが急になると、その高速ペースを維持した。しかし、酸素が切れ、力も切れた。彼はついにUターンして下り始めた。空気を肺一杯吸い込んだ。脚の痛みもなくなった。サラを通り過ぎたとき、なんとかニヤニヤ笑いを作れた。

彼はひきつづき高速で下った。ただ、どこまで下って戻れば、登りでまた彼女に追いつけるか思案した。彼が再び登りに転じた時、下りすぎていたことに気付いた。彼はのろのろと再び登り始めた。登りながら、サラがインターバルをしている姿を思い浮かべていた。そして彼女がものすごく急な登りをいとも簡単に登る能力に改めて驚いたのだった。彼女の体重が

189

軽いからか?それとも彼女には人間を超える酸素運搬能があるのだろうか?彼は自分に鞭打って彼女と同じようなパフォーマンスをしようとしたのだ。しかし、苦痛と呼吸がますます激しくなり、ついに衰弱感を覚えた。空腹になった、でもおやつはサラが持っていることに気付いた。それならなおさら彼女に追いつかねばならなかった。汗をかいていた。激しく息をしていた。舌と唇がヒリヒリした。

　乗り切るんだ。血糖値が下がっている。一大事だ!

　彼は立ち上がってペダルを蹴った。しかし、もう燃やせるエネルギーは何も残っていなかった。道がぼやけて見え、右足がまともに地に付かず、ふらふらと道路に倒れこんだ。めまいで周りがぐるぐる回っていた。何とか立ち上がり、自転車を道路わきに置き、そこに横になった。空を見上げた。雲と舞い上がる鳥たちがぼやけて見えた。

　タカが僕を狙ってるな。

　数分してようやく上半身を起こすことができたが、まだ衰弱していた。そこへサラが飛んできて、急ブレーキをかけて脇に止まり、自転車を置いて彼に駆け寄った。

　「ガス欠だと思う」

　サラは彼の胸に耳を当てながら、ゆっくりと彼を上向きに寝かせた。それから彼を怪訝な目つきで見た。彼には彼女がはっきり見えなかった。

　「もう一度繰り返して言って」

　彼は口がもつれた「ガスけだ」。

　「オーケー。舌がもつれてるわ。診断は簡単。糖分を取りなさい。砂糖を噛み砕いて、舌の下に入れなさい。もし低血糖だったら、すぐに回復するはずよ」

　彼女はラックトランクの中から角砂糖を取り出し、彼の隣に

座り、脈をとった。彼は青い空を見た、雲をみた、それからさっきの鳥たちを見た。今度はもっとはっきり見えた。彼女は自転車から何かを取って、彼の上体を起こした。

「少し水を飲んで、ピーナツを食べたら」

彼は上半身を起こした。砂糖はすでになくなっていた。今度はピーナツを噛んだ。

彼女は両手で彼を抱いた。

「何か話してみて、お願い。どうしてこうなったの?」

「夢中になって下がりすぎちゃったんだ。また登ろうとしたらふらふらし始めて、でも君に追いつこうと思って頑張った。そしたら急にひどくめまいがして転びそうになった。でももうだいぶ良くなった。きっとガス欠だよ」

「そうね。たぶんそうだったようね。話し方も普通に戻ったみたいだし。まだめまいがする?」

「いや大丈夫だよ。ちょっとお腹が空いてるけど」

「そういえばここお昼にちょうどいい場所ね。もうそろそろお昼だし。十時にいちごのおやつしか食べなかったから。だから、きっと血糖値が下がったのね。食事の配分をきちんと考えてなくてごめんなさい。この間違いは二度としないから。ところで、あなたいつ健康診断を受けたの?」

「二か月前に受けたよ。すべて正常値だった」

段々畑が見下ろせる場所でお昼のお弁当を食べた。眼前の山にはいろいろな色相の緑が見えた。陽光が新緑を、秋の紅葉と同じくらいの強烈さで輝かせた。そしてその間にところどころ満開の桜がちりばめられて見えた。彼はやっと普通の状態に戻った。

「ああ、君に聞くのを忘れてたけど、ママさんは元気?」

四国

　「ママさんは私が元気な声をしてるって言ってたわ。私の声の微妙な変化がわかるのね。私の声に心地よい響きがあるって。彼女は正しい。私は『君は我がすべて』のこと考えてたの。私の大好きな曲の一つなの」

　彼女は両手をたたいて、返ってくるこだまに耳を澄ませた。それから立ち上がり、鮮やかな緑に染まった山に向かって全力で、春への愛を込めて歌った。彼女は冒険への夢を、そして彼の愛の中にそれを見つけたと歌った。彼の手に触れるだけで彼女の心は高鳴る。彼は春の兆し、夜の静けさ……彼女はいつか彼が自分のものになることを望む……

彼は、絶対にたくさんのスピーカーが木々の間に隠れていると思った。彼女の声は明らかに増幅されていた。でもどうやって？彼女の声はみずみずしいフルーツのようで、またその切り出す歌詞の各節には本来の意味が込められていた。彼はあまりの驚きにしばらく言葉を失い、それからやっとその驚きを口にできた。

　「サラ、君がなんでこんなことができるのか信じられないよ。驚きで言葉も出ない。君は魔女みたいだ」

　「勘が働いただけよ。たぶんできるんじゃないかって。葉が茂っている木は、音を反射したり、拡散したりする効果があるの。音の調子をうまく合わせれば、音を反響させたり、融合させたりできるの。だから最初に手で拍子を打って反響をテストしたのね。そしてこれはできるってほぼ確信できたの。オーバートーンと音量を調整していって、あの自然のアンプにうまく合う周波数を見つけていったの」

　「その何とか？君はそのメカニズムを知ってるわけだね？」

　「もちろんよ。広い場所での音響効果の基本よ。オペラ歌

手はそれを本能的にしてるの。別に物理法則を知らなくてい
いの——ただ音響効果が歌に合うように調節すればいいだ
け」

「君はオペラを歌うの?」

「あなたはファンなの?」

「まあそんな感じだね……」

「どの作曲家があなたのお気に入りなの——例えば無人
島へ一緒に持っていくとしたら誰の曲を選ぶ?」

「答えは簡単だよ——プッチーニさ。ファーストネームは何
だったっけ?グアカモレだったかな?」

サラが進み出て、彼の首を絞めるジェスチャーをした」

「ごめんごめん!どうか首を絞めないで!ジャコモだよジャ
コモ。助けて!」

彼女は彼を草の上に突き放した。彼は自分の首を撫でてい
た。

「私の後に繰り返しなさい。ジャコモ・プッチーニは天才で
した。実存した最大の天才でした!実存した最大のオペラの
作曲家でした!」

彼は苦しそうに咳をしたり、喘いだりするふりをしてから、
やっと彼女について言葉をくりかえし、最後の言葉を繰り返し
た後、死ぬまねをした。

「君のせいで、僕の死は必至だ。だから死ぬ前にどう
か……きみの好きなプッチーニのアリアを歌ってくれ。待て
よ!ええと……きみはミミにぴったりだ。そうだよ!でも君はい
つも僕のバタフライ・ガールだ。蝶々さんだ!」

「どちらのアリアが聴きたいの?私どちらの役もできるわ
よ」

「えーと、それじゃ、『私の名前はミミ』の方をやってくれ

る?蝶々さんの方はまた他の特別の機会にね。どうぞ始めてください マドモアゼル」

サラは彼と山腹の木々を観客にして歌い始めた。

「ええ、みんな私をミミって呼ぶわ。

本当の名前はルチアっていうんだけど」

この忘れがたい歌詞をもって、ミミはロドルフォの愛の告白に答える。彼女はわざとぶったりせず、直接にロドルフォの心に語りかける。山腹の聴衆がその証人だ。彼女は、春の甘い香り、愛そのものを紡ぐ。彼女はミミ、ひとりで自分の部屋で働く、しかし春が訪れると、最初の太陽は彼女のものだ。そしてまた最初のキスも……彼は釘付けになった。しかしロドルフォが絶妙なタイミングで「はい」と答える部分を歌うのは覚えていた。彼女は完璧にミミになりきっていた。自然で、音楽のセンスがあり、深い美しさがあり、わざとらしいところがなかった。

「これでやっと、パバロッティが初めてフレニとラ・ボエームを歌ったときに感じたことがわかったよ!天国にいるような。僕は最初にミミを聴いた時のことを今ここで追体験している。君はそれほどのレベルにいる。君はそれをすべて持ってる」

「ほんとに?あなたルチアーノ・パヴァロッティとミレイア・フレニが『ラ・ボエーム』を歌うのを聴いたことがあるの?」

「あるよ、その後は数日眠れなかったな。でも今度は数週間も眠れそうにないね」

「あなたのロドフフォも絶妙なタイミングだったわ。あなたがオペラを知ってることが分かって本当にうれしい。これでまた私たちが共有できることが一つ増えたわね」

彼らはひきつづきペースを落として登った。途中で止まって木造の神社を訪問した。それは精妙に彫られた竜と鶴で飾られていた。屋根は四つの隅に伝統的そりがかかっていた。中には大きめの畳の部屋が見えた。

　道のりはスムーズで、峠を越えてからは、森を抜けて、それから畑地、最後には村に着いた。その村には伝統建築の家がたくさん見えた。女性たちがつばの広い帽子をかぶって畑で働いていた。その地方には数百メートル規模の火山性の丘が平野からあちこちにそびえていた。善通寺に近づくとお遍路さんたちに会った。それから五重塔が見えた。巨大なクスノキの横にある門を通って寺の境内に入った。頭を丸めた尼僧が彼らを宿坊で迎えてくれた。宿坊の建物は現代風だったが、中の部屋は伝統的な部屋だった。お風呂を浴びた後、寺の境内を散歩した。数々の建築物や銅像に見惚れた。夕食は近くの食堂でとった。カウンターにすわって、二人の調理人が料理するのを見た。一人は焼き鳥を焼いていて、もう一人はその他を担当していた。二人は若くてエネルギッシュでユーモアのセンスもあった。焼き鳥、スープ、サラダの種類がたくさんあった。彼らの料理は工夫を凝らした料理で美味しかった。部屋に戻るころには雨が降り始めていた。

　「今日は畑で働いている女性たちを見たけど、私は彼女たちに強い親近感を感じたの。彼女たちは七十歳を下らないという年齢なのに。みんなとても幸せそう。しゃがんだり、ときどき横になって草取りをしている彼女たちが羨ましい。彼女たちは、自分たちに大切なもの、本当のものと直接つながってるの。そして彼女らのファッションはそれを強く主張してる。顔以外の肌は出さない。その顔もつば広帽子で隠している。あのもんぺと長靴、それにあの手袋もいいわ。ああいう日本のファ

ッションが美しいと思うわ。でも本当に美しいのは、私たちが彼女らに微笑んだときに、返してくれる顔ね。パッとうれしそうな笑顔になるの。私は自転車ウェアを着て、彼女らは畑仕事の作業着で、お互いにこれ以上にないほど違っているのに。でも同じ女性としてお互いに分かり合えるの。私たちには見栄えが大切なの」

「そうだね。あの田舎の女性たちは美しいね。そしてああいう格好の女性たちはどこにでもいる。君が言うのは、たぶんすべての人間に共通だと思う。僕たちは皆、他人に褒めてもらいたいんだ。たとえ褒める人が君一人だけだったとしてもね——この不思議な格好をして、自転車に乗った若い外人の女性が、田んぼに這いつくばって草取りをしている九十歳の同じ女性を褒める。でもどうしていつも女性たちだけで、男たちを見かけないんだろう。その理由も考えなくちゃいけない。死んでしまったのか？それとも家でテレビでも観てるのか？まあどちらでも同じだけど。僕たち男は頭脳でも寿命でも絶対に女性より劣る。ただ僕は恐れるんだ、次の世代の女性たちは、いまの世代と同じ情熱を持って直接自然と関わることはなくなるんじゃないかなって。その代わりに、八十歳向けの草取りゲームをすることになるかもしれない」

二人はもうしばらく話した。それから彼らは蛍光灯を夜間モードにした。部屋はとても静かだった。布団に横になると、かすかに自動車の音や人の声が聞こえた。それに生活の気配を感じた。雨はまだ降っていた。風も強まってきた。そろそろ眠る時間だ、それとも夢を見る時間かも知れない——自分たちの息遣いに耳を凝らす。彼は彼女の手を取って言った。

「君の心臓を感じる、とても強くて、ゆっくりと鼓動している。僕にはその特徴もわかる。心臓は働いて、そして生きてい

る、時には強く激しく、また時にはゆっくりと安らかに、リズムを変えながら——昼夜僕たちのリズムを刻む。僕の心臓は君の心臓。君を愛してる」

朝六時、ロビーにはお遍路さんたちがいた。誰も彼らの自転車ウェアを気にしている様子はなかった。一人の僧が彼らを屋内通路を通って本堂へと案内してくれた。そこは豪華に装飾されていたが、広いやすらぎのある場所だった。日本的というより、中国的な感じがした。儀式は六人の僧の行列から始まった。彼らは目を見張るような法衣を着ていた。読経、鈴、銅鑼、読経、説教だった。お経は即興的で、砕けた感じで、なにか家族的な雰囲気があった。彼らは言葉を聞いて理解するよりはそれを音楽として聴いた。何かが伝わった——何か平和で人間的なそこには原始的な響きがあった。それは根本的な私たちの問題を振り返って再定義しているように思えた。僕たちは誰なのか？僕たちはなぜここにいるのか？僕たちはどこに行くのか？

　そして最後に彼らは戒壇巡りというトンネルを抜ける儀式に招かれた。説明書きには左手を壁につけて回ると、自己浄化が達成できる。暗黒を通る際に、「……自分の人間性を反省して、これまで意識せずに積み重ねてきた罪障を取り除くことができる。つまり、戒壇巡りは自分の心を修養する場」であるのだ。

　案内書にしたがって彼らは、「南無大師遍照金剛」と唱えながら真っ暗闇の中を歩いた。彼らは二二八メートルのあいだ二人ぼっちだった。トンネルは円環形で、八十八カ所から集めた砂を踏みながら歩いた。暗くて見えないが、壁には仏の絵が描かれていて、暗闇を通って極楽浄土に再生する道を、

闇から光へと再生する道を示していた。トンネルの最後には
お経が聞こえ、それから薄暗い光が点った部屋に入った。そこ
には祭壇と周りの壁には仏画が描かれていた。隠れたスピー
カーから読経が聞こえた。ここは弘法大師の生地の真下だ。

　白日の光の元へ戻ってから、二人はいったんゲストハウス
に戻って朝食を取った。それから寺の境内の別の建物、弘法
大師空海にちなむ宝物館を見学した。弘法大師は七七四年生
まれ、八三五年没で、中国留学から帰国して、真言宗善通寺
派を開いたことを知った。善通寺は八十八箇所霊場の第七十
五番にあたる。開祖は自分の生地にこの寺を建てた。巨大な
楠は彼の幼少期に植えられたものと推定されている。弘法大
師は学者でありながら公共事業にも携わった。中国文化を日
本に紹介する役割も果たした。また高野山を開いたのも弘法
大師だ。彼はまた書道家、詩人、それから日本の仮名文字の
発明者でもあった。

　彼らは数キロ走って、近くにある巡礼の寺を二カ所見学し
た。それらは平野からそびえる三つの火山性の山々の山腹に
あった。そこに着くころには雨が降り出していた。それで彼ら
は屋根の下で昼食をとった。そこからはオレンジ畑が眺められ
た。彼らが参拝している間にも雨脚が強くなった。彼らは寺の
軒下に避難した。そして雨の音を聞きながら、嵐が止むのを
待った。雨は青銅の鎖樋を滝のように流れ落ち、地面に水た
まりを作っていた。また木の葉や銅製の屋根に跳ね返ってい
た。それは強く、清める力があり、長続きする雨だった――仏
教そのもののようだ。彼らは巡礼者たちのことを考えた。

　「巡礼者っていったいどういう意味なんだろう？僕たちは巡
礼者だろうか？巡礼者であるためには何か宗教を信じなければ
ならないのだろうか？サイクリングは宗教ではないだろうか？」

「サイクリングは絶対に宗教だわ。たぶん巡礼というのは鳥が季節によって渡っていくようなものかしら?」

「そうだね。僕らサイクリストは探検して、領域を拡大する人種だ。僕らの本能は移動すること。だからサイクリングはいわゆる宗教的ではないけれども、巡礼とみることはできる。反対にここでは宗教的な巡礼は観光の側面もあるし。僕たちはそれに比べたら、新たな領域を探求するというもっと基本的な意味で巡礼者なのだと思う——それは物理的な探求と精神的な探求も含めてだけど」

「さて善通寺まで戻って、お昼寝を探求するのはどうでしょうか?」

そして彼らはその通りにした。布団の上で昼寝をする間、雨は外で降り続いた。それは物理的でもあり、また精神的でもあった。彼らは愛を通して悟りに至る旅の途上で新たな領域を発見していた。

「善通寺に来る前、私は自転車ジプシーだったの。でも今は愛する一人の男と旅をする愛の旅人に改宗したの。あなたがその道を示してくれた。人生で初めて愛というものを知ったの。私は愛の力、美しさ、永遠性を信じるわ」

「僕らのは愛の巡礼だね。僕は君を信仰する」

二人は昨日の食堂に食べに行った。若いシェフたちとウェイトレスたちが、彼らがまたやってきてくれたのを見て、「いらっしゃいませ」とうれしそうにあいさつした。料理には新しくてびっくりするようなものがあった。その一つは、厚い石鍋に入れて出された煮もので、それはガスで煮られた。ソースは赤く、オレンジと黄色のものが鍋の中でぐつぐつ煮えていた。

　布団に横になって就寝前の会話をした。愛と宗教について
もう少し話した。

　「僕はインドのお寺を訪ねたことがある。その中にはあか
らさまに性交している像もあった」

　「日本の神社でもエロチックなオブジェクトを展示してい
るって読んだことがあるわ。第二次世界大戦後に大量に西洋
文化が入ってくるまでは男女混浴はほとんどの公衆浴場で受
け入れられていたの」

　「ああ、西洋では愛という考えは宗教的なものに基づいて
いるからね。僕たち西洋人は神が大好きなんだ。そして僕たち
は愛をいろいろな種類に分けたがる。でも本当にそれらはす
べて違うのだろうか?」

　「そうね。私たちは男女の間に壁を作ってお互いの体を見
ないようにしている」

　「これで日本の出生率が恐ろしく低いのがわかったよ。公
衆浴場で混浴はもう認められていないからね」

　次の朝は明るく澄んでいた。朝食は日本食で、長いテーブル
に、各人の名前を手書きした札といっしょに置いてあった。彼
らはまわりのお遍路さんたちと話した。遍路さんたちは好奇心
に満ちて、フレンドリーだった。なかには英語が達者なお遍路
さんたちもいた。四国巡礼は退職してからの観光となってい
て、多くはバスで移動していた。彼らは、二人がここまで来る
道で見かけたようなお遍路さんたち、すなわち巡礼が肉体的
忍耐力をともなうような巡礼者たちとは違っていた。

　二人はゆっくり時間をかけてその大楠を観賞した。樹齢は
少なくとも千年はあると思われた。その新緑の葉は暗いオレ
ンジ色の秋の葉がところどころに残っているのと混ぜ合わさっ

て色相の変化を成していてた。葉を取ってちぎると、クスノキの強い匂いがした。彼らはベンチに座ってまわりの景色を眺めた。彼らが畑で見たのとおなじような格好をした女性たちが境内を掃除していた。子供たちが歩いたり、自転車に乗ったりして学校に通ってきた。そこらじゅうで見かける鳥たちが、高い電線の上でガヤガヤと会話をしていた。とても生気に満ちた春の朝だった。しかしサラは少しメロウな気分になっていた。

　「これは最高の贅沢だわね。クスノキの匂いをゆっくりかいで、それから日光浴をして。でもあの最初に見たお寺の境内の真ん中に立っていた、あの黒い縄で縛られた岩のことがまだよくわからないの。あれはただ普通の岩に見えたわ。でもとてもしゃれた感じに、縄を緩めて縛ってあった。あの縄のループがなにか羽根みたいに見えたの——まるで飛びたがっているみたいに」

　「きっと何か意味があってそうしてあるんだろう。例えば枯山水の岩みたいにね。でもあの小石でできた模様はなかったね——普通の庭のようだった」

　「何を意味しているのかしらね?」

　「禅の庭では、例えば水に浮かぶ山とか、その水はあの熊手で掻いた小石の模様だけど。でもあの岩はそれよりもっと小さかったね。それに二重にした黒い縄できれいに縛ってあった。きっと運ぶことを目的にしてると思う」

　「でもあそこに置かれた理由はなにかしら。私たちはただ想像するしかないわね。何か純粋に美的な意味があるのかもしれないし、もしかしたらただの忘れられたドアストップのようなものかもしれない。もしかしてあれはアートだったのかしら? この国には本当に不思議なものがたくさんあるわね」

　「さて次はどんな不思議なものを見にいこうか?」

四国

「高松にある十七世紀の庭園はどうかしら？日本を離れる前にもう一カ所、伝統的な庭園を見ておきたいの」

「おっと、サラ！君はもう日本を離れることを考えているのかい？」

「ちがうわ。でも四国を離れるのは考えるわね。高松から瀬戸内海の島々を経由するフェリーがあるの。その島々はいろいろな芸術作品で知られていて、その一つに小豆島があるの。小豆島には高い山もあるからそこに登れるわ。ここではいろいろ仏教について知ることができたから、今度はまたもう一度大きな登りがしてみたいわ」

彼らは高松まで電車で行った。それは沿岸の平野の住宅密集地を避けるためだ。彼らはユースホステルにチェックインした。そこは元ホテルだったので、各部屋は広かった。それから栗林公園まで走った。彼らが公園に入ると一人の日本人男性に会った。彼は流ちょうな英語を話した。彼らに名刺を差し出し、公園で入園者に対応したり、英語のパンフレットを作成したりしていると説明してくれた。彼は公式には定年退職しているのだが、英語を忘れないために、それから入園者との交流が楽しくて、週二日こうやって働いているのだと言った。彼は二人に事務所の前に自転車を止めるように勧め、公園の地図と資料をくれた。

公園は十七世紀初頭から百年以上かけて造園された。紫雲山は公園の背景として風景芸術の一部をなしていた。彼らは良く整えられた歩道を歩いて、丘に登った。そこからは北湖とその島々が望めた——それらの島々には松の木がきれいに剪定されて植えられていた。池の向こうには、赤いアーチ橋があって、さらにいくつかの伝統的な建物がその風景に調和するように建っていた。茶室だろうか？

　次の池には色とりどりの錦鯉がたくさん放されていて、入園者たちから餌をもらっていた。彼らはその自然木のアーチ橋を渡って、アヤメの一群が咲いている小川を、飛び石を飛んで渡った。その小川は、公園のきれいな水の水源地である吹上の泉から出て、その池に流れ込んでいた。黄緑の葉を付けたもみじの枝が、黒い水の流れの上に垂れかかっていた。渚山の高台からは、南湖とそれに浮かぶ島々、岩々、それから春の黄色っぽい針葉を付けた松の木々、さらにその対岸に茶室が見えた。それらの松は盆栽のように刈り込まれ、小さな淡い黄色の雌の松かさを付けていた。アオサギが小さな島の上に身をほとんど動かさずに立っていた。

　二人は池の横の道を通って茶室に着いた。それはもう一つの池に面していた。中に入って畳に座ると、抹茶とお茶菓子が出された。彼らはずいぶん長くそこにとどまった。池の見事さに見とれたためだ。池には素晴らしい形の島々があり、橋があり、そして背景には多様な色相の木々の葉が見えた。彼にはそこにいられることの幸せを思った。

　「この公園は何世紀にもわたって一部の貴族の持ち物だった。でも今日は二人の外人が来て、気持ちよく日向ぼっこしている」

　「こんなに人工的なのに、なんだか本当の自然のように見えるわ。自然が、再構成され、手なずけられ、モデル替えされ、そして美化されている。本物に捧げられたトリビュートね」

　「栗林公園では自然が尊重されて作られている。しかし僕たちの芸術の世界では必ずしもそうとは言えない」

　「封建制領主たちがこの庭園を造った動機は何だったのかな?それは自然を所有したかったから?」

　「美しいものを自分だけのために取っておきたいというの

は人間の性だ。十七世紀の領主たちが、この山腹をいろいろな色の木々や、山桜で飾る春を美しいと思い、感動した——それに魅了されてしまって、結局買い取ることになったのだろう。僕たちは自分たちが愛する美を所有したがる。でもそれは個人で所有できるものではなかった。それは自然に属するものだった。しかし領主たちは、それを自然から取り上げて、自分のものにしてしまった。そしてそれに自分の判を押したのだ。自分だけのために、自然に自分のデザインを残した」

「でも今は、それを誰もが楽しめる。もはや個人の所有物ではないから」

彼らは目を移して、池の端の枯山水を見た。岩、飛び石、熊手で掻かれた小石、それから盆栽のように刈られた松の木々が見えた。茶室には障子張りの大きな戸があり、それが外の森の風景を完璧に切り取っていた。それは生きた絵で、なにか壁から掛けられているように見えた。

茶室を見た後、彼らは紫雲山のふもとの池の周りを散歩した。そこには小さな滝があった。中世には家来が山の上の水槽まで水を運び、領主の合図とともにそこから水を流し、それを領主が眺めて楽しんだ。

二人は長いショッピング・アーケードを通ってユースホステルに戻った。それからまた歩いて、飲食店を見つけた。カウンターには中年の男性が二人とそれほど若くない女性がいた。彼女はメーキャップをして伝統的なヘアスタイルだった。男たちは酔っぱらっていて——そのうちの一人はスツールに座っているのもやっとというほど酔っていた。彼らは盛んに一杯やっていた。そして彼女は彼らのお酒が切れないように注いでいた。彼女は時々隠れた。たぶん隣の部屋で酒を準備するためだろう。食事は創造的だった。シェフが目の前で調理した。

そしてサラたち二人との会話を弾ませた。シェフが彼らに質問し、双方がつたない言葉使いで相手に伝えようと努力した。その会話は面白かったが、酒がそれをさせたのだった。その一方で、先ほどの酔っぱらった二人の客は、大げさなあいさつをして、ふらふらしながら出て行った。

部屋に戻って、彼女がその日の出来事のまとめを始めた。

「こうやって大都市で過ごすのは松山を出て以来ね。あの素晴らしい庭園を見られたのは幸運だったわ。それから飲食店であの二人の客の相手をしていたホステスの女性は何か映画の中から出てきたみたいだったわ。彼女は、受け身で優しく対応しながら完全に相手の客をコントロールしてた。堂々とした風格があったわ。でもそれなりの美しさもあった。でも男性が酔っ払うのを手伝うなんて不思議な職業ね」

「彼らが幻想を捨てるのを、次の日何も覚えてないのを助けるんだね」

「反対に女性の客を相手にする仕事はあるのかしら？ジゴロの酒飲ませホストとか？」

「きっとそれ、僕の次の仕事になると思うよ！」

彼が眠りについたとき不思議な言葉の連続を夢見た。

騎士は若くない＜もう宵の口ではない＞。明日は今日の繰り返しではない。明日は今日なのだ。

彼はこの謎の言葉の深層を調べようとした。ところがあの飲食店のホステスが彼のグラスに酒を注ぎ続けた。それで彼はほとんど酔いつぶれそうになった。彼は勘定を払いたかったが、あまりに酔っぱらって、まともに見れなかった。するとホステスは、彼の財布から、お代とさらに寛大なチップを引き抜いた。

四国

　そのユースホステルでは、彼はいつもよりずっと遅く起き
た。雨が窓をたたいていた。彼はまた眠りに落ちた。彼はまた
あのレストランにいた。今度は、自分がある女子学生に酒を注
いでいた。その学生は首のラインが低い、黒っぽいセーター
を着ていた。彼は何度も「乾杯」と繰り返していうことしかで
きなかった。そしてその声がだんだん弱まり消えた。その女子
学生が乾杯をするのに、上体を前に傾けたため、彼女のネッ
クラインがパッと開いた。彼はそれを見ないように我慢した。
その代わり彼は酒を口いっぱい含み、彼女に熱い酒のキスを
した。それから彼は彼女のネックラインに顔を埋め、温かい
酒が彼女の胸の谷間を流れた。
　彼は学長室に呼ばれ、女子学生のセーターを台無しにし
たことを叱責された。罰はドライクリーニング代を払うことだっ
た。怒った学長は彼に言った。もし彼がジゴロジーの正教授
になりたかったら、高いセーターや酒にもっと気をつけなくち
ゃいけないと。

次の朝、彼らはフェリーで直島に渡った。アートの島々の最初
だ。宮之浦に下りると大きな赤い物体が見えた。それはかぼ
ちゃのような形をしていて、黒い水玉模様のスポットで飾られ
ていた。
　「ああ！あのアーティストは知ってる。あれは水玉模様の女
王、草間彌生だ。彼女は水玉模様に憑りつかれていて、いたる
ところにそれを付けるんだ。彼女は今の流行だね」
　彼らは中が空洞になっているその物体の構造を興味をもっ
て観察してから、学校の子供たちがその中で遊ぶのを見、それ
から島の地図を眺めた。そして海岸沿いを走って、三つの大き
なアートのインスタレーションを見学することに決めた。地中

美術館、ベネッセハウス、それから本村地区にあるアートハウスだ。太陽は暖かく、丘の中腹にはピンクのつつじが咲いていた。途中で普通のサイズの二十倍もあるゴミ箱の彫刻に出くわした。中には完璧に彫刻されたゴミが入っていた。それから地中美術館を訪れた。これは安藤忠雄が設計を担当した。

　その美術館はコンクリート製の大きな建物で、大半が岡の頂上に埋め込まれていた。そして上部にコンクリートで囲まれた光取りがあった。外の景色が唯一見られるのは、カフェテリアからだった。彼らはモネの水蓮の絵が数点飾ってある部屋を見て、それから現存の高名なアーティストたちのインスタレーションを見た。二人は美術館のカフェテリアでランチを取った。海のかなたに高松が見えた。

　「どう思うサラ?」

　「外に出られて嬉しいわ。中は建築家とアーティストたちのエゴの衝突みたいだったから」

　「モネの水蓮の絵は、パリのオランジェリー美術館にあるのほどには僕らに伝わってこなかったね。でも君がまだ水蓮の絵を見たことがなかったら、まあ入場料を払う価値はあったかな」

　「でも建築家は水蓮の絵から注意をそらしてしまってるわ。なにか独唱会でピアノの音がうるさすぎるみたい。ここのカフェテリアへ出てきて海と島々を眺められてホッとしたわ。安藤は自分の設計したビルをモネの絵画と同じように芸術的だっていうけど。でも残念ながらこのビルには清楚な日本の美観が欠けている。一方で水蓮の絵の中にはそれがある。モネは日本の版画を集めていたから。この建築家は日本の美を西洋の冷たいコンクリートに置き換えちゃった。残念な逆転現象ね」

四国

　その美術館を出て、細道を下ってベネッセハウスまで行こうとしたが、途中で警備員に止められた。それで本道に戻り、海岸まで下った。それは豪華なホテル、レストラン、スパがあって、これも安藤の設計だった。ハウスの手前の芝生には無料で見学できるアート作品が置いてあった。その中には、鏡を使った錯覚効果が体験できるガラス構造の作品　（ダン・グラハム）　やニキ・ド・サンファルがデザインしたベンチ、桟橋の上に置かれたもう一つのカボチャ　（今度のは黄色）　などがあった。彼らがそのベンチに座って、四国の山々を眺めていると、その前をひとりの少女が駆け抜けた。彼らから視線をそらせ、空、山、海、草の風景と混じり合った。

　「なんて美しい光景かしら。あの女の子がそこを駆け抜けて！」

　「君はこれを所有できる？」

　「できるわ。というかまあ、写真を撮ったんだけれど」

　「それは少し度を過ぎてるよ。この寛大な企業はこの美術館を所有してて、撮影は禁止してるからね。きっと彼らは入場者たちが写真を撮ると、自分たちの所有物が盗まれてしまうのではないかと恐れているんだよ」

　それから三番目の大きなアートの拠点、本村へ走った。その途中のある民宿でその晩の宿を予約した。本村はベネッセコーポレーションが島に投資してアートで島の経済を復興するまではすたれた漁村だった。伝統的な家はインスタレーションに変身した。そこにアーティストはだれも住んでいないが、彼らの作品を見ることはできる。

　彼らはチケットセンターで入場券を買って閉館までできるだけたくさんのインスタレーションを見た。あるひとつのインスタレーションは暗い小屋で、目が暗闇に慣れると、そこには

薄暗い灯りが点っていることに気付いた。もう一つの家は伝統的民家で、中に水を張った浅いプールがあって、その暗い水底に数字がパッ、パッとフラッシュするインスタレーションだった。もう一つのインスタレーションは、小石を敷いた庭に、小さなアーチ型の石の橋があるというものだった。村の丘の上には、杉本博司が修復した護王神社があった。白く丸い石を敷き詰めた上にガラスのブロックを並べた階段が掛けてあった。また地下には表面が輝く壁でできた、狭いトンネルがあって、そこを抜けると海の景色が眺められた。

「サラ気が付いた？自然の景観を使ったインスタレーションはこれだけだよ。他のは反射光は利用しているのだけれど、このインスタレーションは自然とアートが一体化してる。栗林公園のようにね」

「そうね。このトンネルの感じいいわね。善通寺に通じるところがあるわ」

彼らは民宿に戻った。それはイタリアに住んでいたことがある日本人男性が最近オープンした民宿だった。夕食の前に村を散歩した。海からの潮風が吹き付けてきた。天候が変わってきたのだ。

「今日はアートインスタレーションの島を観た、そして写真をたくさん盗み撮りした。このアートの島々はハイシーズンには観光客でごった返して、美術館には行列ができて、宿も予約で一杯になるそうだ。何か成功しているみたいだね」

「そうね、企業としても成功しているようね。うまく運営されている感じがするし。でもこれは絶対に美術館の中のアートね。アーティストたちはここに住んでないから」

「もちろん企業は自分の足跡を残す。あの封建領主、市役所、ギャラリー、それから収集家と同じだね。ほとんどいつも

仲介者がいて、作品を選ぶか選ばないか決めているんだ。もう一方の端には大勢のアーティストたちがいて、認めてもらいたがってる。不思議じゃない?お金の力で認知されて有名になるアーティストたちもいれば、一方で生前は全然有名にならなくて、死後になってようやく認識されるアーティストたちもあるなんてね。ヴィンセント・ヴァン・ゴッホは死ぬ直前に手紙で、あるカフェで個展を開けそうだと書いた。彼にとっては、『いつかきっとカフェで自分の個展を開けると思う』というのが彼の大きな野望だったんだ。気まぐれだと思うけど、結局お金がアートの価値を決めているんだ」

　民宿の主人がイタリア料理を夕食に出してくれた。彼らはその夜をフランス人のドキュメンタリー映画作家とフランス語を話して過ごした。その後布団に入って話した。

　「アートって何?」
　「汝アートなり」
　「私たちがアート」
　「僕たちは愛だ」
　「私たちは命よ」

　次の朝、雨は勢いを増していた。彼らがフェリーのターミナルまで行くと、豊島までのフェリーが嵐の接近で欠航になったと知らされた。しかし今すぐ一艘だけスピードボートがこの悪天候にもかかわらず出港するとも言われた。それで彼らは急いで自転車と荷物を持って乗船した。ボートは荒波の中を海に乗り出した。そのボートはものすごいスピードで走った。波しぶきが絶え間なく窓に打ち当たった。豊島に着いたとき、雨は小降りになっていた。それで彼らは雨具を付けて唐戸の町

に向かった。豊島美術館、「心臓音のアーカイブ」、その他の
アートを見るためだった。港で彼らは、豊島には利用できる宿
泊施設がないこと、午後遅く、小豆島に向けてフェリーが一隻
だけ出港することを知った。

　強い風が小雨を吹き付けていた。しかし白と黒のまだら模
様の空は明るかった。岬をゆっくり登っていくと丘の上に漁船
が置いてあるのに出くわした。津波にでも押し上げられたよう
に見え、朽ちるままになっていた。頂上を過ぎると豊島美術
館の二つの浅い、白いドームが景観に半ば埋もれて現れた。そ
の曲線は周りの景観の曲線とうまく調和していた。二つのうち
の大きい方のドームはそのてっぺんが切り取られていた。それ
らはイヌイットのイグルーのように見えた。その大きい方のド
ームが美術館だった。そして小さい方はビジターセンターにな
っていた。それは美術館自体が一つの、そして唯一のアートワ
ークだった。彼らはスリッパを渡され、それを履いて中に入っ
た。そこには小さい噴水から水が流れ出す。その水は斜めに
傾斜した床の上を、嵐で舞い込んだ木の葉と一緒になって動
く。彼はその美術館的でない美観に魅了された。

　「これは尖った安藤のデザインとは全然違う。自然に対し
て開かれていて、自然と結ばれていて、光は拡散し柔らかだ。
とても日本的だね」

　「パンフレットには、これは女性のアーティスト内藤礼と男
性の建築家西沢立衛のコラボレーションでできたとあるわ。
一日の時間によって、また季節によって違った体験ができる
の」

　もう一つのドームのビジターセンターも温かく歓迎してくれ
るような場所だった。彼らは天窓の下の丸いベンチに座って
簡単なランチを取った。ちょうどこの芸術の島々を巡礼中のオ

ランダ人のアーティストとも話した。そのドームは心地よいイグルーのようだった。その天井にあけた窓から入ってくる光は、その場所をとてもフレンドリーにして、招き入れるような、癒してくれるような場所にしていた。

　直島と比べると豊島の方が企業の臭いが薄かった。アートの曲がり具合は緩やかで、爆発的でもなく、ここの日本人の生活により合っているように思えた。

　「私はあの若い女性のアーティストがこの美術館の構造に女性らしさをもたらして、それに灰色の空が拡散した光を加えているのだと思うわ」

　彼らは浜まで下り、町を通り抜けた。そこで彼らは重ねられた碇が束ねてある不思議な光景を見た。少なくとも百個つながって見えた。それは黒く厚いペンキで塗られたばかりに見えた。それから石積みでできた桟橋も見かけた。それはモルタルをぬって固めてなくて、大きな平らな岩がきれいに積み上げられてできていた。彼はその桟橋に惹かれて止まった。

　「あれを見てごらん。光で石が輝いて、その美しい深みと奥行きを持った光景が、僕たちの目を陸から引き離して、港を囲っている桟橋の間の空間へと誘う。そして最後に、空がその対称性を完結する。黒い雲の間に白いスポットがところどころに見えている。これは、あのかぼちゃ無しのアートだ。僕たちを、自分の目で見ることに、そして海に誘っている」

　「じゃあ、あなたこれを個人コレクションとして買うべきじゃない？そして入場料を取るの。そうすればすぐにアートに変わるわ。このアートの世界では、お金をもうけなくちゃね」

　「そうだね、たぶん写真でも撮ろうか――写真に撮ってそれを壁に飾るんだ。それとも数日のあいだ僕の頭の中に飾っておくかな。でも本当にこのイメージには惹きつけられるね。

あれを見てると、あそこまで行きたくなって、あの桟橋の先から飛び降りて、空に舞いたくなる」

「じゃあ、もしもあの桟橋にモーターが付いていて、アーティストじゃなくて、建設工事の人がそれを動かしていたらどう?それからさっき見た黒い碇の束はどう?あれも写真を撮って飾ったらアートに変わる?もしかしたら碇や桟橋の写真を売って、アートに変えるべきじゃない?たぶんそうやってアートって作られるんだわ」

「でも僕がもし写真を売る代わりに、ただであげたらどうなるんだろう?それでもアートになる?」

「もちろんよ。その値段で写真を二枚欲しいわ……」

「じゃあもしあの碇の束を、アートの作品じゃなくて、ただ碇として売ったらどうなるだろうか?」

「あれを自転車に乗せるには少し重いわね。私が好きなタイプのアートじゃないわ」

二人は街中を走って、クリスチャン・ボルタンスキーの「心臓音のアーカイブ」を探した。舗装されてない道路を走った。二人は野菜畑の傍に止めてあった古いバンの前を通り過ぎた。そのバンは農具置き場として使われていた。タイヤはつぶれて地面に沈んでいた。外側はペンキが剥げて錆が目立っていた。それを美術館に置けば、絶対に芸術品になるだろう。彼はその写真を撮った。その道は人気のない砂浜で途切れた。

そこには丈の低い建物が砂浜に面して建っていた。入り口に「心臓音のアーカイブ」と書いてあった。外側は焼いた木の板で覆われていた。屋内はシンプルで、まだ新しかった。その中の特別な部屋では、現在再生されている心臓音を聞けるようになっていた。また自分の心臓音を録音できる部屋、心臓

音のデータベースから検索して聴ける部屋もあった。彼らは心臓音を聞ける部屋に入った。

そこは長方形の部屋で、淡色の壁に黒い四角の模様が描いてあった。その真ん中に電球が一つ掛けてあって、その光が心臓の音に呼応していた。時に下の方から緑色の光が差すこともあった。心臓の音は大きく、日本の大太鼓のようにドンドンと鳴っていた。最初に聴いた鼓動は規則正しく強烈だった。二番目の鼓動はリズム、音量とも不規則だった。時々休みが入ったり、強烈な爆発音がした。三番目の鼓動は規則正しく、先のものよりは強烈でなかった。

「最初と三番目のはノーマルね、でも二番目のは問題あるわね。なにか大動脈弁狭窄症みたい」

「きみが救急病院にいた時、あんな感じの患者さんが来たことある?」

「急性の症状の患者さんはほとんどが救急車で運ばれてくるの。救急車の中で心電図を取って、ああいう患者さんは直接心臓病科に運び込まれたの。だから私はほとんどああいう患者は診なかったわ。患者が自分で病院に来るときは、緊急性が低い場合が多いけど、私は彼らの心臓を検診したわ。ああいう心臓音の患者はすぐに心臓病科に回されて、精密検査を行うのね。あの仕事の辛いところは感情を表せないことね。患者さんを感情を込めずに励まさなくちゃならない——そうしないと一週間働き通せないから。私は自分の弱さと立ち向かわなければならなかった」

「僕らの心臓音を記録しようか?」

「私の心臓はあなたのものよ。だから聴きたいときはいつでも聴いていいのよ。私の胸に耳を当てるだけでいいの」

「それをしたいのはやまやまだけど、お互いの心臓音を聞

きあうには、静かな、人の目に触れない場所を探さなくちゃ
ね。でも残念だけど、今晩はここに泊まる場所がないから、僕
の記憶に間違いがなければ五時半に一隻だけ出るフェリーを
捕まえなくちゃならない」

　「了解！じゃあフェリー乗り場まで行く道で、まだいくつか
のアートを見る時間はありそうね。心臓音のコンサートを聴く
のは、小豆島にしましょう」

　彼らは村の背後にある山の中腹を登る狭い道を見つけた。
そして登り出すと途中に村の墓地があった。その中に墓石で
できたピラミッドがあるのに興味を持った。後になってそれは
取り除かれたことを知った。その理由は、それを取り除いた場
所に新たに数か所の墓を作るためだった。その上には弘法大
師の堂々たる像が乗っていた。それらの墓石は風化の影響は
受けているものもあったが、多くはまだきれいに刻まれてい
た。ピラミッドの四面には、墓石のない狭い溝が下から上まで
通っていて、それらが四辺の上向き対称線にアクセントをつけ
ていた。さらに進むとまた別の墓地が見えた。それはたぶん
個人の墓地だった。そこの地面には周りにある梅の木の花が
一面に落ちていた。二基の墓石と石灯籠が、墓台の上にエレ
ガントに設置されていた。それら全体が丘に埋め込まれるよ
うに建てられていて、その背後を石の擁壁が囲んでいた。

　登りはきつかったが、彼らは島キッチンに着いた。そこはも
とは古い家屋だったが、建築家の安部良がこれをレストラン
に作り替えた。そこは暖かい雰囲気があった。それは開かれ
たキッチンで、三層の構造になっていて、穏やかに下方へ傾
斜していた。日よけ屋根のついた大きなベランダがあった。二
人はバーに座ってケーキを食べた後、それからゼンマイとほか
の地元の山菜で作った前菜を食べた。キッチンで働いている

215

おばちゃんたちは、気さくで、唯一の客に食事を提供できて幸せそうだった。食事は見た目に美しく、美味しかった。でも何かが変だった。キッチンでは女性たちが、団体客のために用意した食事を処分していた。たぶんフェリーがキャンセルになってこられなかったのだろう。せっかく作った食事を処分する彼女たちは悲しそうに見えた。

　島キッチンを出て、最近地元の人たちによって復元された段々畑を通った。それから彼らは舗装された道を下った。そこからは別の海の景色が見えた。凸面鏡のカーブミラー、それはカーブで死角になって見えない対向車が見えるようにしたものだが、それが垂直に立てたポールの上に乗っていた。彼はそこを通る自分の姿を見た。木製の小屋を見つけた。それは風雨にさらされた厚手の板でできていて、表面が炭化しているように見えた。それはたぶん木の板を潮風から守るためであろう。棚田には田植えの準備のために水が引かれていた。

　彼らはメインの道路に戻り、フェリーのターミナルまで下って行った。途中で止まって森万里子のインスタレーションを見た。二人は歩いてその池まで登った。池の中央付近に台に乗った白いモノリスがあった。その背景には深い竹林があった。光が変化するにつれて、彼らは、黒い水の中から立ち上がるそのモニュメントの単純さと美しさに見とれた。そこにあった説明によれば、そのモニュメントは、遠くにある観測地点でニュートリノが検出されると色が変化する。しかし、彼らには、午後の日が弱まるにしたがってモニュメントの色が変化する以外は、特別な変化は見えなかった。時々小雨が降ってきて、池の水面の反射をぼやけさせた。そこはゆっくり時間をかけて眺めるのにふさわしい場所であったが、フェリーの時間が迫っていた。

　小豆島行きのフェリーは大型だった。しかし客はほとんどいなかった。出口の近くに防水シートのカバーをかけた大きな手押し車が置いてあった。商売道具のほとんどが電化されている今の時代にとても不似合いのようなものに思えた。それとも、また筋力の時代がやってくる兆候なのかもしれないと思った。

　島が近づくにつれて山が見えた。それはおそらく星ヶ城山だと思われた。それはサラが登ると決めていた山だ。土庄で彼らは、町のすぐはずれにホテルのような建物があるのを見つけた。それは海に面した断崖の上に建っていた。それで彼らはそこまで登って、眺めの良い部屋を頼んだ。ホテルのスタッフは自転車をロビーに置くように勧めた。彼らはテラス付きの大きな部屋を取った。そこからは海が広く見渡せた。二人はテラスに座って熱燗を飲みながら、日の入りの最後の光が暮れていくのを眺めた。そして陽が落ちると、フェリーが暗闇の中に浮かぶ姿だけが見えた。夕食はホテルのビュッフェ式レストランでとった。それから海が見える露天風呂に入った。そして彼らは布団の中で、お互いの心臓音を聴きあった。彼が言った。

　「僕は医者でも何でもないけど、君の心臓音は若くて、強くて、耳に心地よくて、深い。なにか上質のチェロ、ストラディバリウスのような響きがあるね。低音は豊かで、高音は喜びそのもののような」

　「そしてあなたのは……黄金のよう……ちょっとまた聴かせて……そうね、黄金色に輝く麦畑みたいだわ。太陽が水平線から昇って、波の先の濡れた砂を一瞬照らして、それから一気に朝日が拡がるような感じかしら。何か力強く快活なアポロのようね」

四国

　それから二人はお互いの心臓を重ね合った。彼らの音楽と光は、ウェーブ・ファウンテンように幾度も幾度も、渦を巻きながらぐるぐると回転しながら重なり合った。そしてようやくある島に至って静まった。それから二人は渚を離れ、熱帯の夜に入り込んだ。

嘆願

気を付けてやってくれ、私の意図を設計する建築家よ
愛情を込めてやってくれ、私の欲望を切り出す石工よ
忠実にやってくれ、私たちの共同作業を司る大工よ
切望してくれ、愛人、姉妹、配偶者よ
流れるように進めてくれ、時間や日数よ
間違いなしにやってくれ、お土産の管理人よ
率直にやってくれ、冒した行為の評定人よ
高揚させてくれ、理解しあった瞬間よ
控えめにやってくれ、調味料を振るシェフよ
笑いながらやってくれ、空白を映す鏡よ

新しい朝の創造者
豊作の収穫者
ミステリーの寛大な解決者よ
どうかこの人生を褒美として与えよ
私が尊敬し、服従する代わりに
この犠牲を受け入れよ、
心と心を結び
手と手をつなぐ

デイヴィッド・テプファー作

ものすごい
真実
生きている

彼らは朝早く起きて、素晴らしい天気の中を走った。空気はひんやりとして、太陽はさんさんと輝いていた。風はなく、島を見て回るにはパーフェクトなコンディションだった。海からできるだけ離れないで走った。小豆島には三つの長い半島があって、それらは島の南側に突き出ていた。マップルのロードマップには細い道と、二、三の町が載っていた。それらの町は、先の三つの半島の間にできた二つの湾に沿ってあり、それらの町を結ぶ交通量の多い道路が東西に延びていた。それ以外は点在する村々を結ぶ海沿いの道路があるだけだった。最初の半島は、半島というよりは正確には島だった。というのは狭い海水の運河が土庄の町中を流れ、小豆島自体と区切れていたからだ。二人はまずこの疑似半島の周りの道を走り出した。

　道は走りやすく、良く舗装されていて交通量も少なくスピードが出せた。道路からは常に海が見渡せた。空は雲一つなく晴れて、風もなかった。浜は砂浜か小石の浜で、ときどき周りの邪魔にならない程度の建物があった。豊島と他の島々が遠方に見えた。それからしばらくして彼らは土庄に戻った。そこで彼らは早めに取る昼食のために、スーパーマーケットに立ち寄ってお弁当を買った。

　それはアメリカにあるような大きなスーパーマーケットだった。しかし売っているものはお弁当も含めて日本の物だった。作りたてのお弁当が何種類もガラス張りの棚に並んでいた。食糧を仕入れた彼らは、海岸沿いのメインの道路を東に向け

219

て走った。たいていの場所から海が見えた。彼らはフェリーの船着き場で昼食をとった。そこからは湾の中に二つの小さな島があるのが見渡せた。彼らが刺身弁当を食べている間に潮が引いて、その二つの島までつながる砂地の陸橋ができた。昼食を食べ終わった後、二人は最初の島へ歩いて渡った。標識にはそこはエンジェルロックで、恋人たちの特別の場所だとあった。

　また自転車に戻って、二番目の半島を回り始めた。道は南に進むほど細くなった。ほとんどの場所から海が展望できた。突き出した岬を登る道が多かった。海から上る水蒸気で、遠くの島々が不思議な形に見えた。彼らは土砂崩れの修復工事現場に行き当たった。幸運にも通してもらえた。もし通してもらえなかったら、今来た同じ道をぐるぐると回ってまた元の場所まで戻らなければならなかった。浜と岬が交互に続いた。人家はあまり見かけなかった。岬の高台から遠くの島々、広々と広がる海、そしてその中に船やフェリーが点々と見えた。

　第三の半島に続く人口が多い地域は、またオリーブの産地としても知られていた。しかし彼らはそこでは止まらず、半島のかなりの部分まで走り続けた。そこには醤油工場があって、醤油のソフトクリームを売っていた。それは不思議と美味しかった。また突然墓地に行き当たった。そこには豊島で見たような墓石を積み上げたピラミッドがあり、その上に弘法大師が乗っていた。浜の多くは細かい砂の浜で、人は見かけなかった。半島を南に下るにしたがって景色がもっと野性的になった。半島の先端を回ると、灯台が見えた。彼らは止まってそれを眺めた。それからしばらく進むとまた土砂崩れの修復現場に出くわした。今度は道路がかなりの距離に渡って完全に崩れて

いたため、彼らは来た道を数キロ戻り、そこから半島を横断して、先ほどの工事現場のすぐ北側に出る道を走った。ある村の坂道を登っている時、魚の形をしたのぼりが高い竿に付けてあるのを見た。それらは鯉で、大小いろいろあり、色も様々だった。みな口を大きく広げ風を飲み込んでいた。今日は子供の日で、日本全国にこの鯉のぼりが舞う日だった。

彼らは山がちな半島を登った。彼が先頭を走った。酸素をいっぱい吸って、エネルギーにあふれ、元気だった。登りがきつくなった。それで彼はシフト・ブレーキ・レバーを右手の指で押して、ギヤを下げた。突然また登りが急になった。それに応じて、彼は右手の指でレバーを内側に押してギヤを下げようとした。しかし何も起こらなかった。シフトしない。彼はもう一度試した。何かが欠けていることに気が付いた。シフトダウンしても何の抵抗も感じなかった。彼は屈んで、後ろのギヤケーブルが露出した部分を引っ張った。すると変速機がシフトダウンした。彼らは止まって、サラは彼にどうしたのか聞いた。

「シフターの何かが変なんだ。修理しなくちゃならないようだね」

彼はシフト・ブレーキ・レバーをいっぱいに押して、中の機構を覗こうとした。それは時計のような部品を複雑に組み立てたものだった。彼は、ケーブルの先の部分のチューブをずらして、片手でケーブルを引っ張り、ゆっくりシフトレバーを内向きにした。

「シフトを下げても、ケーブルがギヤをキャッチしないみたいだ。でも原因はよくわからない。この辺にはサイクルショップはありそうもないし、土庄まで戻るのは大変だしね。メインの道路まで歩いて戻って、タクシーかバスを捕まえるのが妥

221

当だろうけど、相当な距離を歩かなくちゃならない。もしこの
ギヤの構造がわかってたら良かったのに」

　彼はシフターとケーブルをいろいろいじってみて、中にある
小さなレバーがフランジをキャッチしていないことに気が付い
た。その代わりにその上を滑っていた。

　「何かがキャッチしていないみたいだ。中が緩くなってる。

　彼はバッグから懐中電灯を取り出して、シフターを別の角度
から調べてみた。

　「ああ、わかった！ネジがはまっているべき場所にネジ穴
が開いている。それが原因だと思う。ネジが落下してレバーが
緩くなっているんだ。それでフランジにかからないんだな」

　サラもそこを見てみた。

　「たしかにネジ穴が見えるわ。これで原因がはっきりしたよ
うね」

　「でもここからが厄介だ」

　「シフトが効かなくなったのはどこだか覚えている？」

　「えーと、たしか道路わきに黄色いアヤメが咲いてたあたり
だと思う。ほらあそこ。百メートルくらい手前の右側」

　彼らは自転車を置いて道路を歩いて戻った。黒いアスファ
ルトの上にネジが落ちているのが見つかるのを願いながら。し
かし、その黄色いアヤメのさらに向こうまで戻って探してみて
もネジは見つからなかった。代わりに見つかったのは瓶のキ
ャップ、百円玉、ヘアクリップだけだった。

　「うーん。もし砂利の中に落ちてたら探しようがないね。
もしかしたら道路に跳ね返って草むらに落ちたのかもしれな
い。ギヤを中段に固定して、あれと同じネジを提供できる修理
工場かサイクルショップが見つかるまで、走ることはできると
思うよ」

「そうね、でもギヤ一つで町まで戻るのは大変よ」

「わかってる。でも他に方法がないんだ。じゃあ、ギヤを固定する作業を始めるね」

「私もあなたに連れ添ってゆっくり行くわ。最後にもう一度だけ見てくるわね」

サラはアヤメを通り越してずいぶん歩いたがネジは見つからなかった。彼女は腰を下ろして、頭の中に、そのネジを描いてみた。その扁平な頭、その光る軸部を。それからそのネジに向かって大きな声で語りかけた。

「ネジさん、あなたをこの上なく大切に思っているの、お願いだから出てきて」

彼の方はナイフで木の枝を切り取り、少し先を削って、それをギヤに差し入れて中間ギヤに固定した。彼が応急修理を終えようとしているところに彼女が現れた。

「もう出かける準備ができたみたいね。そのギヤに木を噛ませるやり方、気に入ったわ。頭がいいやり方ね！あなたは私の天才自転車修理工。何でも直せそうだから！」

「いや、逆に僕がそうじゃないことをこれで証明してしまった。修理キットにもっとたくさんの種類のネジを入れとくべきだった」

「落ち込まなくてもいいのよ。あなたの修理で自転車がまた動くようになったんだから。これで町まで歩かなくてよくなったから。いずれにしても、あなたは私の自転車修理のヒーローなんだから」

そして彼女は彼の腰に腕を巻いて、愛情いっぱいに彼を見た。

「ヒーローかどうかはわからないけど、ネジがなくちゃお手上げだよ」

「でもあなたは私の天才修理工。小さなネジなんか気にしなくていいのよ。私は大きな方のネジが必要なの」

彼女は彼の方に上体を預けて、唇を彼のそれに合わせた。気持ちの良い暖かさが彼を包んだ。同時にシフターを修理できなかったことにどんなにフラストレーションを感じていたか気が付いた。彼は彼女の舌を唇の間に感じた。それからそれが彼の口に入った、それから彼女の舌は後退した。彼女はまた唇を彼のそれに押しあてた……すると突然彼は口の中に何か固いものがあるのを感じた。続いて金属の味がした。彼女はさっと後ろに引いた、満面に笑みを浮かべ、いたずらっぽく笑った。彼はその物体を親指と人差し指でつかんだ。すると今度は金属の味が自転車の機械油の味に変わった。

彼はその固く小さな物体を指でしっかりと押さえてしげしげと見た。それはさっき失くしたネジだった。彼女の大きく開いた目は笑っていた。彼は唖然とした。二人とも笑いに笑った。

「君は本当に信じられないことをする！どうやってこれを見つけたの？」

「あっ、それは女性だけの秘密よ。私たちだけの特別のやり方があるの……」

「でも冗談じゃなくて、どこでこれを見つけたんだい？」

「アヤメから少しこっちよりの砂利の中」

「えっ？あの道路わきの砂利の中から拾ったの？」

「というか正確には……はじめそのネジに話しかけたの。とっても愛していて、絶対に必要なのって。それから目をほとんど閉じて、その場までゆっくりと歩いたの。アヤメの前で止まって、目を閉じきって、それから聞いたの。そしたらかすかな声がしたの。そっちの方へ顔を向けて、ゆっくりとその声が大き

くなる方に歩いたの。道路わきに跪いて。それから目を開けたら、そこにそのネジがあったじゃない。小石の間にキラキラ光ってたの」

「それ作り話でしょ!」

「また落ちて失くさないように、それを口の中に入れたの。舌の下にね。ここに戻ったら、あなた失望してがっかりした顔をしてた。それであなたを元気づけなくちゃって思ったの。あなたならたぶん飲み込んだりしないって思ってしたのよ」

そのネジは完璧にネジ穴にはまった。彼はベダルの調整用に四ミリの六角レンチを持ってきていてホッとした。それから数分で彼の自転車のシフターが正常に動き出した。そのネジはネジ固定剤で緩まないように止められた。

「これで君に借りができたね!これは本当にメダル受賞に値するよ。それからあのお茶目なやり方にもメダル一個だ。そして、もう一つのメダルは——いやトロフィーかな、は君の冷静な判断と直感にね。これは女性だけにしかできない技だ!」

「メダルも要らない。トロフィーも要らないわ。ただあなたの愛情をお返しに欲しいの。ネジには愛のネジ込みでね」

「えーっ、ここで?道の真ん中だよ」

「ええ、でもいいじゃない?わかったわ……待つわ……でもそんなに待てないから!」

北に走り、ある村でおやつを買った。一日はまだ終わっていなかったが、彼らのエネルギーは残り少なくなってきた。彼らはその村の上にある公園でおやつを食べた。そこからは南方に、半島の先が霞の中に消えていた。彼らは、岬の上に捨てられて朽ちた漁船の前を通った。たぶん亡くなった漁師を記念するものなのかも知れない。彼らは島の東側を走っていた。道

は広く、左手に内陸の山々が見えた。石切り場を過ぎた。そして四百年前に大阪城が築かれたとき、小豆島の花崗岩が使われたと読んだことを思い出した。彼らはその名もない侍の実物大の彫刻を眺めた。刀を持ち、道の近くに横たわっていた。ほとんど草むらに隠れていた。そこからさらに北に進むと、景色の良い場所にところどころ台座付きの彫像が立っていた。

　道は狭まり、疲労が増してきた。彼らはペースを守ることだけに意識を集中した。一息つく場所もなく道は上り下りした。二人は小豆島の北東の端を回り、島の北側を海岸沿いに走って、フェリーのターミナルがある町に着いた。そこで止まって、またおやつを食べた。島の北西の端に向かう道は海岸沿いを行く平らな道だった。北の方角に島々の景色がきれいに見えた。エンドルフィン・タイムだ。これは走者が自分の走りとペダルを回す規則的なリズムで少しハイな気分になりかける現象だ。走ることに中毒になる。そのため知らぬ間に疲れすぎないように注意する必要があった。こういう時にいつも心がける言葉は、

　「飲んで食べろ。時々一回転したり、立ち漕ぎしろ、それで体の柔らかい組織に負担がかかるのを防げ。股ずれに注意しろ。ハンドルバーを掴む位置は時々変えろ。長距離走行では落ち着け」

　二人は小豆島のこの自然豊かな地区でいくつかの村を通り過ぎた。そこで農作業する女性の写真を撮った。彼女は長ねぎを収穫して、それをリアカーに乗せていた。その女性も田舎の年輩女性の美しさがあった。エレガントな服装で、麦藁帽子をかぶっていた。

　彼らはついに小豆島の北西の端を回って、海沿いの道を南に向かった。そこには夢見るような海の景色が、島の景色が

あった。水平線の辺りに昇る蒸気で少し霞がかかり、その後ろをゆっくり夜に向かって沈みゆく太陽が照らし出していた。

　二人はようやくホテルに戻った。疲れてはいたが幸福だった。ビールを頼んでテラスに座り、沈みゆく太陽を眺めた。フェリーが海を行き交っていた。陸地は暗くなってきたが、空は赤くなってきた。彼らはその続きを露天風呂から観た。それから彼らは浴衣姿でテラスに戻り、その光景のあまりの素晴らしさに魅入られて空腹なのも忘れていた。空の赤みがさらに増した。それから水平線の霞が赤く燃え上がった。そして太陽が水平線の下に隠れた。すると魔法のような光景が始まった。赤と金色が彩度を強め、クライマックスに達し、それからゆっくりと少しずつ弱くなっていった。海を渡るフェリーは空中に浮かんでいるようだった。光の糸で空に吊るされているようだ。夜が訪れた。そしてすべては黒い水に帰した。

　すると電話が鳴った。それですべてが変わった。それはアメリカ英語を話す男性の声だった。

　「こんにちは、邪魔をしてすみませんが、あなた方の自転車が気になったものですから。僕もサイクリストなんです。このホテルのオーナーです。これから遅い夕食を取るところなんです。それでもしよかったら一緒にどうかなと思って。日本食は好きですか？好き？それならどうぞロビーに下りてきてください。僕はシローといいます。よろしくお願いします」

　彼らは空腹だったのでちょうどいいタイミングだった。ロビーで彼らを待っていた日本人の男性と握手した。そこにはご馳走を盛ったテーブルが準備してあった。

　「レース用自転車に乗っているんですね。でも荷台が取り付けてあるのと、ツーリング・ペダルを付けてあるからきっと、

227

旅行中でしょう。でも上質のレース用自転車の愛好家なことは一目でわかりますね。あなたたちのようなサイクリストはほとんど見かけないので、興味津々です。ここを旅行してるサイクリストのほとんどはツーリング用の自転車に乗ってます。きっと明後日のレースを見学に来られたのかな?」

「えっー、ご存じないんですか?じゃあ僕がご説明しましょう。あまり入れ込みすぎて失礼かもしれませんが、それに、お二人に勝手に割り込んじゃってすみません。僕はアメリカに相当長く住んでいたので、アメリカ人をみると幸せになっちゃうんです。僕はこのレースの主催者のひとりです。今度で五回目のレースになります。このレースは普通のレースとちょっと違うんです。だから一度見ることをお勧めします。選手たちは全国の自転車クラブからやってきます。各クラブは選手を一人選んで参加させることができます。レースは土庄から出発して、星ヶ城山の山頂がゴールです。レースコースには勾配が十四から十七パーセントの登りもあります。だからきつい登りのレースですね。これは選手たちにはものすごい挑戦です。というのは、これほどの登りになるとスピードが落ちるし、それにチームで集団を作って風を避けるというようなよくある作戦はあまり使えませんから。下りの区間は、コースでただ一カ所しかありません。頂上の近くから最後の登りのすぐ手前までです。ゴールはロープウェイの終着点です」

「大変興味ありますね!いろいろ教えてくれてありがとうございます。サラどう思う?」

「私も興味あるわ。とっても興味ある。いくつか質問してもいいですか?」

「どうぞ」

228

「あなたが主催者の一人だということだから聞きますが、国外のクラブが選手を派遣することはできますか?」

「それは興味ある質問ですね。海外のクラブにも門戸を開きたいですね。レースの規定にはそれを禁止する条項もないですし。今回は海外のクラブには招待状を出さなかったけれど、来年はそうするつもりです。アメリカのクラブのことは頭に入れてなかったですが、どこかレースに興味ありそうなクラブを知ってますか?」

「ええ、心当たりがあります。それから大会のルールには女性の参加を禁止する条項はありますか?」

「えっ、女性?」

「ええ、女性です」

「女性の自転車レーサーですか?でもそうなると二つ別のレースを組織しなくちゃならなくなりますね!」

「じゃあ、女性が男性と一緒に走っちゃいけないという規定はありますか?」

日本の侍映画で見たような、グッと息を飲み込む音に続いて沈黙があった、それから彼女が言った。

「私はニューヨークのメトロポリタンサイクル協会に属しているレーサーです。いま私のコーチと一緒に旅行しています。もし私がこのレースに参加するとしたらどう思いますか?」

シローは前かがみになって両手で顔を覆った。長い沈黙に続いて彼が言った。「僕は長い間アメリカに住んでいたから、女性解放や、男女平等の運動も知ってます。でも男性の方が女性よりも強いのです。あなたは絶対に勝てないと思います。レースには選りすぐりのライダーたちも参加します。彼らに付いていくことできますか?他のライダーたちはどう思うでしょうか?」

四国

　「勝てるかどうかはわからないけれど、ペロトン（メインの集団）に付いていくことはできると思います」

　「あなたのことを疑っているわけではないです。あなたは登りに向く体型をしている。あなたの力と意志の強さは感じます。でも、僕はレースの運営委員会を説得しなくちゃならない。しかも、もうレースの直前だし。実は僕が大会のルールを書いてるんですが、たしかにルールには女性の参加を禁止する条項はありません。でもここは気を付けて判断しないといけません。参加にはあなたのクラブからの正式のレターが必要です。それから免責事項にもサインしなければなりません、それから他にも……それにあなたの自転車に必要な変更を加えなければなりません……でも、もう一度よく考えてみると、あなたが参加することで、日本全国の女性たちは勝利のような達成感を味わうでしょう。これがきっかけで新しいトレンドが生まれるかもしれないですね。だんだんあなたのアイデアが良いアイデアのように思えてきました！本当にこの大会に参加したいんですね？」

　「ええ、ぜひ。私のコーチが同意してくれればですが」

　「えーと、僕は正直驚いたよ。僕たちは四国をゆっくりと旅行してたからね。まあきつい登りも数か所あったけれど。でも君は、ほぼ一か月間ほとんど毎日自転車に乗ってきたのだから、コンディションの方は大丈夫だと思うよ。オーケー、シローさん、これは全く普通のレースじゃないことがわかりました。各クラブは一人のライダーしか派遣できないのだから、チーム同士の戦いという面はあまりないですね。それからあなたがコメントした風よけの要因はとても重要ですね。それからそんなきつい登りでは、スピードはかなり落ちそうですね。サラは素晴らしい登り屋です。それに彼女は他のライダーに比べたら、かなり軽量です。だからパワーウェイトレシオは高いと思

います。自転車の方は、ラックを外してレース向けに調整しましょう。でもペダルはレース用じゃないんです」

　「それは心配しないでください。僕は土庄にサイクルショップを持ってますから。こちらの方で対応します。あとはレースの運営委員会からＯＫをとらなくちゃならないんですが、でもまあそれは何とかできるでしょう。というのは僕がその会長だし、運営資金を出しているのも僕だからです。もしあなたのクラブの会長さんがＥメールでレターを送ってくれれば、委員会の方は説得できると思います。あなたのことは、謎の参加者として、運営委員会の外にあなたのことが漏れないようにします。たぶん会長の権限でそれはやれると思います」

　「すごい。シローさんすごい！レースでは全力をつくします。絶対にがっかりさせないわ」

　「あなたを信じてます。さて、スケジュールを組みましょう。日本式です。これが僕の提案です。面白いレースになるでしょう」

　彼はノートとペンを取り出して、英語で書いた。

　今夜――夕食を済ませる――自転車クラブからレターを受け取る――十分睡眠をとる。

　明日――六時入浴――ごはん、魚、豆腐、野菜の朝食――昨年のレースのビデオを観る――車でレースコースを下見、コースの一部を試し乗り――自転車をショップに預ける――お好きなランチ――休息――チューニングをした自転車に試乗――お部屋でお好きな夕食――入浴。

　明後日――レースの当日――六時起床――ストレッチ――朝食――レースの準備――自転車をトレーナーに乗せて三十分ウォームアップ――スタート地点まで車で移動、スタート約十五分前に到着。

四国

　「さて、大切なことがまだ二つあります。一つ目は、この大
会はアマチュアだけでなく、選り抜きのプロの選手たちも参加
するので、賞金が付きます。二番目は、ジャーナリストたちが来
て取材します。それからレースの全行程がテレビ中継されま
す。山頂のゴールには表彰台があってメダルが授与されます。
最後に、スタートの前とゴール後に尿検査と血液検査があり
ます。もし違法ドラッグが検出されたら失格になります」
　「私の唯一のドラッグは、自分のアドレナリンだけです。条
件を全部了解して同意します」
　その夜ニューヨークからレターがEメールで届いた。そして
クラブの会長から直接電話があった。彼らの要請にびっくり
はしたが、参加にはとても前向きだった。夕食のとき、彼らは、
シローさんのお母さんが日系米国人で、日本のビジネスマンと
結婚してこの小豆島に引っ越してきたこと、そしてシローさんは
ここで育ったことを知った。彼はアメリカでMBAを取って、ワ
シントンにあるレストランのオーナーシェフになった、それか
らそのレストランをチェーン展開して、数軒のレストランとホテ
ルを所有した。その後小豆島に戻り、レストランとホテルのビ
ジネスをより小規模な形で続けた。それは彼が自転車の振興
に時間とエネルギーを割きたかったからだ。彼はほとんど毎
日サイクリングをし、いつかアメリカを自転車で縦断するのを
夢みていた。
　自分たちの部屋への階段を登っているとき、彼はサラが興
奮してしてるのが見てとれた。部屋に入ると彼女は彼に抱き着
いて泣き出した。
　「ごめんなさい！私どうしちゃったのかな。あなたに意見も
聞かないで。チャンスがあったので、深く考えもしないで飛び
ついちゃったの。最低な気持ち、本当にごめんなさい」

232

「もう許されてるよ。君は若いし、意志は強いし、この世で一番の美人でワクワクさせる女性なんだから」

「でも何か取り返しのつかないようなことをしたような気がして。私たちは二人だけでとても幸せだったのに、私が、このクレイジーな自転車レースにあなたを引っ張り込んじゃって。なにか直感的に反応しちゃって。自分を失っちゃったの」

「君はレースのことを心配してるの？」

「レース？そうじゃなくて、こういう形で私たちの旅が終わってしまうことを心配してるの。このレースのために二日失っちゃうから」

「でも、どうせ僕らは一週間もしないうちに、飛行機に乗ってニューヨークに帰らなくちゃいけないんだ……そうなんだ……もし君がフライトをキャンセルしてここに永遠に残りたいとでも言い出さない限りはね」

彼女はびっくりしたような顔をして、言った。「十年前私は広島で、アメリカに帰って何とかやっていこうと決めたの。その決心を今ここで翻したいわ。でもそう決めたとしても、一度ニューヨークに戻って解決しなくちゃいけないことがたくさんある。だからまだ私はどうするか決めないでおくわ。ことが自然に運ぶのにまかせるだけ」

「もしかしたらこのレースは、僕たちにとって良いことなのかもしれないよ。僕たちの四国のアドベンチャーにけじめをつけるいい機会だ。その後は大阪での数日が残っている。君に見せたい場所があるから」

「私の方もあなたをビックリさせるものがあるのよ。じゃあ、本当にこの自転車レースに参加してもいいの？」

「君は怖いもの知らずだし、君と一緒だったら僕も怖いものはない。ビデオを観て、レースコースの下見をしたら十分な

準備ができるさ。そしてあとは君のコンディションを最高の状態に持っていく。君みたいに坂を登れるライダーは見たことないよ。本当になんと説明していいのかわからない。君は息切れなんか全然しないんだから。君のコーチとして招かれて本当に光栄だ。だから今はゆっくりと休んで英気を養うんだ。今日は相当な距離を走ったしね。マッサージをしようか?」

　彼は彼女の足からマッサージを始めた。それから四十分後には、頭から首をマッサージしていた。彼は、彼女がその頭のいい直感で、彼の自転車を救ったのを記念して、ネジの発見者へのご褒美をあげた。そのご褒美の儀式はとても長く、情熱的なものだった。それは、彼女の超感覚的知覚のおかげで自分の自転車を直すことができたことへの、相応しいご褒美だった。やっと最後に彼女は眼を閉じ、呼吸は緩やかになり、眠りについた。彼女に掛け布団をかけて、自分はテラスに出た。大気は厚くなって霧になった。フェリーが一隻通った。その窓は光り輝き、マストの間に一筋の光が見えた。海の匂いがした。何という一日だったのだろう。ようやく安堵の思いが彼を満たした。彼女はニューヨークに戻る心の準備ができていた。

このレースは、サラが持ついろいろな不思議な能力の少なくとも一つを理解するのに役立つかもしれない。彼女はとてもノーマルなのにノーマルじゃない。彼女は今まで誰も見たことのないやり方でエネルギーをペダルの推進力に変えている。本当に強いライダーたちとどう戦うかにも興味がある。僕も自分がそこそこのライダーだと思っていたが、彼女は僕など問題にならないほど強かった。彼女はきっと相当なところまでやるだろう……でも

若い女鹿がオオカミの群れと一緒に走るようなものだから、どうなるかわからない？

　彼らはシローさんのスケジュールの通りに従った。朝六時に起きて朝風呂を浴びた。朝の光が海の上に広がる素晴らしい光景を露天風呂から眺めることができた。それから朝食が部屋に出された。魚、野菜、そして大盛りのごはん。サラはリラックスして幸せそうだった。彼女は自分たちの日本滞在が大詰めを迎えていると承知した。そしてこのレースが瀬戸内海の島々への素晴らしいさよならになるだろうと思った。

　「あなたも気が付いたかもしれないけど、私全然勝とうというプレッシャーがないの。もし真ん中あたりに入り込めたら幸せだわ。一番大事なことは、この全員男性のレーサーたちに、女性の私が体当たりするのを許してくれたってことなの」

　「きみはいま、体当たりって言ったね？」

　「あらっ」

　「良く聞いてくれサラ、君のコーチとして注意しておくけど、君は大会のルールに従って走らなくちゃいけない。ぶつかり合いが起きるような作戦はやっちゃいけないよ」

　「絶対にしません。約束します、コーチ。気を付けて走ります。約束します。でもオービスク峠で使った作戦は使っていいですか？」

　「それって他の選手が気が付かない間に順位を上げる作戦のこと？」

　「はい、私の女性のプライドにかけて、男たちが女性に持っているステレオタイプ。つまり女性はセックスと家事にしか向いていない、弱くて能力が劣る生き物だというイメージを壊したいの」

四国

　ドアにノックがあって、シローさんともう二人の男性が大型スクリーンテレビを持って部屋に入ってきた。彼らは昨年のレースのビデオを観た。シローさんがその間解説をしてくれた。そのビデオでレースの一部始終を見ることができた。そのビデオは、道路わきに設置した何台ものカメラで撮ったビデオだった。そしてそれをシローさんは、彼らが好きな時に観て、学習できるようにと置いていってくれた。それから自動車の準備ができたと伝えた。彼が車を運転して、山頂のゴールまでコースを下見するのだ。サラは自転車ウェアに着替えた。彼女の自転車はすでに車に乗せてあった。

　そのレースは土庄からスタートして、北に向かい、川の流域に沿ってゆっくりと登る。その区間の目印となっているのは、高くそびえる白い観音像だ。観音は仏教の慈悲の女神で、シローさんによれば、高さが五十メートルほどあり、一九九三年に完成したそうだ。彼は観音は無条件の愛や慈悲を与えるものだと言った——それは彼の個人的な信条であるとともに、またレースの信条でもあった。観音は彼らの象徴で信条だった。それはレースのスタート地点ばかりでなく島全体を見渡していた。

　レースは海面地点から始まって、出発地点から二・五キロ地点で登りが始まる。四・八キロの地点で、標高二百メートルまで上がる。そこで尾根にかかる交差点を東に折れる。六・三キロ地点まではなだらかに進む。そこから急な登りが始まり、二カ所のヘアピンカーブを通って、七・六キロの地点で、標高三百メートルまで登る。それから長い山越えルートが始まる。八・四キロ地点で標高四百メートル、それから九・三キロ地点で標高五百メートルまで上がる。十キロメートル地点では標高が六百メートル、十一・三キロ地点で標高七百メートルに達す

る。十一・七キロ地点、標高七五〇メートルで頂上に達し、そこから下って十二・六キロメートル地点で標高七百メートルまでゆるやかに下がる。しばらくなだらかなコースが続き、標高六百メートルの十四・二キロ地点から急な下りに入る。急カーブやスイッチバックがある区間だ。そこを経てさらに二つのヘアピンカーブを通り、標高が五六〇メートルに下がったところで、交差点を通る。そこから最後の登りを登って、ゴールであるロープウェイの終着点（標高六百メートル）に至る。そこにはレストランと広い駐車場がある。

　「レースの前日にコースとなるすべての道が閉鎖になります。見物客たちはレース当日、日の出と同時にシャトルバスで登ってくるか、あるいはロープウェイで登ってきます。もし天候に恵まれればコース全体に見物客たちがあふれると思います。僕は主催者ですので、あなた方にだけこれ以上細かい情報をあげることはできませんが、これであなたたちにも他の参加者と同じ情報を提供しました。参加者の多くはすでにここでのレース経験があるか、ここで練習したことがある人たちです。これが参加者全員に配られたコースの標高差マップの詳細です。参加者全員が、昨年優勝したライダーが今年も走ることを知ってます。彼の背番号は二十二です」

　「レース後はどうやって下ればいいんですか?」

　「道路は当日いっぱい閉鎖です。だから自転車で下ったり、歩いて下ったりする人が多いと思います。でも下りの道は三カ所あるので、問題は起こらないでしょう。下りはゆっくり、気を付けるように案内が入ります。ロープウェイとシャトルバスも夜遅くまで運航の予定です。もちろんあなた方を車でホテルまで送るように手配します。それから、レースの前と後にジャーナリストたちが僕にインタビューします。それはテレビで生中継さ

れる予定です。関西方面からもたくさんの人手があります。僕たちはこのレースで、小豆島を、ゆっくり楽しむサイクリングのコースとしても、レースコースとしても宣伝していきたいんです。

　彼らは車でゆっくりと下った。そして急な登りの区間で止まっては、そこをサラが自転車で登る練習をした。

　急な登り坂が始まるスタートから八キロメートル弱の地点、そのすぐ上にはレストランがあったが、そこで珍しいことが起こった。サラは自転車に乗ったまま、木々と藪が深く茂った険しい山腹に沿った坂道を楽しそうに下っていた。突然彼女は止まって自転車を飛び降りた。

　「何か見えたの！動物かもしれないわ？猿だわ！これまで野生の猿って見たことなかったの。とっても嬉しいわ！」

　「言い忘れましたが、この山には三百頭ほど野生の猿が生息しています。このすぐ上に猿の公園があって、そこでは入園者がショー形式で猿の餌付けを見ることができます。そのため、この近くに猿たちが群がるんですよ。猿たちは公園に入ったり出たり自由にしてます。そしてこの辺をうろつくのが好きみたいです。彼らは人をよく観察します。それから木の上からレースを見たりさえします。公園の入場者たちは猿に餌を与えないように注意されます。そうすることで猿たちが人間のペットに成り下がらないで、野生のままでいられるようにするためです」

　シローさんがそう説明する間に、木々の間から猿の声が聞こえてサルの群れが道まで下りてきた。サラはそれを見て興奮した。

　「わーっ、見てよあの母親と赤ちゃん猿！あの赤ちゃん猿すごくかわいい！見て、お母さん猿が走るときにそのお腹にああやってつかまって」

　猿たちは道路わきに集まって、彼らがよくやるノミ取りを始めた。ひっくり返って寝て、他の猿にノミを取ってもらっている猿もいた。

　「これは素晴らしいわ。彼らはとてもきれいな赤い顔をして、目の表情が豊かね。あの母猿が赤ちゃん猿の面倒を見ているのが見える？野生動物たちをこんなに近くで見ることができるなんて、なんて幸運なのかしら。本当に興奮しちゃう！」

　彼女は子供の面倒をみている母猿を刺激しないように近づいた。それから彼女は彼らからほんの数メートルのところに座って、観察した。そして最後に戻ってきた。

　「あの大柄の猿が吠えまわっているのに気が付いた？彼はボス猿に違いないわ」

　今やそこらじゅうが猿だらけになった。そして彼らは明らかにサラの自転車に興味を示していた。自転車はガードレールに立てかけてあった。若い雌猿がサイクル用バッグの上に乗っていた。サラが近づくと、その猿は飛びのいて逃げた。彼女が自分の自転車を取り戻そうとすると、彼女の背後の道路から叫び声がした。ボス猿がその若い雌猿の首をつかんで、道路の上を引っ張っていた。そのボス猿は明らかに盛りが付いているのがわかった。雌猿は金切り声を上げて、それに抵抗した。

　彼女はシートバッグから空気入れを掴み、それを振り回しながら割って入った。あわやボス猿に当たりそうになり、ボス猿はその雌猿を離し、退却した。サラとそのボス猿はお互いに、威嚇しあいながらにらみ合った。彼女は空気入れを振り回しながら前進した。そのボス猿はしわがれ声を発して、サラを睨み続けながらも後退した。サラもゆっくり後退したが、視線はそのボス猿から離さなかった。自分の自転車に戻ったときようやく目

を離した。その雌猿はサイクル用バッグの上にまた乗っていた。今度はサラが近づいてもその雌猿は飛び降りなかった。彼女は自転車を押して歩いた。その雌猿はまだサイクル用バッグの上に乗っていた。数分間でもただ乗りしているのが嬉しいようだ。それからさっと飛びのいて、林の中に消えていった。

　それはあまりにも短い間に起こったので、車の中にいた男たちは何もできなかった。でもサラが戻ってきて自転車をラックに戻したとき、シローさんは明らかに驚いた様子だった。

　「あなたなら猿のレイプ防止活動を始められますね。あなたのような人と暗い通りで会いたくないな。怖いからね！」

　ホテルに戻る途中、サラは猿たちに出会った場所から少し下ったところに、猿の絵を描いて注意を促す道路標識があったのに気が付いた。そこは猿たちの通り道だったのだ。ホテルに戻ると、シローさんはサラのレースシューズを準備するため、彼女の履いていたシューズの中敷きを取り出し、彼女の自転車と一緒に持って行った。昼食は彼らのテラスに準備されていた。霧が晴れて、暖かくなり、微風が吹いていた。それは豪華な日本料理だった。昼食後彼らはビデオをもう一度見て分析した。下見で見分した標高差の情報と、シローさんからもらった標高差マップを突き合わせた。それから二人は昼寝をした。昼寝から起きるとサラが彼女の作戦を説明した。

　「私はできるだけ長い間目立たないように走るわ。二十二番に知られたくないから。下りの区間は、ライダー達がたくさん固まらなければだいじょうぶ。だから、そうならないように頂上に着く前にメイン集団から抜け出しておかなくちゃ。たぶん二十二番は先頭の近くを走っていると思うわ。でも私はその後方を走りながら、この下りの区間で彼で追いつくつもり。この作戦どう思う？」

「君と一緒の集団の数によると思うよ。登りがきつくなると、集団が伸びる。だから君が頂上に着くときにはペロトン（メイン集団）と呼べるまでにはなってないと思う。下りのリスクは最小限にとどめてくれ。スイッチバックがあることも忘れないようにね。いいかい。これはたかがレースだっていうことを肝に銘じておいてくれ」

「コースの行程は全部暗記したわ。二十二番を下りの底で捕まえて、最後の登りで抜き去りたい。彼をビックリさせる作戦ね。だからこの下りの区間で勝負が決まるの。でも心配しないで。慎重にやるから」

「もちろん他にもたくさん二十二番と同様の能力がある選手がいると思う。でも去年のレースのビデオでは、下りにかかるまでに、二十二番はもう独走態勢に入っていて、あとはそのまま余裕で独走を続けさせてしまった」

「もし下りの時点で選手がもっとたくさんいたら、違う作戦を取るつもり。でも少なくともこれが私の基本的な作戦よ。いずれにしてもさっきのレストランを過ぎてからある、あの恐ろしく急な登りをどう登るかにかかっていると思うの。あそこが女性と男性の違いのみせどころのなるわ。だからあそこで酸素呼吸の限界までもっていかなくちゃ。途中で息切れしたら、そこで私のレースは終わり」

「ということは冷静さを保って、最後の登りまで君の秘密兵器を使わないでいるということだね。あの最後の登りのダッシュのところで、景気付けに君の前のボーイフレンドの写真を掲げようか?」

「要らないわ。ただゴールについてあなたの笑顔を見ることだけを楽しみに走るだけ」

電話が鳴った。そして彼らはロビーに来て自転車をテストす

るように言われた。自転車は輝いていた。車輪が新しいもの
に替えてあって、タイヤもレース用チューブラータイヤに替え
てあった。彼女の革製のツーリング用サドルもレース用サドル
に変わっていた。そしてシートポストも新しかった。チェーンと
カセットも新しくなっていた。さらにハンドルバーテープも新
しく貼り換えてあった。レース用シューズとペダルも新しか
った。ブレーキシューも新しいのが付けてあり、新しいウォー
ターボトルもくれた。そればかりか女性用のジャージ、ビブショ
ーツ、ヘルメット、手袋、グラスまで用意してあった。

「こんなの信じられないわ。シローさん、やり過ぎよ!」

「気にしないで、ショップに余っていたのをかき集めただけ
だから」

サラは数分自転車を試して、満面の笑みを浮かべて戻って
きた。

「最高ね。シローさん、あなたと、メカニックの方にお礼を
言いたいわ」

二人は魚と汁物がたくさんの夕食をとった。夕食はテラスで
出された。サラは落ち着いているように見えた。

「サラ、レースにワクワクしないの?」

「しているわ。でもこの景色を眺めていると落ち着くの。ま
た湿気が戻ってきたみたい。それから空の輝きもね」

彼らは露天風呂を浴びて一日を終えた。就寝前に彼は彼女
に長いマッサージをした。自然と眠気がやってきた。

「何かもうレースで優勝しちゃったみたいな感じがするわ。
私たちは二人ぼっちで行くライダーたちなの。そしてもう終着点
の近くまできている。だからレースに出るか出ないか関係な
しに、もう私たちは勝者なんだわ」

サラは六時に起床し、水を飲んでからテラスでウォームアップ、ストレッチ、ヨガをし、最後に瞑想をして締めくくった。朝食は七時で、炭水化物、脂肪、たんぱく質のバランスがとれた食事だった。彼女は、ジャージのポケットに栄養補給のためのエナジージェルを入れて持っていくことができた。彼女はそれをレース前に飲むことに決めて、レース中に補給するための水を少しだけ持っていくことにした。彼女の自転車は、部屋の自転車トレーナーに乗せてあった。彼女はそれにしばらく乗り、次に一時間ほどビデオ、標高差マップ、彼らが先に取ったメモを分析した。彼はできるだけ彼女に話しかけないようにした。彼女はもう一度ヨガのセッションをして、それから長めの瞑想をした。レースのスタートは十一時半だ。十時十五分にホテルで尿検査のサンプルを提出した。十時二十分にはウォームアップのためにトレーナーの自転車に乗った。十一時に車で迎えが来て、自転車と共にレースのスタート地点に向かった。

　町の中心部の道路は閉鎖になった。レースのスタート地点には大勢がくりだした。その中にはゼッケンを付けた五一名の選手たちもいた。彼女は二十二番に目を止めたが、できるだけ目立たないように振舞った。彼女のゼッケンは二十八番だった。それは昔ながらの胸当てのようだった。そして胸と背中に数字が大きく描かれた四角い布を付けた。これは彼女の女性の体型を隠すのに都合が良かった。それと、サングラス、それから髪の毛はかきあげてヘルメットの中に隠した。それで誰も彼女が女性だとは気がつかなかった。観客の多くも自転車に乗っていた。それは公式のレースの後に、すぐに参加自由のレースがあって、入賞者にはメダルも授与されるためだった。

　彼は彼女をグッと抱いて、レースの幸運を祈り、ぶつかり合

いに対する注意をしてから、コースの最後の点検をしていたシ
ローさんの車に乗った。彼は彼女のコーチとして、レースを到
着地点で観戦するように招かれていた。そこには大きなスクリ
ーンが置かれ、レースの模様を逐一映し出していた。これとは
別にコース上の別の二カ所にもそれぞれ大スクリーンが設置
されて、同じようにレースを生中継していた。そこには大勢の
観客が詰めかけた。四番目のスクリーンは下りの底に設置され
ていた。シローさんは、撮影にはヘリコプターやカメラを乗せ
たオートバイを使いたくなかったので、けっきょく五十台のビ
デオカメラをコースに並べて、それらをケーブルでつなぎ、そ
れらから入ってくる映像をリアルタイムで編集して中継してい
るのだと説明してくれた。各自転車にはＧＰＳ追跡装置がサド
ルの下に付けてあって、各ライダーの現在位置が記録された。
これによって、ライダーの現在のスピードと標高がリアルタイム
で中継画面に表示できた。レースコースには観客が張り付い
ていた。彼らは、このレースと小豆島の春を満喫するために、
わざわざ電車やフェリーを乗り継いで遠くからやってきてい
た。観客のスマートフォンやタブレットは、レースコース設置し
たアンテナのネットワークにつながっていて、高画質でリアル
タイムにレースを観戦できた。

　シローさんはインタビューを受けていた。そしてスクリーンに
はスタートまでのカウントダウンが映し出されていた。スタート
地点付近は、きれいに整備されていて、一般の立ち入りが禁止
されていた。レースは十一時半ちょうどに始まった。まずウォー
ムアップを兼ねて選手たちは街中を周回し、抑制のとれたペロ
トン（メインの集団）を形成した。大観衆が彼らに声援を送っ
た。そして選手たちが直線コースに入って、スタートの門を通過
したとき、時速は四二・五キロだった。歓声がさらに高まった。

　サラは集団の中間付近にいて、手前を走るライダーの後輪
と、両脇を走るライダーたちの肩を真剣になって見ていた。ほ
とんど接触すれすれだった。平らな区間が終わる二・五キロ地
点にさしかかったとき、ペロトンはすでに同じピッチで走り、
同じピッチで呼吸していた。道路は急に登りになった。みんな
次々にギヤを下げた、しかしペロトンは道幅いっぱいになりな
がらも、まだしっかり固まって走っていた。大観音像が上から
彼らを見下ろしていた。

　次に彼らは二つのヘアピンカーブにさしかかり、ペロトン
は伸びきった。がすぐに一部のライダーたちが、またそれを
縮小して再形成した。サラは気分よく快適に走っていた。呼
吸は規則正しく、深く、両手はブレーキフードに軽くかけて
いた、彼女は多数の自転車に囲まれて走ることに、多数のラ
イダーたちに囲まれて走ることに、それから道路脇からあが
る観客の声援にワクワクした。彼女の自転車は完璧だった。
チューブラータイヤだと安定して速く走れるように感じた。
彼女は他のライダーたちを注意深く観察した。そしてこれら
のライダーたちのアジア人の体型が、典型的なアメリカ人の
体型よりも登りに合っていることに気が付いた。彼女は自分
の手前を走るライダーたちの息遣いを観察して、抜きにかか
るか、そのまま後方を走るか判断した。彼女は二三人のライ
ダーたちを抜いた。その際にあまり大げさに出たり入ったりし
ないように心掛けた。体がだんだん熱くなってきた、それで
ジャージの胸元を開いた。そこへ涼しい風が入り込むのを感
じた。

エンジンは熱くしない。タフなレースになるから。路面を
よく見て。手前のライダーの後輪を観察する。重なり合わ

ない。十センチの車間距離は危険だから。自然に深く呼吸して、腕は曲げて、胸は広げて。

　まだ登りに入ったばかりだったので、選手たちのスピードは速かった。

目立たないように走ること。他のライダーの後ろに付いて、風をよけ、グループの中に深くもぐりこむ。ドラフティング、ドラフティング、もっとドラフティング

　大観音像に近づいた。サラは像に向かってお辞儀をした。すると慈悲のこもった祝福の風が、すべての選手たちに吹いた。彼らは交差点にかかり、そこを右に折れた。コースは突然急な登りに変わった。みんなギヤをシフトダウンした。ペロトンはバラバラの塊に分解した。サラはまた二人のライダーを抜いた。すると二十二番番が視界に入った。彼女は彼の後ろを走る六人のライダーたちの仲間に入って、様子をうかがった。二十二番は冷静を保ちながら走っているのが見えた。
　彼らは小豆島スカイライン道の長いトラバースに入っていた。彼らは鋼鉄とコンクリートの土砂崩れ防護トンネルを通り抜けた。道はさらに急な登りになった。二十二番がそのトンネルを通過した。サラは待った、それから彼女もそこを通過した。彼女は状況を分析した。

まだ有酸素運動領域内にいる?いる。心拍数は?いる。栄養、水の補給が必要?いる。体温は?いる。

　すべてが正常だったので、彼女は気分が楽になった。彼女

246

は屈強な男たちとレースをしているのだ。これは忍耐比べのレースになる。そして良い作戦を立てた者が勝てる。レースを引っ張っているライダーたちは、一列になって、集団の先頭を走っている。彼らはレストランを過ぎた後の、あの恐ろしくきつい登り区間のためにエネルギーをセーブしている。今ここで飛ばし過ぎるのは悪い作戦だ。彼女は頭の中に地図を描いてみた。彼らは二カ所のヘアピンカーブが続く区間にさしかかっていた。そのカーブが前方に見えてきた。前方の道は藪に邪魔されて見えにくかった。ということは前方を走るライダーたちに彼女が見えないということでもあった。二十二番が一人のライダーを抜いた。彼女は立ち漕ぎになって、手前のライダーを抜いた。二十二番は先頭から三番手を走っていた。彼女はまだ彼の後ろの六番手にいる。彼らはヘアピンカーブにさしかかった。ライダーたちはカーブの外側を一列に伸びて走った。カーブの内側を回れば、距離は短くなるが、登りはよりきつくなる。

外側を回るべき。冷静さを失わずに。アグレッシブな走りはしちゃだめ。

　しかし、カーブのちょうど手前で彼女は期待を裏切る常識破りの走りをした。立ち漕ぎになって、カーブの内側を回り、一気に三人のライダーを抜き去ったのだ。彼女は激しく呼吸していた。

早く回復して。エンジンを冷やして。ペダルを漕ぐ。サドルに腰を下ろして。空気をいっぱい吸い込む。そして大腿四頭筋に酸素をまた流し込むの。心拍数を下げなきゃ。

四国

　彼女と二十二番の間には、まだ二人のライダーたちがいた。二十二番は強靭で、呼吸も普通だった。そして彼は手前のライダーを抜いた。サラもライダーを一人抜いた。先頭のライダーがスピードを落として二十二番の後ろに下がった。彼らはお互いに知り合いのようだった。

　二人は同じペースで走りを進めている。これはミニ・ペースラインだ。

　次のヘアピンカーブが視界に入ってきた。カーブの入り口は急な登りだった。しかし彼女は、カーブの出口では道幅が広がり、登りも緩くなることを思い出した。そしてカーブの内側には抜き去るのに必要な十分なスペースがあった。今、彼女は四番手にいて、二十二番が先頭を走っていた。彼女は自分の呼吸と心拍数を観察した。まだ有酸素運動領域で走っていた。手前のライダーたちは、カーブの手前の急な登りでシフトダウンした。彼女は彼らがそうすることを心の中で分かっていた。大歓声が沸き起こっていた。ライダーたちは道の左側を登っていった。それから右に曲がるヘアピンカーブへと入るのだ。ペースが落ちた。急な登りがそれを強いたのだ。シフトダウンしないライダーたちもいた。そのカーブを過ぎると峠が近いことを知っていたからだ。彼女の左手には海まで下る景色が見えた。右手には大勢の観客が声援を送っていた。彼女はシフトダウンして、カーブに入り、また先ほどのように内側をショートカットして抜けた。彼女は一気に四人のライダーたちを抜き去った。彼らは不意打ちをかけられたのだ。いまや彼女は一番手に躍り出た。そして呼吸は激しかった。たしかにカーブの出口はそれほど急ではなかった。しかし、百メートルほど走ると突

然登り坂がきつくなった。彼女はこの百メートルの間に呼吸を元に戻さなければならなかった。

　サラは餌をまいた。すると二十二番がそれに食いついた。彼女は二十二番が横に上がってきたのを感じた。彼の息遣いが聞こえた。彼は立ち漕ぎになって、彼女を追い抜きにかかった。次の百メートルの区間は急な登りだ。彼女は最善を尽くした。彼女は二十二番に追い越されないだけの速度まで加速した。彼の肺の音が聞こえた。心拍数が感じ取られた。彼はどんどん前に押してきた。彼女がどこまで耐えられるか見極めようとしているのだ。彼女の方は、彼の体力を消耗させる作戦だ。彼女は彼が救急病院に運ばれてくる姿がよぎった。サラは彼の心拍数を聞いた。最大心拍数の九十五パーセントだ。盛んに声援を浴びせる観客に押されて、また、自分の勝ちたいという欲望に押されて、彼はそこまでしているのだ。彼はさらに馬力をかけた。彼女は持ちこたえた。彼は後退しようとした。すると彼女も後退して彼にペースを合わせた。彼はまた彼女を追い抜きにかかった。今度は彼女は抵抗もせず彼を先にやった。そこから登りがさらにきつくなったからだ。彼女は彼のすぐ後に付いていた。二人はまた全力で坂を上り始めた。道路に沿って観客が並び、歓声を上げたり、彼らを鼓舞したりした。

　彼女は状況を分析した。二十二番はここまでで体力を消耗してしまっているので、この急な登りの区間で体力を回復しなければならない。彼女の後方には三番手のライダーがいる。そしてその後ろにいるメイン集団のペロトンは今ヘアピンカーブを抜けたところだ。ペロトンのライダーたちは、サラ達の先頭集団が、この険しい登り坂で体力を消耗しきってしまうよう期待しながら、注視していた。彼女はダッシュした疲れは感じていたが、このペースは守り切れると確信していた。

　二十二番も同じことを考えているに違いない。それは彼の
ペースが落ちてきたからだ。彼らは、可愛い猿の絵で警告する
道路標識の前を過ぎた。きのうあの猿たちを見た地点にさし
かかったのだ。しかし彼女には、観衆が道路の脇を埋めて、
歓声を上げている以外は見えなかった。彼らはまだ長いトラ
バースの区間にいた。先頭を走っている二十二番が、さらにペ
ースを緩めた。いったい何を考えているのだろうか?彼女は彼
を追い抜くのは控え、後退した。三番手のライダーに餌をまく
ためだ。それにつられて三番手は彼女を追い抜いた。二十二
番もペースを落とし、そのライダーに先頭を譲った。彼らは絶
対にチームで走っている。バディーシステムだ。二十二番が本
命だ。彼はそうやって体力の回復を図っているのだ。彼は消耗
していた。少し心臓マッサージが必要かもしれなかった。

　今やペロトンが彼らにさらに近づいてきた。彼女は後ろを
振り返った。ペロトンの先頭を走るライダーたちが、集団から
抜け出してくるのが見えた。彼女は一息つけて嬉しかった。こ
れで二十二番に相当の打撃を与えられた。今は回復を図る時
だ。彼女は、後ろに上がってきたその二番手の逃げ切りライダ
ーたちに対して、わざとスピードを落とした。さて今度は彼ら
を戦わせる番だ。彼女は彼らにペースを合わせる。そして、ペ
ロトン全体が速すぎるペースでその急峻な上り坂に入るよう
仕掛けた。

　サラは後ろを振り向いた。彼らはさらに迫ってきた。彼女は
前に向き直る。左側は垂直な崖で、岩が落ちてこないように金
網で覆われていた。その手前に観客たちが数列に重なって立
っていた。右側にはガードレール。その手前にも、後ろにも観
客が立っていた。中にはそれに登って見ている観客もいた。彼
らの背後は崖になっていた。さらに先方右手には狭い脇道が

あって、そこにはテレビカメラを屋根に積んだトラックが止まっていた。ペロトンは彼女の後ろに迫っていた。先頭を走る二人のライダーたちは彼女の三十メートルほど先を走っていた。

　すると、前方左手の崖の金網の上に何かが動くのが見えた。木の枝が揺れていた。子猿だ。そしてもう一匹の猿がその枝の上に見えた。その枝が折れた。そして二匹は道路に落ちてきた！猿たちは逃げようとしたが、道路の脇は観客たちが塞いでいた。観客たちは凍り付いた。その猿たちはとても若かった。先頭の二人のライダーたちが、ちょうどそこにさしかかった。ブレーキの音に続いて、先頭の二台の自転車が急に向きを変える音がした。そしてそのすぐ手前に数十匹の大人の猿たちが道路に下りてくるのが見えた。予想もしない展開となってきた。彼らは救助にやって来たようだ。先頭の二人は、その猿の集団が道を塞いでしまう直前にその場を走り抜けた。今度は彼女の番だ。が猿たちは完全に道路を塞いでしまっていた。しかも二三列のしっかりした隊列を組んで彼女の方に向かって真っすぐ突進してきた——あの若い子猿たちを救うためだ。すると突然一匹の猿が隊列を離れて、彼女の方にものすごい勢いで近づいた。サラは無意識に反応した。時間がどんどんスローモーションになった。そして意識ではコントロールできないようなことが起こった。衝突は避けられない。そうなれば自転車から落下する。しかしサラは一瞬たりともペダルを緩めなかった。

　　　　ペダルは絶対緩めない。どこで、何が起きようと……
　するとその猿は瞬く間にサラの手前でUターンして、今度は彼女の一メートル先を仲間の猿たちに向かって走り出した。その瞬間に猿の隊列が割れ、その隙間を彼女たちはまっしぐら

に突き進んだ。手前の道路には、彼女を先導している猿の他には猿がいなくなった。そしてその猿がスピードを落とした。サラは自由になった。一匹の猿と奇跡が、彼女を救ってくれたのだ。

　すると次の瞬間、ワイルドカードが切られた。予想もできないことが起こったのだ。サラは何かが背中に当たったと感じた。彼女を救ったあの猿が彼女の背中に飛び乗ったのだ。両足を彼女のヒップに置き、両腕は彼女の肩にかけて、吠えていた。彼女もそれにつられて叫んだ。すると湧き上がるパワーが彼女の足に流れ込んだ。先頭のライダーたちは振り向き、恐怖に駆られた。観客たちはショック状態にあった。

彼の目は巨大スクリーンにくぎ付けになった。彼の周りの観客たちは息をするのさえ忘れた。スクリーンには猿を背中に乗せたサラが映っていた。それからカメラはペロトンが大混乱になっている画面に切り替わった。ライダーと猿たちが入り混じり、観客はパニックになっていた。ペロトンのライダーたちは皆自転車から降りていた。その猿たちは無事に子猿たちを見つけて、下ってきた道をまた登ろうとしていた。しかし道路わきは、逃げ場もなく恐怖に震えた観客たちが埋めていた。猿たちの唯一の脱出路はあのカメラを積んだトラックだ。猿たちはその上に群がってしまった。テレビの中継画面が真っ黒に変わり、次に真っ白になった。カメラが空に向けられてしまったためだ。

　サラを救った猿が彼女の背中から飛び降りたちょうどその時に、画面が元に戻った。サラはその猿に向かって投げキッスをした。その山のふもとから山頂にいた観客たちが、皆これに狂喜した。この場面をスマートフォンの実況画面で観たから

だ。山全体に彼らの歓声が鳴り響いた。それから、中継画面は、ペロトンが再びまとまって走り出す姿を映した。

　サラはクスクス笑い、それから大声で笑い、それから気持ちを引き締めた。

笑っていてはレースにならない。集中しなくては。あなたが私を救ってくれた。妹よ。私たちは同じ霊長類。私たちは共にある。若くて魅力あふれる。あなたを愛してる。

　彼女は超峻険な上り坂に入る前にそんなことを思った。彼らはレストランにさしかかった。そこには巨大スクリーンが置いてあり、また何千人もの観客たちは肺も破れんばかりに声援していた。

　そこを過ぎると十七パーセントの登りが始まった。サラはギヤを下げて、落ち着いて登ろうと努めた。

漕げ、漕げ。ここは冷静にいかなければ。彼らは先に行かせる。

　先頭のライダーたちは、自分たちがバディーであることを忘れてしまったようだ。二人は横並びになって走っていた。サラの方は無理をせず走っていた。彼らは峠まで三・六キロの距離にあった。この区間の登りは十四パーセントから十七パーセントだった。サラは座ったまま漕いだ。先頭の二人はどちらが先頭を取るかの激しい争いをしていた。

　二人とも力のあるライダーだし、コースについても十分知っている、だから最初に弱気になった方が負けることになろう。

彼らは、速度を上げ過ぎて、息切れするようにお互いを煽っていた。勝つためにはできるだけ長く有酸素運動領域にとどまらなければならない。だから頂上付近に至るまで、ダッシュはできないはずだ。それまではお互いにあらゆる手段を使って相手をけしかける。これは膠着状態だ。サラはそれを後方からよく観察していた。

　彼らは、最初の車止めの緊急退避所の前を通り過ぎた。再び登りの勾配が十七パーセントになった。苦しい。サラは太ももに乳酸が溜まるのを感じた。それでペダルを踏みこむ力を緩め、肺と心臓の状態を観察した。

冷静を保つ、とても辛いけれど、冷静さは失わない。彼らを先に行かせるのだ。

　これは刀と刀がかち合う、壮絶な闘いだ。観客は彼らに声援を送っていた。そして彼らは危険な区間に入り込んだ。彼らは二番目の緊急退避所を通り過ぎた。先頭の二人は加速した。立ち漕ぎになっていた。最後に二十二番が徐々に先頭に進み出て、二人の勝負は終わった。サラは二番手のライダーに接近した。二十二番にはそのまま先頭を走らせた。二十二番はあたかもレースの勝敗が決まったように単独で峠の頂上に向かって走っていった。彼は少しスピードを落としていたが、まだ立ち漕ぎで走っていた。片手でガッツポーズをするのが見えた。サラは二番手のライダーの横に回り込んだ。そしてあのオービスク峠で感じたような、野生の喜びを感じた。そして彼女はそのライダーを抜き去った。残るは一人だ。

　彼女が峠の頂上にかかると、二十二番は、下りの最初のカーブを曲がるところだった。サラのことはとっくに忘れていた。サ

ラはその最初のカーブを加速し続けながら回った。気が狂っ
たようにペダルを漕ぎ、手はドロップハンドルにかけ、背中が
平らになるほど深い前傾姿勢を取った。彼女が二番目のカー
ブに入ったとき、柵の外側の観客は恐怖で息を飲み込んだ。
そのカーブはヘアピンカーブで外側が海まで見渡される断崖
絶壁だったからだ。彼女は急ブレーキをかけ、山側からカー
ブに入って、飛ぶように曲がり、谷側にあるガードレールに数
センチのところを走り抜けた。サラはイチかバチかの危険を冒
していた。今度は左カーブがあって、それからまたスイッチバッ
クだ。彼女は、観客が二十二番に声援を送っているのを聞
いた。彼女がいるすぐ下のスイッチバックからだ。彼女はその
ヘアピンカーブを、ブレーキをいっぱいにかけ、山側に体勢を
維持して、それから今度は全体重をかけて外側のペダルを踏
んだ。手はドロップハンドルをしっかり掴み、両腕でハンドル
バーを抱え込むようにして、極端な前傾姿勢をとった。外側の
ガードレールをぎりぎりに通過する間もなく、立って、ギヤを
シフトアップし、ダッシュした。これは重力と彼女が作り出す
エネルギーが融合する瞬間で、彼女の自転車は全速力で爆走
した。ものすごい勢いでペダルを漕ぎ、飛ぶように加速した。

　彼女は持てる力の限界までスピードを上げた。あとは重力
が仕上げをしてくれる時だ。そして最後のダッシュのための回
復を図る時だ。彼女は岩の塊が落下するように走り下った。ペ
ダルを漕ぐのを止め、身を伏せ、サドルに戻り、顎はハンドル
バーにつきそうだった。脚はカーブで内側ペダルについていく
のに十分なだけ動かして、全体重を外側ペダルにかけた。カ
ーブがある度に、彼女は事故になるぎりぎり手前の数センチ
のところをすり抜けた。彼女は今やスピードそのものになってい
た。風が開いたジャージに激しく吹き込み、胸のあたり全体

255

に当たった。口の中にも激しく吹き込んで、肺を満たし、一息ごとに貴重な酸素を供給した。彼女には道路の白線しか見えなかった。それは目もくらむようなビデオゲームのようだった。しかし彼女は冷静にそれをコントロールしていた。カーブでは極限まで体勢を傾け、絶対に必要なとき以外はブレーキをかけなかった。最後の二つのカーブにかかったとき、彼女はまだ加速していた。そして手前に道路標識が見えた。それは、そこから左に折れて島の北側に下る道と、彼女のゴール、ロープウェイの終点に向けて登る道を示していた。彼女は全力を込めてペダルを踏んだ。脚にまたあの猿がくれたモンキー・パワーがみなぎるのを感じた。二十二番はちょうどその標識にさしかかっていた。彼女はその標識の下を飛ぶように走り抜けた。道路が平らに戻った。そしてトップギヤで激しく漕いだ。二十二番はすぐ手前だ。彼も飛ぶように走る。しかし最後の登りが始まるとスピードが落ちた。

　彼は猛進していたが、彼女があまりの速さで彼の横に回り込んだので、いったい何が起こったのかわからなかった。彼は突風と何かが動いたのを感じた。すると次の瞬間サラの背中が視界に入った。彼女は立って加速し、飛ぶように走っていた。彼は大勢の観客が叫んでいるのが聞こえた。それで彼も立ち漕ぎになって、全力で、いやそれ以上を出して走った。

　サラは頂上をめざして独走していた。彼女も限界域をすでに超えて——再燃焼領域に深く入り込んでいた。苦痛はなかった。空気もなかった——最後の四百メートルを、ただ必死に、盲目に、狂ったように愛を求めて走った。それにしても何という登りだ。壁のようだ。彼女は振り向かずに登った。彼女は持てるものをすべて出した。何も聞こえず、何も見えなかっ

た。ただ暴走するように鼓動する心臓と、脚のかすかな痛み
を感じただけだった。

　彼女を励ます彼の姿が目に浮かんだ。すると彼女の心臓か
ら新たなパワーが溢れ出してきた。彼女は立ち漕ぎで走って
いた。その姿はバレリーナのようだった。重力をものともせず
空に向かって舞い、空中を翔る——永遠の白い光だった。

　駐車場に入る右カーブが見えた。周りは人であふれてい
た。彼らは絶叫していた。それからフェンス、横断幕の下のゴ
ールライン、カメラマン、広く平らなゴールエリア、そのフェンス
の後ろでは観客が大声援し手を振っていた。彼女はゴールラ
インをフルスピードで走り抜けた。そして急ブレーキをかけ、
ゴールエリアをゆっくり回り始めた。それから止まり、自転車
から降り、ゆっくりと自分の自転車を地面に倒した。二十二番
がゴールラインを通過するのが見えた。彼女は激しく呼吸して
いた。しかし彼の方は死に際のもがきのような状態だった。彼
は自転車を倒し、膝から地面に倒れこんだ。それでもやっと立
ち上がり、観客に向かって顔が膝に付こうかというくらい深い
お辞儀をした。三番手のライダーが到着した。サラと二十二番
は、ゴールエリアの真ん中に立ち、肩を組んでいた。その三番
手のライダーは、自転車を置くと息切れでフラフラしながら彼
らに近づいた。三人は肩を組み、観客の方に向いて、深くお
辞儀をした。

　ペロトンは下り坂の底に近づいていた。その集団を抜け出
したライダーが最後の四百メートルの登りにかかっていた。
大会の関係者がゴールエリアに入って三台の自転車を片付け
た。サラはヘルメットとサングラスを外した。謎のライダーとし
てアナウンスされてきた選手が、ついにその仮面を外したの
だ。さーっと髪が肩に垂れ下がった。それは女性だった。彼女

が男子のレースで優勝してしまった。巨大スクリーンは彼女の笑顔を大写しした。

　三人の勝者たちは表彰台に歩いた。その時ペロトンを抜け出したライダーと、さらにペロトンのライダーたちがゴールして、ゴールエリアを埋めた。これから二時間にわたってアマチュアのライダーたちがゴールに到着する。ラウドスピーカーが音楽を流し、カメラは表彰台を映した。サラは水を飲み、アイスクリームを食べていた。

　シローさんが表彰台に現れて、サラに優勝メダルをかけ、封筒を手渡した。そしてどうやって準備したのかわからないが、『星条旗よ永遠なれ』を流した。たぶん、レースの主催者がサラが三位以内に入賞しそうだと分かった時点でダウンロードしたのかもしれない。それから彼女はレストランの奥にある小さな部屋に案内された。ドアが閉まり、彼らは二人きりになった。

　「えーと、コーチ、うまくいきましたね？でもなんで泣いてるんですか？」

　「君には言葉もでないよ——もう一生喋れないかもしれない。君の顔を見せてくれ。君は生きてる！それだけで十分だよ。こんなにハラハラしたことは今までにない。君は気でも狂ったかと思ったよ」

　「私のこと誇りに思う？」

　「誇り？そんなもんじゃないよ。この世の誇りなんか吹っ飛んじゃって、天国まで行きそうだ。生まれてこのかた自分が愛する人がこんな大勝利をするのを見ることになろうとは思わなかったよ。もちろん、君を誇りに思うし、君に会えたことを誇りに思う。そして今まで以上に君にぞっこんなんだ」

「私そのご褒美が欲しかった！さあ涙を拭いて、コーチ、外でみんなが私たちを待ってるから」

ドアにノックがあって、シローさんがとても興奮して入ってきた。そして二人を抱きしめた。

「信じられないですよ！誰もこんなことが起きるなって予想もしなかった。本当にクレイジーだ。あなたが優勝するとは全く思ってませんでした。あなたが参加することで、女性の権利について礼儀正しい意見表明の機会になるだろうくらいにしか考えていませんでした。でもこの結果は全くちがって、予想もできなかった。そしてあの猿たちとの冒険談は本当に……一生忘れられません！あなたは自転車レースと猿たちとの戦争の両方に勝ったんです。あの友達の猿に導かれてね。本当にすごい。それにあなたはコース新記録も破りました。あの下り坂の底では時速八八・五キロでした。そして最後のダッシュまで加速を止めなかったんです。信じられない。あなたはクレイジーだ。常軌を逸してる。いったいどうやったらこんなことができるんですか？」

外に出ると、カメラマンたちは特ダネを求めて押しかけてきた。特ダネ写真を撮ろうと押し合い、ひっきりなしにフラッシュが光った。三人は一緒になって、そのカメラマンたちの中を歩いて、レース本部に向かった。そこでシローさんはインタビューを受けることになっていた。本部の中は静かで威厳に満ちていた。インタビュアーは女性のジャーナリストだった。最後に彼女はサラの方に向いて癖のある英語で質問した。

「いまどんなお気持ちですか？あなたは自転車競技の歴史で初めて、メジャーな大会で直接男子と戦って勝った最初の女性です」

「これは特別なレースでした。きつい登りのレースコース

で、忍耐力と体重が勝敗を分ける決定要因になりました。これは女性に理想的なコースだと思います。それは、私たちは男性より軽くて、彼らよりも苦痛に忍耐強いからです。私たちは自分の限界を超えた力を出すことができます。それにはトレーニング、良いコーチ、それから自分自身をよく知ることが必要になります。それから私をレースに参加させてくれた、ニューヨークのメトロポリタンサイクル協会とレースの主催者に感謝します」

それから彼女はカメラの方に真っすぐに向いて「私は日本が大好きです。日本の方々と、この美しい島が大好きです」と言った。

サラは自転車でホテルまで下りたかった。シローさんは、できるだけ観客とのコンタクトがない道を選んでホテルまで帰る道順を二人に教えてくれた。彼らはものすごく急で、風が吹き付ける北側の道を標高差六百メートル下って海岸方向まで下りた。それから昨日通った道を再度通った。ただ昨日のように海沿いに走る代わりに、内陸側の標高二百メートルほどの細い道を、また谷あいの道が山に入り込む所まで走った。彼らは夕食の直前にホテルに戻った。

すべてが様変わりしていた。ホテルの前にはビデオカメラを積んだトラックが止まり、たくさんの人だかりができていた。二人は、彼らを待ち構えていた従業員に案内されてホテルに入った。彼らの部屋は屋上スイートに変わっていた。そこからは三六〇度の眺めが楽しめ、部屋専用の露天風呂が付いていた。またシャンパンが一本、アイスクーラーに入れて置いてあった。

電話が鳴った。シローさんだった。彼らが入浴、食事をする前にちょっと顔を出しても良いか尋ねた。

「邪魔をしてしまってすみません。でも三つほど緊急な要件があるので電話しました。じつは二つ重要な電話があって。最初の電話はあなたの自転車クラブからで、至急電話してほしいとのことでした。それから二番目の電話は、サラの日本の養母だという人からでした。最初は信用しなかったのですが、だんだん本当のように思えたんです。それで、きっとあなたに話せば事情がわかると思って」

「きっとママさんだわ！でもどうしてわかったのかしら？」

「ああそれは全レースがテレビ中継されて、その一部、あなたがあの猿たちに遭遇した場面と、あなたが表彰台で日本が好きだと言った部分が全国放送でずっと流れているからです。きっとあなたからの連絡待っておられると思いますよ」

電話の向こうでママさんの気持ちが高ぶっているのがわかった。彼女は興奮のあまり我を忘れているようだった。

「サラ！可愛いサラ！テレビ。あなた見たよ！心配したの！怖かった！サラ、答えてちょうだい！」

「ママさん。ごめんなさい。ママさんが見てるなんて思わなかったの」

「言い訳なし。とっても自慢よ。大好き。私の大胆で素晴らしいサラ」

次はパトリックに電話した。彼も興奮していた。

「今朝の五時なんだけど、電話がひっきりなしにかかってくる。ＣＮＮやニューヨーク・タイムズが君の経歴を知りたがっている。日本駐在の米国大使も東京から電話してきた。どうにかしてくれ！僕はどうすればいい？ああ、ところでおめでとう、サラ。いいレースができたようだね。もし電話が鳴りやんだら、もっとそれについて知りたいね。とにかく、僕たちの誇りになるようなことを君はやってくれたね」

四国

　三番目の要件はジャーナリストたちにどう対応するかだった。シローさんは彼らに名刺の山を見せた。彼は、サラが自転車をもって短時間ホテルの前に現れて、カメラマンたちをなだめた方がいいと言った。それから入浴して夕食を取って、その後もし必要ならその晩もっと会見を行えばいいからと。

　彼らはシローさんの勧めにしたがった。

　サラが短い記者会見をした後、二人は浴衣に着替えて、露天風呂に入った。そこからは背後に山々の景色が見え、手前には海と遠くに島々、そしてそこを行き交うフェリーが見えた。金色の大気はゆっくり暗さを増し、すべてが穏やかに、静かになった。湯はとても熱かった。大気は冷たく、ゆっくりと彼らの裸の体は溶けていった。重力に抗い、浮き上がり、空と水の世界の間の生きたリンクを形成した。ライトがちょうどいいタイミングで消えた。そして彼らは宙づりになった。無重力で、夜の暗く温かいプールの中で。

　彼らが部屋に戻ると夕食が用意されていた。水、フルーツジュース、酒が飲み物として出された。それは最高級の日本料理だった。夕食の後、彼らはフェリーが航行するのを眺めた。それらは黒いインクの上をカラフルなライトをつけて滑るように航行していた。彼女は彼の肩の中で眠った。そして彼は彼女を布団に運んだ。彼は下に降りてシローさんと話した。

　シローさんは、彼らの自転車を、サラのレースのために用意した新品のレースウェア、およびその他の装備と一緒に箱詰めして、彼らの出国に間に合うように関西国際空港まで郵送することを申し出た。またカメラマンたちを避けるために、朝早く出発した方が良いともアドバイスした。というのはサラの写真を撮る最後のチャンスだからといって明日の朝またやってくるだろうから。彼は翌朝五時半にモーニングコールをする約

束をした。そして朝食を食べる時間ができたらデスクに知らせてくれるようにと言った。シローさんは、二人のために大阪までのフェリーと電車の切符も買っておいてくれた。大阪での宿泊先も予約しようかと言った。また彼は、彼らのホテル代と食事代はすでに払ってあって、彼らの大阪での出費もレースの主催者側が払うと言った。

「シローさん、変に聞こえるかも知れないですが、僕たちはもう大阪で新幹線の駅の近くのユースホステルを予約してあります。僕たちは日本のユースの大ファンで、そこに泊まると普通の生活に戻ったように感じるんです」

それから彼らはサラのことを話した。シローさんは、サラが救急病院の医師だったことを知って納得した。彼は、サラが人間離れした肉体的、精神的な能力を持った天才だと言った。サラが最後のダッシュで見せたあの爆発的なパワーは今まで見たことがないと言った。また、サラは外面的にも、内面的にも、とても勇気があって、寛大で、人間的な美しさを持っていると言った。それから二人はサイクリングと女性とスポーツについて語り合った。シローさんは日本社会における女性への抑圧について話した。彼は、日本の将来は女性が男性と同等の地位を得られるかどうかにかかっている、というのは、現状では人口の半分を占める女性の才能がかなり無駄になっているからだ、しかもそれは女性に教育が欠けていないのにそうなっているからだと言った。女性がリーダーの地位から外されている。それに政界でも経済界でも現在の男性のリーダーシップは弱い。日本には新たなアイデアとエネルギーが必要だ。サラはそういう状況で、女性が男性のゲームにも勝てるということを証明してくれた。彼は、自転車競技でも他の世界でも、サラの例をモデルにして女性の後押しをしたいと言った。

四国

　それは親しい友人同士が交わす会話のようだった。二人は今後もこのきずなを保っていきたいと感じた。二人は、レース中のあの猿のエピソードの真相は、三人だけが知っていて、サラがあえて公に話したいと言わない限りは、あえて語らないように約束した。

　「シローさん、一つだけお願いがあります。今晩数時間だけコンピューターを使わせてもらえますか？」

　「それなら僕の事務室にあるアメリカ製のラップトップを使ってください。今晩一晩ロックを解除しておきます。Wi-Fiにはつながってます。どうぞご自由に」

彼は屋上スイートに戻った。サラはぐっすり寝ていた。屋上ガーデンは暗かったが、夜空の明かりで物を識別するには十分だった。彼はテラスに出て、大きな植木鉢やプランターの花木や盆栽を見て歩いた。彼はポケットから三番目のそして最後のあの白い粉が中に入ったプラスチックの袋を取り出した。そしてポケットナイフでそれを切り開いて、一つ一つの植木鉢、プランターの土にその粉を撒いた。そしてそれが終わると、彼はその袋を人差し指でたたいて最後に残った粉を舌の上に落とした。これがあの渋みのある感じを味わった最後だった。彼は露天風呂の横のベンチに長い間座って、彼の妻が彼の名前を呼ぶのが聞こえるまで待った。もう一つの声がそれにこだました。それは彼の母親の声だった。続いてもっと弱い声で、彼のお祖母さんの声が聞こえた。それからさらにかすかな声が彼の名前を呼んだ。そしてそれが際限なく続いた。

　彼は数時間眠ってから目が覚めた。そして起き上がり、シローさんの事務室に向かった。数分のうちにサラの持つ秘密の

最初のカギが見つかった。一時間後、彼は詳細な情報をあちこち捜し回るのに疲れ果ててしまった。それで、視点を切り替えその深い森の全体像を見ようとした。彼は紙くず入れから紙きれを一枚拾って、それに大文字でC・L・U・Hと書いた。

「ああやっとわかった。でもこれをどうしようか。僕の直感は正しかった。彼女は無限の代謝能力と酸素吸収能力を持っているようだ、そしてそれを僕にさえ隠していた。しかし今日、彼女はそれを全部披露したんだ——それで皆驚いた。でも今僕が知ったことは誰にも漏らすまい。もしかしたら、インターネットで検索したのはあまり良いアイデアではなかったかもしれない。でもいったん魔法のランプの外に出てしまった魔人をまたランプに戻ることはできない。忍耐強くあれ。彼女の方から言い出すまで待とう。いま見た情報は僕の頭の中に封印しよう」

次の朝は予定通りに進んだ。彼らはフェリーから土庄の港が小さくなっていくのを眺めた。海の上の丘に建つホテル、そしてその背後にそびえる星ヶ城山。何かそれは夢の景色ようで、現実ではないような気がした。いやそれは現実を超えた現実だった。

　「何か悔いに思うことはある?」

　「私の自転車が恋しいわ。それからこの旅が終わると思うとがまんできない。それにあなたと一緒に過ごした日が二日減ったのも後悔しているわ。私自転車レーサーになりたくない。普通の人生が送りたい」

　「まだ大阪で二日過ごせるのが楽しみだね。シローさんは僕たちの居所を誰にも知らせないと約束してくれた。それに、

あの猿との出会いの前日に起こったことも、君が公表したくな
るまでは秘密にしておくってこともね」

　二人は岡山で電車に乗り換える前にまだ一時間あった。そ
れで近くのデパートに入って普段着を買った。サイクリストの格
好でなくなったのは不思議だったが、たぶんそれで誰にも気
付かれないだろうというのにはホッとした。電車の駅で弁当を
買い、しばらくすると二人は新幹線で田園地帯を飛ぶように
走っていた。

　「表彰台でもらった封筒には何が入っていたんだい?」

　「知らないわ。まだ見てないの。私のサイクル用バッグの中
に入ってる」

　その中には英語と日本語で書いた手紙が入っていた。それ
には彼女が一着になったこと、ドラッグを使用していなかった
こと、彼女の優勝タイム、それから参加に対するお礼の言葉
が書いてあった。シローさんのサインと印鑑が押してあった。
また、32ギガバイトのメモリーカードも同封してあって、それに
はレースのビデオ、GPSのデータが記録されていた。さらに
はニューヨークの銀行で引き出せる三十万ドルの小切手も同
封されていた。

ユースホステルは高層ビルの上階にあって、大阪の街が一望
できた。二人は個室を取ってあった。ホテルのスタッフは親切
で丁寧だった。

　「明日の朝、君に見せたいものがあるんだ。サラ。そこは僕
にとって特別な場所なんだ」

　「親愛なるコーチ、私の方も明日の夕方サプライズがあるの
よ」

　二人はその日の午後中、美しい公園の上にそびえる大阪城

を見学した。彼らは小豆島の石切り場から運ばれた石でできた石垣を感心しながら眺めた。彼らはユースで簡単な夕食をとり、それから日本式の風呂場を楽しんだ。彼らの快適で静かな部屋に戻ると、サラは明かりを消すとすぐに眠りについた。

　彼女は彼を満足させるためにすべてを捧げたのだ。その疲労を回復するには二日かかろう。彼は穏やかで忍耐強い気持ちになった。「コーチ」が彼の今の役割なのだ。蝶々はまたしばらくすると飛び立つだろう。その時には彼は必要かもしれない。必要でないかもしれない。それは時が決めることだ。彼らはこの数週間築いてきた礎を足場にしなければならなかった。彼は賢明で、寛大で、辛抱強くなければならない。彼は彼女を保護しようとする気持ちに抗わなければならないだろう。彼はまた彼女のニーズを自分のニーズに優先させなければならないであろう。そしてこれからの時間を慎重に過ごさなければならないだろう。しかし彼には彼女が必要だった。彼女なしでは生きられなかった。自分のニーズと彼女のニーズを妥協させることは可能だ。ニューヨークはまだ遠かったが、それでも一分ごとにそれは近づいてきた。彼には時間が必要だった。

　次の朝、彼らは早起きしてお茶を飲みながら静かに話した。レースの詳細について、レース仕様に整備された自転車の乗り心地についてなどを話した。サラはそれまでチューブラータイヤを付けて走ったことはなかったが、そのタイヤが気に入ったと言った。それからあの猿とのエピソード、それにあの登りのヘアピンカーブ、それに非常に危険な最後の下りについても細かく話した。そうやってレースで起こったことのすべてが出てきた。断片的でまとまりがなくても、それは話しておかれるべきだった。

四国

「絶対あの猿たちと衝突して、たくさん私の巻き添えにすると思った。でもスピードを緩めなかったの。私は本能的に走っていたの。死ぬ覚悟はできていた。それでもレースのために一インチでも妥協したくなかったの。そしたらすべてがスローモーションになって。とつぜんあの猿が私の前に見えたの。そうしたら彼女があの猿たちの壁を割って、それで彼女の後についてそこを通り抜けた。その直後に背中に何かを感じた。でも何が起こったかは直感で分かった。彼女は四足でぴったり私の背中に飛び乗ったのね。ほとんど重みは感じなかった。でも彼女は足で私のお尻を押して、手で私の肩をギュッと掴んだの。彼女は私の自転車に乗って、吠えながら私に拍車をかけたのね。競馬の騎手みたいに。彼女は優勝したかったの。彼女から湧き上がるエネルギーを受け取って、それが自転車まで伝わった。そのエネルギーは彼女が飛び降りてからもずっと続いて、それがあのタフで、急勾配の区間で私を支え続けてくれたの」

「あの下りはワイルドだったわ。サングラスをしてても目から涙が溢れてきた。ぜったい二十二番を捕まえたかった。彼がどこを走っていて、自分がどんなリスクを冒さなければならないかも分かってた。彼とのギャップを縮めなければならなかったの。それでまだあの下りの勢いがあるうちに彼の横に上がっていったの。たしかに私は賭けに出たわ。でも直接そのことは考えなかったの。自分の本能と自転車を信じること、それからあの猿の精気がまだ私と一緒にあったの。彼女は私たちに勝ってほしかったの。それは私たちの名誉にかかる問題だったの。彼を抜いたとき、私は永遠に加速したいという熱い情熱に駆られたの、そして彼を完全に圧倒していると感じた。あれは勝利に対する野生の本能だった。私はクロゴケグモだったの。

268

世界中の女性と人間以外のメスたちも私に味方したの。そして私たちがそれをできるってことを証明するためにね。

　最後の登りのダッシュではあなたのこと、ゴールラインを通過したらどうやってあなたと再会しようかということだけを考えたわ。あなたの顔が目の前に見えて、私を励ますのが聞こえたの。あの下り坂で酸素を回復できてはいたけど、でもまだ痛みを感じる受容体がしびれていたから、酸素欠乏症や乳酸の蓄積を無視して狂ったように漕ぎまくったの。汗が目にまで入って痛かった。私の代謝作用が新しい領域に入ったの。オービスク峠の時のようにね。でもそれよりももっとすごかった。押せば押すほど気持ちよくなったの。私は酔ったようになって、イチかバチかっていう気になってたの。そして私の体がそれに答えてくれたの。ゴールの瞬間、歓喜の大波にさらわれたようになった。すぐにもあなたに会いたかった。あなたを抱きしめたくて、あなたの肩に顔をうずめて泣きたかった。あなたの愛情が欲しかった。あなたを愛してるからできたの。それが唯一の理由で、それが唯一欲しかったもの」

二人は大阪港まで公共交通機関で行った。そして川に沿って歩いて、学校の生徒たちが遠足をしているところに出会った。小さなグループに分かれて、花見のござに座っていた。彼らはきちんとした服装をしていたが、完璧だったのはそのお弁当だった。それは彼らのお母さんたちが、無限の注意を払って、芸術的に、愛情を込めて作ったものだった。彼らは日当たりに座って子供たちを眺めた。それから彼が言った。「さてと、今度はサプライズの番だ。僕といっしょに来てくれる?」。彼らは川岸から離れて、大きな建物の前まで歩いた。そこは大阪水族館海遊館だった。

四国

　「何年も前にここに来た。そしていつもまたここに戻って来たいと思っていた。ここでは水中の世界が生き生きしている」
　その水族館は垂直方向にしたがって、組織されていた。館の上部には陸地と水中の境界の生物。それから下部は深海の生物というふうに分けてあった。傾斜する通路はらせん状に下っていて、上部ではペンギン、アシカ、オットセイなどが見学でき、下部ではタカアシガニ、クラゲなど多様な生物が観察できた。そのらせん状の通路に沿って、その外側には大小水槽が、そしてその内側には高さが九メートル、厚さ十センチのアクリルガラスでできた大きな水槽が置いてあった。最初の水槽は透明なトンネルでその中を通過できるようになっていて、そこを通ると、サメやいろいろな魚たちに囲まれて、まるで海の中にいるような感じがする。そして、巨大水槽にはマンタ、ジンベイザメ、イワシの大群などが入っていた。その水辺や水中の生物の美しさと、多様性を再現しようとした水族館で、彼らは三時間近く過ごした。
　「さて今度は私のサプライズの番よ。でもその前に夕食を取らなくちゃね。ユースホステルの受付の女性が言っていた餃子バーへ行ってみない？餃子は中国のラビオリなんだけど、それを日本式にして出すの」
　彼女は彼を小さな飲食店に連れて行った。それは青年と彼の母親が切り盛りしていた。十人ほどが座れる場所で、目の前で餃子を焼いてくれる。餃子がまず出されたが、他にもいろいろな料理があり、どれもオリジナルな味の料理だった。しかも料理がすべてではなくて、そこには笑顔があふれていた。餃子のような笑顔で、彼らは古い友人のように対応された。
　「さてビッグ・サプライズの番ね！私に付いてきて、ここからそんなに遠くないから」

　彼らが階段を下りてゆくと、彼は磨かれたガラスの看板に「ベコー」と刻まれているのが見えた。中に入ると、テーブルのまわりにイスが並び、バーがあって、ステージにはグランドピアノが置いてある親密な感じのシャンソンクラブだった。彼らは酒を注文した。しばらくしてマイクを持った女性といっしょにピアニストが現れた。彼女は日本語で数分間喋った後、ピアニストがイントロを弾き始めた……そうだ。それは『私の兵隊さん』だ。歌手はエディット・ピアフのスタンダードをドラマチックに日本語で歌い始めた。最初はびっくりしたが、次第に懐かしい、魅力的な歌に感じられた。二番目の歌手が現れて、それから休息、そして最初の歌手がまたステージに戻り日本語であいさつし、三番目の歌手を紹介した。

　ママさんが現れた。おしゃれに着飾っていた。

　彼はこれには仰天した。京都で見たあの伝統的な着物を着ていた女性と、このママさんのイメージをどう合わせて良いのかわからなかった。彼女はストラップレスのスパンコールのドレスを着て、大きなキラキラする黒のブレスレット、それにマッチするイアリングを付けていた。金とオパールの大きな指輪も付けていた。そしてきらびやかなメークをしていた。彼女は『ばら色の人生』を低い、官能的な声で歌った。続いて『サン・ジャンの私の恋人』を歌った。すべて日本語で、上手く歌われた。心を動かされるドラマチックな歌い方だった。

　それからママさんは聴衆に向かってしばらく話した。突然彼女は話を止めて、目の上に手をかざして何かをさがした。ついにサラを見つけた。彼女は胸に手を当てて、とてもシリアスな顔をして、日本語で何か言った。聴衆は周りを見渡した。ママさんはサラの名前を呼んでステージに上がるよう手招きし

た。大きな抱擁があった。拍手に続いて、ママさんはサラの耳元にささやき、ピアニストに何か言った。それからサラは『枯葉』をフランス語で歌い、次いで二節目を英語で歌った。ママさんが加わり、繰り返しの部分を日本語で歌った。拍手が収まった後、サラはステージを去った。そしてママさんは『水に流して』を歌い終えた。

　ママさんは休息時間に彼らのところへ来て座った。彼らはシャンペンを頼んで再会を祝うとともに、彼らの旅の始まりと終わりを繋げた。ママさんは彼らが来ることを全く知らなかった。サラはそれを京都にいたとき知って、日付をメモしておいたのだった。というのはそれは彼らの離日の前夜だったから。ママさんの先生は最初に歌った歌手で、彼女がクラブのオーナーだった。ママさんは、自転車レースのことは話さなかった。そしていつかまた、たぶんニューヨークで再会することを約束して、彼らは涙と共に別れた。

　ママさんと別れて彼らは大阪の歓楽街を歩いた。

　「君のサプライズは本当に楽しかったね。僕はほんとに目を疑ったよ。でも今わかったよ。君の才能はフランス系カナダ人のお母さんと日本のお母さんに貰ったんだね。日本語でシャンソンを聞いて、本当に世界各地で歌われてるんだなって思った。彼女、君が来ることを本当に知らなかったんだね?」

　「全く予想もしてなかったと思うわ」

　彼らは旧市街の狭い路地を通って電車の駅まで歩いた。彼は自分たちがまた元の生活に戻ることが避けられないことを考えていた。

　「サラ、これからどうしようか?僕たち?」

　「あなたはどうかわからないけれど、私は自分の人生で最高に充実した時間をここで過ごしたわ。自分がこれまでにな

いくらい生き生きしてるの。それをくれたのは愛だし、私はもっと愛したい。私この愛だけが欲しいの」

「僕も同じだよ。僕は感情を失ったゾンビだった。それを君が救ってくれたんだ……」

「そして私の方は無能力者だった!」

「どうやったら僕たちは今のレベルに留まれるんだろう?」

「できるわ、そしてそうなる努力をするの。しばらくはこれまでの人生でまだ解決しなくちゃならないことがある。私は旅行に出発する前に本の原稿を提出した。ここに来てからそのことは考えなかった。でももし出版社が関心を示せば、それを出版するつもりよ。出版社からの返事はもうメールに届いているはず」

「そして僕の方は過去と折り合いをつける道を探していた。家に戻ったらそれと正面から向き合わなくちゃならない。まだどうすればいいのかイメージが湧かない」

沈黙が訪れた。そして彼女が小声で言った。「もしいつかあなたが話したくなったら、奥さんとどんなふうに出会ったのかとか、彼女と暮らした日々のことを教えて欲しいわ。あなたを通して彼女のことを知りたいの。そしてあなたたちの間の絆がどうやって築かれたのかも知りたいの……でも本当にあなたが話したくなったときでいいの」

「喜んで話すよ。僕たちの出会いのことは、ユースホステルに戻ったら君に話すよ」

そして彼らは一晩中話した。

「彼女の名前はアナ。——アナベルのアナだ。もし彼女が今、僕が魅力的な若い女性と恋に落ちてしまって、こうやって大阪のユースホステルでお茶を飲んでるところを見たら。とっ

ても面白がっただろうね。彼女がクスクス笑ってるのが聞こえてくるよ。彼女は、周りにも感染するような女の子っぽいクスクス笑いを亡くなる直前までしたものだったよ」

「たぶん今彼女これを聞いているじゃない?」

「もしそうだったら、きちっと事実を語っておいた方がいいね。彼女は厳密さにこだわる人だったからね。彼女はまわりのすべてを体系的に管理してた——僕も含めて」

「どんなふうに出会ったの?」

「マドリードのユースホステルで朝食を食べてるときクスクス笑う声が聞こえた。僕は二十一で彼女は二十二歳だった。僕が振り向いたらそこに彼女がいたんだ。隣のテーブルで数人と話してた。彼女は僕の方を見てニコッとした。それでもう僕は参っちゃった。典型的な一目惚れってやつだね。なにか呼吸さえまともにできない感じだった。それからとても幸せな気分になってきて、脈は速くなるし。冗談だと思うでしょ、でも本当なんだ。今から思うとばかげてるように思うけど、その時は僕はもう見た最初の瞬間に彼女に惚れちゃったんだ。教科書にでも出てくるような典型的な恋の始まりといってよかった。ただその後に信じられない事件があって、それが僕らの関係を決定的にしたんだ。それは予想もしてなかった恐ろしい出来事だった」

「興味津々だわ」

「オーケー。嘘だと思うけど本当なんだ。僕は立って彼女らのところへ行き、自己紹介してそれから話に加わってもいいか聞いたんだ。彼女も他の人たちも『もちろん』って言って、それぞれ自己紹介してくれた。誰かが、ラウンジでコーヒーができていると言った。それで僕たちもそこへ行って座り、コーヒーを飲んでいた。そこではある男が騒々しく喋りまくっていた……でも彼はどうもまともには見えなかった。彼は脈絡のない政

治的主張をしていてそれが部屋全体に響いていた。そのアクセントから、彼は北欧出身らしかった。そこにいた人たちは別の話題に切り替えようとしたが、彼は自分に注意を向けさせたいようだった。

　突然彼はユダヤ人が陰謀をたくらんで、世界を支配しようとしていると話し始めた。他の会話が止まった。誰もそれに反応しない中、アナは彼に例を挙げるように頼んだ。彼は音楽界を例に話し始めた。彼は音楽家で、ユダヤ人の指揮者はユダヤ人しか雇わないと言った。アナはもっと具体例を挙げるよう頼んだ。彼はオーケストラの指揮者たちについて話し出した。でもアナは指揮者の多くを知っているように見えた。そして彼女は具体的に名前を挙げて、彼らはあらゆる出自の音楽家たちと働いていると、反例を挙げた。その男は興奮して感情的になった。その男は明らかにおかしかった。彼は立ち上がり、今にも暴力をふるいそうに見えた。受付にいた男性が電話に手をかけるのが見えた。そしてアナも立って、ゆっくりその男の方に近づいた。僕は助けに入ろうと立ち上がった。でもアナは僕に席に戻るよう合図した。その男からは目を離さずにね。その男は彼女に怒鳴った。そして彼女はその男に接近して、何か言ったんだ。でも僕には聞き取れなかった。突然その男が彼女に飛びかかろうとすると、彼女はサッと飛び退いた。その男は彼女を掴みそこなった。僕は予想もしなかったが、彼女はそれを予想していた。僕はサッと前に進み出た、他の男性も二人ほど進み出た。しかし彼女は僕たちに近づかないよう合図した。受付の人たちは警察に電話していた。アナはその男から一瞬たりとも目を離さなかった。膠着状態になった。ついにその男は、彼女の喉を掴もうと突進した。次に、地獄のような騒動が起きた。たった三秒ほどだったけれどすごく長く感じ

た。次に僕たちが見たのは、その男が床にうつ伏せになって、アナがその上に乗っていた光景だった。彼女は彼を何かレスリングの技のようなもので押さえつけていた。髪の毛を掴んで頭を後ろに引っ張り、両手は背中で固めていた。僕はその男の足を掴んだ。アナは特に動揺している様子もなかったが、そこにいた周りの人たちは恐がっていた。彼女はその男の耳元にやさしく何か語りかけていた。何を言っていたのかは聞こえなかった。ようやくその男は静かになった。そして目を閉じるのが見えた。警察が駆け付けたとき、アナはまだその男をしっかり、でもけがはさせないように押さえつけていた。警察たちはその男に手錠をかけた。アナは警察にスペイン語で何か言った。でも僕には一言もわからなかった。警察はその男をホステルから連行した。彼女も彼らと出て行った。僕も付いて行って、証人になるからと申し出た。警察の一部はユースホステルに残って、ホテルのスタッフ、アナ、そして僕から事情を聴取した。アナはこの事件でその男を訴えないと警察に伝えた。一件落着後、アナは着替えてくるようなことを言った。それで僕はロビーで待ってるからと言った。五分ほど経ってから彼女はサンドレスを着て現れた。それが目も眩むほどの美人だったんだ。僕はもう天にも昇る気分だった。それから僕たちはプラド美術館を見学にいった」

「ジェームズボンドの映画かなにかの一シーンみたいだわね」

「本当にそうさ。ホステルを出たとき僕は血液のアドレナリンのせいで疲れ切ったような感じだった。アナの方は落ち着いてた。僕たちは路面電車でプラドへ向かった。僕はそれがごく普通のマドリードの朝であるかのようにふるまった。僕たちはお互いを知り合うためのおしゃべりをした。僕は彼女にし

びれちゃった。美術館の後、彼女をお昼に誘った。彼女はそれはとてもうれしいと言って、後で、今度は僕を夕食に誘ってくれた。僕は幸せで、彼女も幸せだった。僕たちはそうやって素晴らしい初日を過ごした。まあ最初にいきなり花火が上がって始まったような日だったけど。その日の夕方、彼女は僕にあの時何が起こったか、あの男に何て言ったか話してくれた。彼女は精神病棟で乱暴な患者たちを相手に働いたことがあるらしかった。彼女が空手の茶帯を持っていることは後になって知った。今朝の出来事のようなことは精神病棟では日常茶飯事に起こることだということだった」

「それで、彼女は彼になんて言ったの?」

「彼女は『私もユダヤ人よ。でも私を憎まないで』と言ったんだ」

「すごい。タフな女性ね」

「まあ君も気が付いているとおもうけど。僕は強い女性に惹かれるんだ」

「そういう男性は少ないわね。私たちはラッキーね!」

「そうやって僕たちは四一年間一緒だった。文字どおり一緒だった。でも子供には恵まれなかった。たぶん待ちすぎたからかもしれない。でも本当のところはわからないよ」

「それで、プラドの後はどうなったの?」

「僕たちはマドリードのあのユースでもう二晩泊まった。それからヒッチハイクをしてバルセロナまで行って、港のホテルに泊まって、夕食にシーフードを食べてね。それからその晩僕たちは初めて愛し合った。それは素晴らしい体験だった。僕は初めてだった。僕は彼女からすべて教わったんだ」

「私も恩恵に与れてうれしいわ。で、彼女からは他にも何か習ったの?」

277

四国

　「すべての次元で愛すること、時間を楽しむこと、ものごと
をやり遂げること、それから、よく考えて忍耐をもってすれば、
どんな問題でも解決できるって信じるようになったことかな。
アナは普通の人じゃなかったんだけど、同時に完全に普通だっ
た。何て言って説明していいのかわからないけど。彼女は異常
な才能を持った女性だった、でもそれを全然見せなかったん
だ。彼女の才能は人に見せるものじゃなかった。彼女はフラン
ス人で、オデッサから来たユダヤ人家族の血を引いていた。彼
らは十九世紀末にパリに移住した。医者と銀行家の家系だっ
た。第二次世界大戦までは豊かだったんだ。彼女の両親は山
を愛していていた。彼らはナチの追っ手を逃れて夜にモンブ
ランを登って逃げた。日の出に山頂に着いた。アナはスイスで
生まれた。彼らはアナが三歳の時にパリに戻った。でも昔の生
活はナチによって奪われていた。彼らの家も、財産もそれから
パリに残った家族も亡くなっていた。彼女の両親は、できる限
りを尽くして生活を立て直した。でも彼らが最も愛してやまなか
ったもののほとんどが彼らの手元に戻らなかった。芸術作品、
富、それから最悪は殺されてしまった人々だ。彼女の両親はア
ナに期待をかけた。彼女が彼らの未来への希望だったんだ」
　「バルセロナの後は、僕らはまたヒッチハイクをしてパリま
で行った。アナは両親に僕が彼女と一緒に来ることを伝えて
あった。それで、僕たちのためにダブルベッドがある部屋を用
意してくれていた。彼女の両親は、それくらい親切な人たちだ
った。彼らは娘を信用していて、彼女がアメリカ人の男に恋し
ていることをとても嬉しんだ。彼らが僕を受け入れてくれたこ
とは、恋する若い男にとってはこの上もない寛大な贈り物だっ
た。僕はいつもそれを大切にした。これが僕が生きる上での
モデルになった。

　僕たちは六カ月一緒に暮らした。彼女の両親とね。僕はその間ソルボンヌ・フランス文明講座に通った。彼女は高等師範学校で経済学の勉強を続けた。同時に彼女は国立高等美術学校エコール・デ・ボザールのフルタイムの学生でもあった。僕はこれにはしばらく気が付かなかった」

　「僕は彼女の両親のアパートに飾ってあった何枚もの、とても美しい現代絵画に、何週間も見とれていた。それである午後、アパートに僕たちだけになったとき彼女にその絵のことを聞いたんだ。はじめ彼女は答えなかった。その代わりにどの絵が好きか、嫌いかと聞いてきた。僕はほんとうにうぶだった――それがみんな彼女の絵だとは思いもよらなかったんだから。僕たちはアパート中を一回りして、僕は一枚一枚の絵をコメントして回った。そして一連の絵は同一の画家によるものに違いない――しかも、絵画の歴史を知り抜いた円熟した現代画家に違いないともコメントしたんだ。僕は何か手がかりになる特徴を探そうとした。それで、大胆な色と形の使い方、それからテーマの底に現代の世界との深いつながりを感じるなどと批評した。彼女はとても満足して僕の手を取って、僕がそれまで気が付かなかった廊下のドアの前に連れて行った。そのドアを開けるとそこには、狭い急な階段があった。それを登ると明るい部屋に入った。それは芸術家のアトリエで、屋根がガラス張りになっていた。イーゼルがあって、絵がそこら中に置いてあった。僕は言葉も出なかった。彼女がその芸術家だったから」

　「彼女はそのイーゼルに僕を連れて行って、何も言わず、僕を木製のスツールに座らせた。それから絵の具のチューブをいくつか開けて、僕にパレットと絵筆を渡した。それから白いカンバスをイーゼルに置いた。そして自分はゆっくりとソファま

279

四国

で歩いて、そこで服を脱ぎ始めた。とてもゆっくりと、背中を僕の方に向けたままね。僕は見た。彼女は僕の方に向き直った。裸で、恋する女性の不滅の笑顔を僕に向けたんだ。彼女はマネのオリンピア、ゴヤのマハ、ティツィアーノのヴィーナスをすべて合わせたようだった。僕は熱い欲求に駆られていた——彼女と愛し合いたかった。彼女は長椅子に寝そべって、一言だけ言った。『さあ描いて』僕は描きながら、一時間以上も恍惚の喜びに浸った。どんなドラッグでもたどり着けないほどハイになっていた。ついに彼女と愛し合ったとき、再びまた初めて愛し合うような、いやそれ以上の感じがした。祖谷温泉の僕たちみたいに。もう後戻りできない一歩を踏んだ」

「僕は米国に帰った、そして僕たちは長い六カ月を別れて暮らした後、ニューヨークでついに再会した。彼女の両親が結婚式に来てくれた。結婚式はシナゴーグでした。僕はそのためにユダヤ教に改宗した。周りの人たちはそこまでしなくてもいいんじゃないかっていったけど、僕はそうしたかった。それで改宗したんだ」

「アナの方はもう卒業していて、僕の方は卒業までまだ一年残っていた。彼女は難なく投資銀行に職を見つけた。そして僕は修士号を取った。それから彼女はその銀行を休職して、僕と一緒にコロンビア大学の博士課程に進んだ。僕は化学からフランス語に専攻を変えた。博士号を取った後、彼女はまたもとの銀行に戻った。そして僕の方は卒業したばかりのコロンビア大学に職を得たんだ。最初僕たちは大学の近くの治安の悪い地区にある小さなアパートに住んでいた。でもそこでは僕たちは安心して住めたし、近所の人たちも好きになった。みんな彼女を尊敬していた。彼女はタフで、でもそれは見せなかった。他に方法がないときだけ、彼女はトラに変身し

280

た。彼女は最初マドリードで会ったとき以来一度も武術を披露して見せなかった。しかしその技はいつでもそこにあった。彼女の身のこなし、姿勢、視線にそれを感じることができた」

「僕たちはブルックリンに移った。それは彼女の仕事場に直接地下鉄で行けるからだった。僕らはプロスペクト公園を見渡せる住宅用ビルディングを見つけた。パーフェクトなロケーションだった。でも一九七〇年代だったから、近所はものすごく物騒で、警察でさえ近づかなかった。隣のビルは火事で全焼していたし、反対側の隣のビルはドラッグディーラーの巣になっていた。僕たちはそのビルのドアをノックして、隣に引っ越してきたからよろしくってあいさつしたんだ。彼らはものすごく武装していて、でもそれがかえって良かった。知り合いになったら、僕らは守ってもらえたからね」

「アナは職場で住宅ローンを借りれた。僕たちの両親からも借金して、ビル全部を買った。今の値段にしたらタダ同然の価格でそのビルを買ったんだ。でもまあタダ同然といっても、当時の僕たちは相当の無理をしたけど。僕たちは毎月普通に暮らすだけの余裕はなかった。だからキャンプ用テントを床に張って寝たんだ。水道が出るまでに一か月、電気が来るまでに四カ月もかかった。そればかりかビルに暖房が入るのに二年もかかったよ。最初はキャンプ用のコンロで料理してた。まず自分たちのアパートを住めるようにするのにほとんどの空き時間を取られた。他の階にはまだ手が回らなかった。やっと五年かかってビル全体の設備を整え終えた。そして僕たちのアパート以外を貸し出したんだ。アナは不平を一言も言わなかった。僕たちは幸せだった。僕たちは二人とも自分の仕事が好きだった。そのビルは僕たちの共通の情熱の対象だった。そのほかに僕たちには三つ情熱を傾けるものがあった。

281

アナは休むことなく絵を描き続けた。僕たちは公園をいっし
ょにサイクリングした。それからフランスでバカンスを楽しん
だ。その大半はサイクリングをしてね」

　「そうやって時間が瞬く間に過ぎていった。僕らは三十代
も後半になった。そして子供を持とうと決めたんだ。でもでき
なかった。何でも試してみたよ。でも駄目だった。それで僕た
ちは二人で一緒に過ごすことが僕らの人生をパーフェクトにす
るという結論に達したんだ。そして僕らはそうした」

　「アナの絵はどこにあるの?」

　「世界中に散らばってるよ。彼女はパリのアートギャラリー
を通じて千五百点以上の作品を売った。そのギャラリーは彼
女がまだエコール・デ・ボザールの学生だった時に契約して
いた。彼女は個展の申し出は断っていた。また展覧会のため
のレセプションも開かなかったが、彼女の絵はパリに着くとす
ぐに売れていった。そのギャラリーは世界中に散らばっている
彼女の作品のある場所を追跡して把握している」

　「あなたのところには彼女の作品は残ってるの?」

　「彼女は一部の作品は手元に置いておいた。でも脳腫瘍と
診断されてからは、絵を売るのは止めたんだけれど、絵は描
き続けた。彼女は僕と一緒にいることにもっと集中したいって
言った。命が続くかぎり僕の女神でありたいって。冗談で僕の
美術館に入るのを遅らせたいって言っていた」

　「アパートにはまだ百五十点くらいの絵があるけど、ギャラ
リーもそのことを知らない。それからパリにもたぶん五十点く
らいあるかな。僕はその写真を撮ってギャラリーにカタログを
送りたいんだ。それから、その知られていない彼女の絵をまと
めて展覧会を開きたい。それからフランスの大きな美術館で
彼女の回顧展も開ければと思っている」

「どうして彼女は注目を浴びたくなかったの?」

「アナは隠遁していたわけじゃなくて、ニューヨークとパリの美術界とも十分つながっていた。彼女はただ無駄を省いて自分の芸術と経済学に集中したかっただけなんだ。別に宣伝は必要なかった。逆に有名になると生活が邪魔されることを恐れていた。彼女はまた純然たる経済学者だった。お金を稼ぐことには関心がなかった。自分の勤める銀行に昇給を要求したことは一度もなかった。でも銀行の方で彼女が転職しないようにと定期的に給与を上げていたけどね。彼女は大抵はニューヨークの僕達のアパートの書斎で、後にはパリで仕事をしてた。以前はブルックリン図書館を使っていたんだけど、コンピューターが出て生活が一変したんだ。彼女は前にも増して効率的になった。形の上では一週間に一度マンハッタンの銀行のオフィスへいって仕事することになっていたけど、実際は自宅から電話会議をしてそれに代えていた。彼女は銀行のために巨額のお金を稼ぎだした。彼女は病気になったのがわかったときに会社を辞職した。彼女は銀行の仕事はいつも一週間に三日ほどに抑えていた。残りの時間は絵を描いたり、研究のために使っていた。彼女はコンピューターを使って作ったモデルをベースにした経済理論を、自分が働く銀行で実地テストしてた。彼女は数学の天才だった。彼女の書斎とアトリエはそのままにしてある。彼女が一年ちょっと前に亡くなってから一度も入っていない」

「私にできることある?」

「君はもう僕の人生と魂を救ってくれたじゃないか。だから僕は今度は、彼女の死と向き合って、僕たちが一緒に暮らした長年の名残りと直接向き合わなくちゃならない。僕は彼女の死の最後の橋渡しをしたいんだ。女神(ミューズ)から美術館

四国

（ミュージアム）へって彼女も言ってたけどね。彼女は五年間勇敢に病魔と闘った。今はもう彼女はいない。そのことを僕は受け入れなければならない。彼女の作品を展示する美術館を将来きっとつくる。そして、今度は君が僕の新しい女神になって、僕を救ってくれた。僕に新たな人生を与えてくれた」

「胸が揺さぶられるような気持。そして本当に光栄だわ。ニューヨークに戻ったらすぐに彼女の作品を整理して、カタログ化しなくちゃね」

関西空港の手荷物取扱所で、彼らの自転車と荷物が待っていた。ニューヨークまでの十四時間のフライトの間、彼らは眠ったり、窮屈に感じたり、ストレスを感じたりした。ジョン・F・ケネディ国際空港に到着した彼らはめまいと、混乱を感じた。彼らは箱詰めされた自転車、それから京都で買った新しい服が入ったスーツケースを受け取って、両開きドアを抜けて到着ロビーに着いた。彼らは、そこにパトリックが笑顔で手を振っていたのを見て驚いた。

「パット！ここで君に会えて本当にうれしいよ！こんな風に不意打ちで来てくれるなんて」

「大したことじゃないよ。市内までドライブする前に、一緒にコーヒーでもどう？あそこに見えるレストランは？」

「もちろん、かまわないよ。そうしよう。君少し疲れているみたいだね。僕たちもだけど」

二人はお茶を頼み、パトリックはコーヒーを頼んだ。

「さて、何か新しいニュースでもあるの、パット？」

「いや、別にないよ。このところ全然眠れないんだ。それだけだよ」

「どうかしたの？」

「このところ昼夜お構いなしにクソ電話が鳴りやがって。家の敷地にテントを張る奴なんかもいてね、妻は両親のところへ引っ越しちゃったよ」

「それ冗談だよね、パット」

「真っ赤な本当さ。君たち原因が全くわかってないみたいだね?この三日間、君たちいったいどこにいたんだい?」

「僕たちは大阪を旅行してたんだ」

「じゃ、もう自転車レースのことは完全に忘れちゃったってこと?」

「覚えてるよ。でもそれがどうかしたのかい?」

彼はサラの方を見た。彼女は顔面蒼白になっていた。

「えーと。われらの可愛いサラちゃんが、日本の何とかいう島の、大したこともない小さなアマチュアのレースで優勝したらしい。それくらいは君も知っているだろうね?」

「もちろん。でもそれがどうしたの?」

パトリックはニューヨーク・タイムズをポケットから抜き出して、その一面をかざして見せた。そこにはサラの写真があった。そしてその下には『ニューヨークの女性サイクリスト、男性優位の最後の牙城を破る』とタイトルがついた記事が出ていた。その写真にはブレーキフードに手をかけているサラが写っていた。彼女は口を開けて、キーっと歯を見せて叫んでいた。彼女の頭の上には小さな顔が写っていて、同じ表情を作っていた。あの猿だった。

「ああ、まずい!あの人たち、どうやってこの写真を手に入れたわけ、パット?」

「サラ、君はほんとナイーブだね。レースが終わってから新聞もインターネットも見てなかったんじゃないの?自分がとんでもないことをしでかしたのに、まだ気が付いていないんだか

らね。君は競技スポーツを根底からひっくり返しちゃたんだ
よ。女性たちが全てのスポーツから男女別の枠を外すように要
求し始めた。アメリカンフットボールなんかも含めてね。彼女
たち直接男たちと戦いたいんだって！男女同数のフットボール
チームなんて想像できるかい？女性たちはオリンピック委員
会のオフィスの外でデモしているんだぜ。彼女らは、すべての
オリンピック競技から男女枠を外せって要求してる。それから
今、ニューヨークでレース用自転車が売り切れちゃってる。あ
れは小さいレースなんかじゃぜんぜんなかった。君が破った
のは日本のスター選手なんだ。三万人もの観客があの山登り
レースに繰り出した。レースの全行程が日本全国で実況中継
されて。観客たちはそれをビデオに撮ったり、写真を撮ったり
してた。それが今ネットでバイラル中だ。テレビ局のチームが
君のアパートの前に陣取ってるよ。雑誌のヴォーグとタイムは
特集記事にしようと懸命になってる。それから六桁の金額を
前払いするっていう出版契約の話もあってね……それからあ
の猿とのエピソード。みんなあの話を喉から手が出るほど知り
たがってる。というわけで、僕はくたくたなのさ。それで、僕の
代わりにマネージメント契約のプロを雇うのはどうかと思って
ね」

　パトリックはポケットから電話を出してかけた。「ジム、彼ら
は君に会ってもいいって言ってるけど」

　それから彼らの方を見て言った。「いいかいお二人さん。ク
ラブであの背の高いジム・アンダーソンってやつ覚えてる？彼
はセレブのマネージメントを担当してるんだ。それで君たちの
アドバイス役になってもいいって言ってるんだけど。今ここに
来るから。最後に一言。今到着ロビーにカメラマンたちが群が
っていないのは、僕が彼らに、君たちは明日のこのフライトで

到着するって言っておいたからだよ。だから明日のこの時間は大騒ぎになってるだろうね。君たちは運がいいよ。すべてがこういう風に進むといいね」

彼らはジムの顔を覚えていた。ジムはパットからの電話をターミナルで待っていたようにタイミングよく現れた。

「やあ、お二人さん！楽しい旅行だった？まあ、答えなくていいよ。さて本題に移ろう。僕はセレブのマネージメントを担当してる。彼らを有名にするんじゃなくてね。目立たないようにする役だ。最初のアドバイスは無料。おごりだよ。パットが言ったように、君たちはいくつか決断しなくちゃならない。サラ、君はメディアに大ヒットを飛ばしてしまった。これは十年に一度の大きな大ヒットになる可能性がある。うまくマネージメントをすれば数日で何百万ドルも稼げるだろう。しかもその後ももっと稼げる。ハリーポッターと大統領選挙を合わせたよりもっと稼げると思うよ。冗談だと思うでしょ、でも本当なんだ。君はみんなの痛いところを突いたんだな。それもものすごく大きくて、敏感なツボをね。しかもトリプルヒットだ。つまり、センセーショナルなレースだったこと、女性の権利の問題にスポットライトを浴びせたこと、それからあの猿とのエピソードだ。特にあの猿のエピソードは、だれもまだ本当のことを知らないからね。つまりミステリーだ。それは本当に起こったのは疑いないけど、でもどうやって？なぜ？ディズニー、ニュースコープ、タイムワーナー、ＣＢＳ——なんかのメディアは、君がどうしてあの猿がレースで君が勝つように助けたのか教えてくれれば、明日にでも数百万ドル支払うだろう。あの猿が君の背中に飛び降りたビデオは本当に素晴らしい。あれはやらせじゃないかって言っている者もいる。他の連中はあれは信じられないほど運が良かったからだって言ってる」

「これって冗談でしょ？クラブの誰かが冗談を仕掛けたんだわ。誰かがフォトショップで、ＮＹタイムズの一面の写真をすり替えたのよ、ちがう？」

「ジョークなんかじゃないよサラ。ＮＹタイムズの写真はほんの一つの例にすぎない。ウソだと思うんならあそこのニューススタンドへ行って、適当な新聞を手に取ってごらんよ」

「じゃあマネージメントについて簡単に説明しよう。各専門分野のエキスパートを雇うんだ。君たちはセキュリティーの完備したビルに移る。ドライバー兼身辺警備のスタッフを雇う。君たちのためのプロの広報係と脚本家を雇う。君たちが紙上インタビューやテレビに出演する際に、彼らが話す内容を決めるのを手伝ってくれる。それから君たち付きの経理担当者と弁護士を雇って、稼いだお金の投資管理をしてもらうんだ。服装、ヘアスタイル、メーキャップはプロのデザイナーを頼めば好みのイメージにしてもらえるよ。僕が全部をまとめて毎週ビデオ会議を主催する。だがボスはあくまで君たちだ。僕が率いるチームはあくまで君たちを守り、助け、助言するのが役目なんだ」

「君はいま時の人だ、サラ。あのレースの後に、完全に雲隠れして、何の契約もしなかった君の判断は大正解だったね。それで大々的に注目が集まったのだから。世界中のジャーナリストたちが血眼で君たちを探している。何をするにしても、護衛なしにアパートに戻るようなことは避けるべきだね。マジで言ってるんだよ」

「元に戻すことはできないの？」

「それはどういう意味だい？レースの賞を返したいってこと？」

「そう。私は普通の生活が送りたいの。べつにリッチになんかなりたくないし、ましてや有名人なんかまっぴらよ」

288

　「本当にそれでいいのかい？君はここでとても重大な決断を
しようとしているんだよ。この機会を最大限利用するとしたら、
今しかないんだよ。もし君が本当に有名になる前の生活に戻り
たいのだとしたら、ちょっと難しいかな——少なくとも当面は
無理だ。でもそのうちに熱が冷めていくかもしれない。でも本
当に君がそういう決断をしたいんだね。それなら世間の関心は
短いもので、一か月か二か月すれば他に関心が移ってしまう。
きみが慎重に事を進めてくれたら、二か月でことは十分に収ま
ると思う。でもその代わり大きなチャンスは失ってしまうとい
うことだよ。でもまた後で二度目のチャンスが来ないというわけ
ではない。でも期待できる収入は大幅に減ると思うよ」
　「あなたはたくさんのセレブをマネージメントした経験が
あるから聞きたいんだけれど。あなたが私の立場ならどうす
る？」
　「わからない。そんな質問は今まで誰からも受けたことない
いからね……でも僕ならそこからできるだけ早く逃げるだろう
ね」
　「私もそうしたいの」
　「でもあの猿のことは？」
　「たぶん私の孫には話して聞かせるかもね」

彼女は、ジムに助言とジャーナリストへの対応をしてもらう二
か月のマネージメント契約を結んだ。彼は普通、マネージメン
ト料と、クライアントが得た収入の数パーセントを報酬として
もらっていたが、今回はマネージメント料だけとした。それは
収入が上がる見込みがなかったからだ。しかもマネージメント
料も大幅に割引してくれた。パットが彼らをブルックリンまで
車で送った。

「だれも『コーチ』のアングルからニュースを捉えたものがなかったのはラッキーだったね。自転車は僕がクラブに保管しておいて、二三日後にそっちに送ることにするよ。君たちは普通の人を装ってビルに歩いて入ればいい。じゃあうまくいくように祈るよ。今から妻に電話して家に戻るように説得してから、今日は携帯電話の電源を切るからね」

彼らはエレベーターに乗った。「後悔とか、躊躇はないかい?」

「私はただあなたと一緒にいて感じる幸福感をもっと感じたいだけ。本当に私はセレブなんかに興味はないし、たくさんお金があってもどうしていいのかわからないわ。それに、本当に彼らが言うように、女性たちが競技スポーツで性差撤廃を要求してるんだったら、女性たちにとっていいニュースだと思うわ。でもそれは私がいなくてもいつか起こることだわ。優秀な女性弁護士たちがたくさんいるから、彼女たちが闘いを進めてくれるでしょ。あなただったらどうする?」

「僕にとっては自由はお金より大切だ。だからセレブになって成功の奴隷なんかになりたいとは思わない。だから君の決断はとても素晴らしいと思うよ」

サラが彼のアパートを訪れるのはこれが初めてだった。エレベーターが開くと、そこは直接リビングルームに通じていた。正面の奥は一面ガラス張りになっていて、その向こうにプロスペクト公園が見えていた。正面左手にはもう一つ大きなリビングルームがあった。正面右手には家庭的で物が良く揃ったキッチンがあり、そこからも公園が眺められた。そのリビングルームの片方の側面はまた全面ガラス張りになっていた。エレベーターの左右両脇にはそれぞれドアがあった。一つは階下に

降りるドアで、そこには寝室、事務室、彼の亡くなった妻の絵を置いておく部屋があった。(自転車置き場とワインセラーは地下にあった) もう一つのドアは屋上につながっていた。

　「じゃ、僕にとって一番つらい場所から始めよう。アナのアトリエだ」

　彼は屋上へのドアを開けて、二人は階段を上った。そして登りきったところにまたドアがあって、それを開けると彼らはビルの屋上ガーデンの中にいた。一方には公園が見え、もう一方の方向にはフラットブッシュ地区が見えた。ガーデンの向こうの端には小さな家があった。

　「あれが彼女のアトリエだった。僕についてきて。彼女が亡くなってから一度も足を踏み入れてないから」

　中に入ると油絵の具の匂いがした。部屋には明り取りと、ガーデンを一望できる大きな窓があった。いろいろな画材が小ぎれいに棚に並べられていた。そして、一枚の絵がイーゼルに置かれていた。彼女のパレットには乾いた絵の具の跡が厚く残っていた。

　「彼女は絵筆が持てなくなるまで絵を描いた。そしてそこにあるソファの上で亡くなった。僕は耳を彼女の胸につけるようにして抱いていた。そして彼女の心臓の鼓動が止まる音を聞いた」

　「私がここにいるのを彼女はどう思うかしら?」

　「とっても嬉しくて、誇らしく思っていると思うよ」

　「幽霊は怖くないの?」

　「怖いさ、すごく怖いよ。でも今はそれと面と向かう時なんだ。君とここにいると、不思議と気持ちが静まるよ。とても一人じゃできなかったと思う。日本の緑茶でも飲むかい?」

四国

そうやってサラはこのアパートに住むことになった。そこにいるのが正しいと思ったし、他に身を隠す場所もなかった。彼女はメールをチェックして、出版社からの回答を見つけた。返事はノーだった。彼らは彼女の出版提案書は気に入ったが、今は事業を縮小せざるを得ない状況にあり、本業の科学雑誌出版に集中するため、本の出版はできないということだった。それで別の出版社を彼女に紹介してくれた。

　二人はよく日本食を作った。彼のアパートは大きかったので、場合によって一緒にいたり、別々になったりした。二人の自転車は屋内トレーナーに乗せてあって、彼らは毎日それに乗ったり、公園を歩いたり、走ったりした。サラは本の見本の章を最初からもう一度書き直していた。彼の方は小説を書き始めていた。天気は暖かく、二人は屋上ガーデンで、それから公園を歩きながら実り多い会話の機会をたくさん持った。

　「小説の進み具合はどう？何について書いてるか教えて？」

　「僕たちの四国への自転車旅行をベースに書いてるんだ。でも君は僕と同年代に設定した。そして僕たちは折り畳み式自転車で旅をするんだ。あの初日にフラワーセンターでみた自転車みたいなやつね。自転車レースは起こらない。でも猿のエピソードは入れるつもりだ。君の見本の章の方はどう？」

　「テーマは睡眠の重要性についてなの。なかでも運動と他の環境的な要因が熟睡を得るのにどう役立っているかを解明したいわ。その中には私たちの四国での経験も引用するつもりよ」

　ジムは毎週彼らに電話を入れてきて、メディアの熱狂を鎮めるために何をしたか報告した。ジムは、この件を取材しているジャーナリストたちの多くと知り合いで、彼らはまともな人たちでサラの決断を尊重すると言ったと伝えた。中にはそれでも

しつこく取材するジャーナリストたちもいたが、彼らに対しては、もしサラの気持ちが将来変わったら協力できるかもしれないといって、納得させたと説明した。

　二人はインターネットのブログ、フォーラム、ユーチューブそれから新聞、雑誌記事をチェックした。その中にはあの猿とのエピソードについて集中的に推論しているものがあった。特にサラが前もって訓練しておいた猿を使ってやったやらせかどうかという点に議論が集中していた。レースのテクニカル面を議論するフォーラムでは、特にあの下りの区間で、彼女が何度も何度も繰り返してガードレールに異常接近した場面が注目された。一部のコメンテーターたちは彼女の恐怖を抑え込む能力について指摘した。別のコメンテーターたちは彼女は単にクレイジーなのだと言い、また別のコメンテーターたちは、それは計算されたリスクで、勝利を勝ち取るためには必要なのだと主張していた。また、あの最後の登りのダッシュに関して、心理的、肉体的限界との関係について書いたコメント、ブログ、記事もあった。スポーツ心理学者たちは、彼女の個人的な動機付けが勝利へのカギとなったので、もしサラがその動機付けの原因を公にすれば、人類の他の挑戦にも役立つであろうと述べた。またあの登りで出した彼女のパワーを体重と関係させて、パワーウェイトレシオを計算した分析もあった。それよると彼女のパワーウェイトレシオはとてつもない値だった。彼女を「スーパーウーマン」と呼んだコメンテーターもいた。

　サドルの下につけたGPS追跡装置が集めたデータは、サーバー上でグラフ化して見ることができた。またそれはビデオとリンクしていて、ビデオを観ながらその時点のGPS情報をグラフで見ることができた。またサラがもらった封筒の中に入

293

っていたメモリーカードにもデータ分析があった。それは表になっていて、最初の四列に時間、出発点からの距離、高度および気温が記録してあった。これらの情報をもとに、第五列目以降には、単位をワットで示した出力、および毎分の登りレートをメートルで計算してあった。二人は一緒に、それら一連のグラフと表を分析した。サラの方はそれらの生データを使ってさらに分析を進めた。例えば、彼女がレース当日の朝、自分の体重を計っておいたので、それを元にしてパワーウェイトレシオを計算し、そのデータを一列付け加えたり、レース中の出来事とその時の心と体の状態を記入したりした。彼女があの猿から感じ受けた二度のパワー急上昇は表にはっきり現れていた。それは彼女のパフォーマンスを今までにないレベルまで押し上げたのだが、中でも特にあの最後のダッシュの時の上昇率が飛びぬけていた。それは彼女が「愛のために」走ったと言った区間だった。

　「私は脳がどうやってパフォーマンスを制御するのか理解したいの。あのモンキー・パワーの増大がレースの転機になった。そしてそれは彼女が飛び降りてからも続いたの。私は脚に、肺にそのパワーを感じたわ。GPSのデータだと、あの猿は私のパフォーマンスを四十六パーセント上昇させてくれた。そのおかげで私は、代謝的に、精神的に余裕をもってあの下り区間に入れた。だから私は下りの間じゅう最大の加速をすることができて、それで最後の登り区間で二十二番を追い越すことができたの。二十二番はあのレストランの後の超急勾配の区間で、自分のバディーの相手とやりあって、蓄えを使い切っちゃったのね。彼は自分がもうレースに勝ったものと思って、下りの区間でリスクを冒す走りをしなかったの。そしてあの最後のダッシュでは、私のGPSデータでは六十八パーセントのパフ

ォーマンス上昇を記録してる。これはあなたの貢献よ。愛のパワー増加率が猿のパワー増加率を上回ったの。愛が私の隠れたドラッグだったんだわ。あなたへの愛で私がハイになってるときは、何でもできちゃうの。あなたはほんとに天才コーチだわ!」

「おかげで僕はこの世で最高に楽しいコーチ役を経験した。心配しないで。そのことについては本には書かないから。もし本に書こうと思っても、誰もそんなの信じてくれそうもないし、それについて何を手がかりに分析を始めたらいいのか全く分からないよ」

「あなたは、もうその手がかりを持っているわ。『手がかり（CLUE）』ってどういうスペルだった?」

彼は彼女を直視した。彼女は、彼がすでにそのことを知っていることを、すでに知っていたのだった。

「あの紙切れはどこへやったかな」

「マップルの四国ロードマップの中に挟んであったわ」

「恥ずかしいけれど、僕はパンドラの箱を開けてしまったようだね。最初は子供のような好奇心から始まったんだが。レースの後で、それからその前に君と一緒に経験したあの素晴らしいたくさんの登りの後で……僕は君の能力を説明するものが絶対何かあるはずだと思った。でも一度それを知ってしまったら――もう後戻りはできなかった。魔人がもう魔法のランプから出てしまったから」

「それについてはもっと話す必要があるわ」

「君の言うとおりだね。これで少し楽になった。ありがとう。じゃあ君がパフォーマンスの向上に関連するCLUH遺伝の変異体子を発見してたんだね?おめでとう。君の論文はこれまでにもう二千回以上も引用されてる」

「私はただの学生だっただけ。彼らが親切にも私を論文の第一著者にしてくれたの。でもそれはチームワークの成果だったのよ。あの研究は、医学部の選択研究指導のときに始めたの。私は何か興味あるものを偶然発見して、それについて研究を進めたの。その研究は四年間続けた。そして医学部を卒業すると同時に博士号を取得したの。暇や休暇ができれば、ほとんどはその研究に費やしたわ。あの研究で、私たちはなぜ一部の人が一流のアスリートになるのかを部分的に解明できたの。幸運もあってね。私がその研究プロジェクトに参加した直後に、被験者一〇八〇が発見されたの。それまでにも相当の努力が重ねられていたんだけど、まだ桁違いの数値を示す被験者は見つかってなかったの。一〇八〇は夢のような被験者で、彼の数値は本当に飛びぬけていたの。私の使命は一〇八〇がどうやってそんな値を出したのか調べることだった」

「じゃあ君は分子生物学の手法を使ったの?」

「ええ、一部はね。でもストレステストとトレーニングの際に、一〇八〇と他の被験者たちとも関わった。分子生物学だけじゃなくて、生理学的手法も使った」

「一〇八〇はどうやって見つかったの?」

「有償のボランティアを募って検診プログラムをしたの。その人たちに自転車のストレステストをしてもらって、同時に心電図、血中酸素濃度、最大酸素摂取量、血液化学検査、ミトコンドリア・マーカー分析などのデータも取ったの。被験者の中で際立った数値を残した人たちに追加検診をしてもらったの。その機会に運動生理学、運動心理学についてたくさん勉強できた。一〇八〇は最初から飛び抜けていたわ。それもトレーニングをする前からね。でもトレーニングをした後は本当に興味

296

深い数値を示したのね。特に同時に取った生理学と分子生物学のデータでね。脳のスキャンもしたのよ」

「一〇八〇と直接会ったの?」

「いえ、会ったことも話したこともないわ。テストはすべて別の部屋で行ったから。私たちはテキストでやりとりしたから、DNAの分析結果が出るまで、私たちは、一〇八〇が男性か女性かさえも分からなかった。一〇八〇はプライバシーと安全上の理由から匿名のままなの」

「安全?」

「そう、一〇八〇のような特異な被験者は、間違ったタイプの注目を浴びてしまう可能性があるから。人工授精の申請とか……クローンの申請までも出てくるから。だから一〇八〇の身元は誰も知らないの。実験した私たちも含めてね。これは二重盲検試験で、一〇八〇のDNAの塩基配列も含めて、すべてのデータが暗号化されたの」

「それで結論の要旨はなんだったの?」

「私たちの研究では、運動能力はミトコンドリアの代謝能力と関係があることが確かめられたの。つまり、ミトコンドリアがより多くのエネルギー(ATP)を生産できる人ほど、より大きなエンジンを持った人だということなの。CLUH遺伝子は確かに重要だわ、でもその他にも他の遺伝子が働いているの。もちろん大きなエンジンを持ってるだけじゃダメなの。グルコースや水分、酸素などのエネルギー源を取り込んで、二酸化炭素、窒素酸化物を排出できなくちゃ」

「君たちはそのカギになる要因と、それに関係してる遺伝子を特定できた?」

「数種類だけだけれどね。まだどれだけの因子が関係しているのかわかっていないの。一〇八〇のような被験者は本当に

297

希少な例に違いないわ。それがどのくらい希少なのかはわからないけど、私たちが特定した複数の遺伝子のほとんどは非連鎖遺伝子だということはわかってる。だから一〇八〇との普通のかたちでの受精でこれらの遺伝子を遺伝させるのは難しいわ。だからそれを達成するには一〇八〇の遺伝子と補完関係にある遺伝子をもった人間との受精をさせなければならないの。ということは、一〇八〇の遺伝配列をもとに、それと同種の配列を持った人を探さなければならないわけ。他の方法としては、現在の遺伝情報をもとに、CRISPR CAS-九などの遺伝子改変技術を使って、一〇八〇を真似た遺伝子配列を人工的につくることもできるわ。だから私たちはそこで研究をストップして、データを暗号化したの。一〇八〇と同様の遺伝子配列を合成したり、同様の被験者を見つけたりすることができないようにね」

「一〇八〇は一連のことをどう思っているの?」

「一〇八〇は自分が一〇八〇だってことを知らないの。私たちは、追加検診に来てもらった他の被験者たちについて並行研究をしたの。被験者たちには結果は教えてないの。一〇八〇というのは実際の被験者番号でもないのよ。一般向けのために使っているだけ。一〇八〇はスポーツ選手でさえもないわ。残念ながら障害があるんだけど、その詳細については立ち入らないでおきましょう。一〇八〇のような被験者を探しているということは聞いたわ、でもたぶん見つかる可能性は低いでしょうね。人類全体で百人以下しかいないと推定されてるから。一〇八〇は幸運な想定外だったの——研究の当初の目的でもなかったから」

「君はその研究で学んだことをサイクリングに使ったの?」

サラは彼の質問に驚いたようだった。戸惑って、慎重に答えを選んでいた。

「そうね、それは私のささやかな秘密ということかしら。簡単に説明するとこうね。私は子供のころから友達と競走すると簡単に勝てたの。でもその一方で、いつも勝ってしまわないように、疲れたふりをするのも覚えたの。いつも勝っちゃう人って嫌われるから。私も自分の友達のようになりたかった。それでも中学校で体育の先生が私の能力に気づいたらしくて、トラック競技にやらないかと誘われたの。私はそれを断った。でも自分の身体能力にはいつも興味をもっていたわ。肺活量は大きかった。でも原因はそれだけじゃないみたいで。それで結局、あの研究プロジェクトに興味を持ったの。人によって、肉体的な負荷に反応する仕方がどう違うのかってことを理解したかったの」

「私は、筋肉細胞の中のエネルギー生産に関わっているとされる遺伝子についてそれまで知られていることを元に、自分自身に対する直感も働かせて、一〇八〇に関連する最初の遺伝子を特定したの。私は一〇八〇と他の被験者から取ったDNAサンプルを使って、PCR分析をして塩基配列を調べていたの。PCR分析はDNAの特定部位を増幅する簡単な方法なの。私はある遺伝子がそうではないかとうすうす感じていて、それで一〇八〇のDNAを調べたとき、CLUHと呼ばれる既存の遺伝子の多様体を見つけたの。CLUHという綴りの、CLUはクラスター (clustered)、Hは相同 (homologue) という意味。この新しいCLU遺伝子の多様体がミトコンドリアの分裂を加速することに関係していたのね。というのはCLUはある調節リボ核酸を生産して、そのリボ核酸が、ミトコンドリア周辺の細胞質内で、核にコードされたミトコンドリアタンパク質の翻訳を促進し、またそれらのタンパク質のミトコンドリア内への輸送を促進するからなの。一〇八〇のミトコンドリアの分裂は速くて、そ

の数が急増する——ということはエネルギー (ATP)の潜在生産力が高いということになるの。もちろんグルコースなどの燃料、ガス交換、フリーラジカル蓄積などの規制要因によっても変わってくるけど。ミトコンドリアの分裂はトレーニング中に起こるの。とくにインターバルトレーニングをする際にね。こうして私たちは、短時間の無酸素運動と、もっとゆっくりした有酸素運動を繰り返すインターバルトレーニングのメカニズムがよりよく理解できるようになってきたの。つまりこれが刺激の連鎖を引き起こし、CLUH遺伝子を活性化させたり、また身体への高負荷に適応するための他の遺伝子を活性化させたり、また酸素運搬、グリコーゲン分解速度、筋収縮を刺激したりするの——でもまだこれは遺伝子の機能の一部を解明できただけなのよ。被験者を使ってのこれ以上の研究は倫理的に問題があるので、実験用ラット、組織培養された人間の細胞を使って続けられているわ」

　ふたたびサラは口ごもった。何かの考えに耽っているようだった。彼の方も黙っていた。彼女の話を理解しようと努めた。彼女は彼を探るように見た、そしてまたゆっくりと話し始めた。

　「さて、秘密の園の方ね。私は自分の場合はどうかと知りたくて、それと同じ分析を自分のDNAを使ってしたの。その結果、遺伝子の面から自分の身体的特徴、専門用語でいう表現型がわかったの」

　「わかったよ。君は僕が見つけた論文の隠れた被験者だったわけだ。きみはCLUH遺伝子の保持者で、一〇八〇の一部だったということだね。でもそれが、君が小豆島で見せたあの登り方にどう役立ったの?」

　「多少は役に立ったわ。私たちは、一〇八〇についてわか

ったことの全部は発表しなかったの。それはもし誰かがその情報を使って超人を作ったり、あるいは新しい人類を作ったりしないかと恐れたから。私の場合は、自分に与えられた特別の贈り物を理解するためにその情報を使ったの。自分の強さも、弱さも両方含めてね。私は研究責任者の同意を得てそれをしたの。でも他のメンバーたちはそのことを知らせなかった。それはオフレコなの。倫理上問題があるから。でもそのおかげで私は自分の興味を満足させることができたし、自分の遺伝子を最大限に利用する方法を手に入れたの。あのオービスク峠の時まではその情報は利用しなかったの。それにこの旅行までは極端な運動にはあまり興味はなかったの。私を先頭にさせてくれたり、坂道を上り下りさせたりしてくれてありがとう。本当に理想的なインターバルトレーニングになったわ。そのおかげでいろいろ考えることができて、新しいアイデアをいくつか思いついたわ。

　例えば、睡眠はインターバルトレーニングの時の休息と似た効果があるのか?季節の影響はどうか?休息の間には何が起きるのか?ストレスと回復の繰り返しは、パフォーマンス上昇と健康の全般的改善につながるのか?とかね。でも一つだけ確実なことがある。あなたと一緒にいて私はまた子供の時のように深い幸せな眠りにつけたの――こんな回復睡眠は両親が亡くなって以来経験したことがなかった。レースで出せたあの私のパフォーマンスの一部は、毎晩あなたが横に寝てくれて、私が眠りにつくまで手を握ってくれたおかげなの。ありがとう。私は安らかな睡眠の効用を改めて発見したわ」

　「本当はレースに出るべきでなかったけれど、自分の新しいアイデアが正しいかどうかぜひ試してみたかったの。それはあなたの自転車のシフターのネジを見つけた時みたいだっ

た——まず自分の直感に聞くことからはじめて、それから質問と答えを探すの。でもそれはただ実験レベルというだけじゃなくて。偶然や直感も役に立つの、もしそれらが論理的なアプローチと一緒に使われればね。私がレースに出るって言ったとき、正直いってペロトンについていけるくらいだと思ってたの、でもあなたとあの猿が……私をあの予想もしてなかった代謝状態まで導いてくれたのね。あれは本当にエキサイティング経験だったわ。私たちはたしかに肉体的パフォーマンスに心理的パラメータが重要な役割を果たすことは知ってるけど、自分でそれを実際に経験するのは本当に興奮した。私は自分の最初の仮説がさらに強まったと感じたの。でもこれはサンプル数が一で、なんのコントロールもない実験だったけど。今は研究が実験用ラットにより依存してきているから、生化学の面がもっと解明されるかもね？倫理ももう一つの問題を投げかけてるわ。

　だからこれで私がどうして有名なアスリートになんかなりたくないか、もう一つの理由がわかったでしょ。それになぜ私たちの研究結果が、特に私のデータが隠されているかもね。もしかしてならず者国家かなにかがスパイを使って私のDNA情報を盗んだら困るし」

　「なるほど君の言うこともももっともだね。DNAを盗むなんてこと思いもつかなかったよ。DNAのドーピングなんかができるようになったらツール・ド・フランスはどうなるんだろうね？DNAのドーピングってできるんだろうか？」

　「今はまだできないと思うわ。でも数年経てば可能になるんじゃないかしら——ウイルスベクターなんかを使ったりして、いや他にもいろんな方法あるかもね？バイオテクノロジーは、今のエレクトロニクス革命が色あせて見えるほどの勢いで進歩すると思うわ」

「ちょっと怖いね。さっき話した超人類について説明してくれる?」

「新しい人種とか人類を作り出すシナリオはたくさんあるの。そのいくつかはメンデルの法則の再発見があった二十世紀初頭から出ているわ」

「残念だけどサラ、そういう優生論は、ヒトラーとスターリンのお気に入りだったんだ」

「その通りよ。でも今では、従来の時間がかかる品種改良の制約をバイパスして、DNA配列情報を使ったトランスジェニック技術、遺伝子編集や品種改良が簡単にできるの。例えば、人類をもっと強く、もっと速く、もっと賢くすること……それから現在治療法がないウイルス性の病気に対して抵抗力をつけることも可能なの。改良したゲノムを、多様性を確保しながら、カギとなる人たちだけに注入するの。そしてそのウイルスをばらまくの。そうすれば改良ゲノムを持った人たちだけが生き残る」

「なるほど。第二次世界大戦後に物理学から分子生物学に転向した人たちのことを思い出すね。その理由は彼らが原子爆弾を恐れたからだった。その中には僕の両親の友達だった人たちもいた。でも今度は彼らが始めた分子生物学が、別の原子爆弾をつくったんだ。遺伝子レベルのね。君はどうして博士号を取った後も研究を続けなかったの?未来の遺伝子戦争に貢献したくなかったから?」

「フルタイムで研究を続けたいという誘惑はあったわ。でも倫理上の問題がひっかかったの、でも本当の理由は医学部の山を登りたかったから。私の父のことは言わなかったかもしれないけど、彼は外科医だったの。彼の一生の仕事を引き継ぎたかったの。でも私には外科医だけというは狭く感じて、それで救急病院で働く選択をしたの。

四国

　研究職は、数マイクロリットルの様々な試薬をアイスバケ
ツの中のプラスチックの遠沈管にピペットで入れるようなこと
を何時間もする孤独な仕事よ。私は人と触れ合う仕事がした
かったの。でも研究室の同僚たちとはまだ交流があるし、公
式にはまだ私はメンバーの一員なの。彼らに質問したりもして
る。私はインターバルについてもっと深く知りたいと思うわ。
例えば、明/暗を伴って繰り返す一日二十四時間のリズムにど
う関係してるのかとか。私が関わった研究で使った、分子生
物学的、生化学的手法を用いてインターバルトレーニングを
研究することで、何か睡眠についても新しいことを知ることが
できるのかとか。季節の影響はどうか？たぶんオン/オフの繰
り返しはすべての温帯生物に含まれているのかもしれないと
かね。
　研究責任者はあの自転車レースのことで私にたくさん質問
したの。特にあの猿とあなたが私から引き出したパフォーマン
スの二度のピークについてね。あの猿のことについては全部
は言わなかったわ。それからあなたを愛してることも言わなか
った。でもあの最後のダッシュで出したあのパフォーマンスは
感情の動機があったからとは説明した。研究責任者とは、私
の正体を明かさないように努める約束をしたの。でも研究所は
もう、自転車レースの優勝者とあの論文の第一著者が同一の
人物ではないかという問い合わせを受けてるの。レースの登
録時にはミドルネームをわざと書かなかったし私がクローズア
ップになってるビデオも消すように頼んだんだけど、同姓同名
だし、インターネットで調べれば両者が同一人物であることを
想像するに難くない。でも一番大切なのは、私のDNAが研究に
使われたことが知られないこと。それを知っているのは、あな
たと研究責任者と私だけなの。それに私のDNAの塩基配列は

もう暗号化してあるから。その解読のキーは私しか持ってないし、一〇八〇のは研究責任者しか持ってないわ。

　もし私が割り出される危険性があるとしたら、それは、このパフォーマンス向上に不可欠なCLUHの配列コードが、一〇八〇を被験者にして発表されているということなの。私はその変異型を持っているから、私のDNAのサンプルにアクセスできる人なら誰でも簡単に私を特定できるわ。私たちはこのプロジェクトのためにPCR分析で大量のランダムスクリーニングを行ってきたけれど、これまでのところ一〇八〇に匹敵する被験者は表れていないの。私は自分のDNAを秘密にしておく必要があるの」

　「それじゃ君は、自分のパフォーマンスについて新しく得た知識はどうするつもり？僕には君がもう一人の一〇八〇に見えるけどね」

　「いいえ、私は一〇八〇じゃないわ。私も他の被験者と同じようにストレステストをしたの。他の被験者たちと私の違いは、私は自分がどこに位置するのか知っているってこと。私の数値はたしかに飛びぬけているわ。でも一〇八〇のような桁違いじゃないの。私は極端な運動に走ることなく普通の生産的な人生を送りたい。自分の遺伝子について知っていることを他の分野に使えたらと思っている。私は登り屋よ。一度頂上に立った後は、できるだけ速く下って、次の登りに期待するの。今の私に必要なのは、それほど坂を下らないで、次のもっと高いピークをめざすことなの」

　「それは音楽じゃないかい、サラ。たぶん君の次の山は音楽じゃないかな……」

彼らはできるだけ普通に過ごそうとしたが、優性遺伝のことが

四国

よく話題に上った。そうやって遺伝子のことが二人の意識の底流にあって普通の意識でいることを妨げた。彼の考えもその新しい知識の意味に向きがちだった。

僕の遺伝学の知識は乏しいし、分子生物学の知識は錆びついている。でも彼女の話を理解することはできた。彼女がこれから登りたい山々は雪崩を抱えた山々だ。いつ落ちてくるかわからない。あのレースまで彼女は無名だった。それが今や、医者で科学者であるばかりか——スポーツのスーパースターになってしまった。いずれ彼女の経歴が明らかなるだろう。顔認識のソフトを使って検索すれば、彼女の顔は見つかる。彼女があの研究の被験者だったと言っている者はまだいない。けれど好奇心がある者は彼女のあのパフォーマンスはただ単に代謝の知識からきているのではなくて、彼女の遺伝子から来ているのだと想像しよう。中には彼女があの有名な一〇八〇の正体だと言い出すものもいよう。日本で起こったことを他にどう説明すればいいのか？彼女は今や究極の「種馬」なのだ。CLUH遺伝子多様体を持つ彼女の卵子を取って、選び抜いた精子と（人工？）受精させて、代理母に移植すれば超人類の始まりだ。彼女のDNA塩基配列は金鉱そのものだ。しかも彼女はそれにアクセスでき、使い方も知っている。彼女が有名になるのを避けたのは、ただプライバシーを守るためだけではなかったのだ。レースに参加することがどんな結果を招くか彼女も予想できなかった。でも、もう彼女の秘密は漏れてしまった。ならず者国家？いや彼女から上がるであろう潜在的利益のことを知ってしまったら、ならず者になる人はた

くさん出てくるだろう。彼女は究極の愛の対象物となったのだ、それも最も基本的な生物学的意味で。ああ僕は流されそうだ。落ち着け。僕はならず者の恋人か？僕は退職記念パーティーで彼女にこんなものがあると感じただろうか？いや、僕らの愛は優生学に影響されてはならない。僕は今や彼女の秘密の守護者になった。それは彼女と連れ添うための代償なのか？次に何が出てくる？もしかして彼女は、今まで話した運動におけるモチベーションのこと、インターバルトレーニングのこと、季節のこと……それから他のタイプのパフォーマンスのことをすべてでっち上げているのだろうか？彼女は睡眠からどんな結論を導き出すのだろうか？睡眠はただの疲労回復だろうか？いつものことながら、彼女は僕より何歩も先を行っている。ただ今しなければならないことが一つある。それは名前を変えることだ。

　「スポーツにおける両性の平等」運動は、新聞雑誌、ブログ、フォーラムやソーシャルメディアで大変な注目を浴びていた。野球、アイスホッケーなどの団体競技からスキーや水泳などの個人競技に至るまで、各種のスポーツ団体に対して、男女差別訴訟が準備されていた。資金調達、無料奉仕の申し込みは、女性と男性の両方から殺到した。
　多くのスポーツファンは最初、チームを男女同数から構成するという案に反対した。しかし一部のファンたちは、野球やバスケットボールなどの競技の根本ルールを変える可能性に興味をそそられた。「スポーツを含めてすべての生活において男女は対等のパートナーだ」というのが新しい運動のスローガンになった。それは女性は男性より弱い性だという前提が

間違いだったことをサラが証明したからだった。体操などの個人競技も、男女が同一のメダルを目指して競技できるようにルールを根本から変える必要が生じた。一部の女性たちは男性と直接対決することに反対した。特にレスリングなどの競技では。しかし反対が出るたびに、両性がより平等な形できるような創造力に富んだ解決策が提唱された。重量挙げのような爆発力が勝負の競技などでさえ同じだった。そのような提案の一つはパワーウェイトレシオを基準に勝敗を決めるというものだった。ジムやスポーツ用品の小売業者は大乗り気で、女性に向けてレクリエーションや競技スポーツを拡大、宣伝するために大量のお金を注ぎ込んだ。女性たちは、格闘技も含めて、従来のタブーを破り直接男性相手に戦った。レスラーやボクサーたちは、女性との直接対決は醍醐味を殺いでしまうと主張した。一方で両性平等の推進派は、きちっと練習を積めば、女性は同じ重量カテゴリーの男性に勝つことができる。それを恐れて男たちは反対しているのだと反論した。

　スポーツ産業の一部は、これらの変更と戦う構えを見せたが、スポーツ解説者の多くは、今や刷新の時代が来たと主張した。サラのために競技スポーツの世界が大騒ぎになった。そして男女差別反対派は裁判に持ち込んでも勝訴する可能性が高くなってきた。スポーツ関連団体の多くはすでに背後で両性の平等に向けて準備を始めていた。

　サラはこれらの動きに驚いたが、動揺することもなく、ひきつづき騒動の外に留まる決心をしていた。彼女は変わることなく毎週一度ママさんに電話した。ママさんは、二人が大阪で歌ったのは大成功で、また彼女をクラブに呼び戻したいと言った。サラは毎日一人でボイストレーニングを続けた。また頻繁にボイストレーナーに付いて、ボーカルのテクニックとレパート

リーを磨いた。二人は屋上ガーデンでよく朝食をとった。ある
朝彼女はお皿の上に紙が置いてあるのを見つけた。

短い間

若い上昇カーブと年を重ねた下降カーブが
逆の方向から交わり、絡み合う
短い間
その後一方が上がり、他方が下がって、また別々になってし
まう前に
お互いそれぞれの役割をもって、

私の愛しい子よ
短い間
お互いを対等なパートナーとして、親友として
兄弟として、僕たちの両親や未来の子孫の
ミラーイメージとして。
そうすれば、ほんの短い間
僕たちは何者であるか、何故にここにいるのか知ることが
できる。

だから、抵抗したり、震えたり、遅らせたりしないで。自然
が
いつかやってきて、後戻りのきかない衝撃で
コースとタイミングを決めるにまかせよ
僕たちは拍車をかけよう、叫ぼう
勝利を目指して最後に猛スピードを出すように。

四国

> より固く抱き合えば、より落ちにくくなり、
> より長い間そこに横たわり、絡み合って、お互いを知り合う
> ここに至る前の軌跡とこれからの軌跡を知り合う
> このつかぬ間の本物の、対等の愛。

そうやって二か月が過ぎた。時間は、最初はゆっくりと、そして日々の生活のパターンができた後は、彼らとその周りをよどみなく流れた。二人は新しい形でさらに親しくなった。二人はアナのアトリエで一緒に彼女の絵のカタログ作りをした。サラはアナのことを知っているように感じ始めた。様々なアナの絵が友達のようになった。しかし一点だけ、他の作品ように洗練されてはいなかったが、感情を根本から揺さぶる絵があった。

「あの廊下に飾ってある絵が気になるんだけど。こどもが描いたような絵なんだけれど、でもあの抽象的な形の後ろに何か大人の、直接訴えるものを感じるんだけど。他の絵と全然違う。パリにあるアナの絵の中の一つなの?」

「お目が高いね。彼女は、あの絵は自分でも気に入っているっていつも言っていた。僕たちの間がもう離れなれなくなって、後戻りできなくなった時をよく捉えているからなんだ」

「サラ、アナのことをどう思う?普通の女性だったら危険を感じると思うけど。でも君はそんな感情は見せないし。僕は嬉しいよ」

「質問してくれてありがとう。あなたの率直さが嬉しいわ。あなたはアナを深く愛してるのね。そのままでいてほしいわ。あなたと共有したいの。彼女の絵とあなたを通して、アナをもっと知りたい。私の父への愛情は彼が亡くなって中断されてしまった。あなたに会うまで、他の男性と好敵手の関係を築けたことはなかったの。それはきっと幽霊を愛してたからだと思う。

でも私は変わった。両親のことはこれからもずっと愛し続ける
けど、でも今はあなたをもっと自由に愛したいの」

「だからいつまでもアナをできるだけあなたの近くにとど
めておいて。彼女との競走なんか望まない。そんなことできる
はずもないわ。彼女の成し遂げたことに比べたら私の自転車
なんて大したこともなくて比較にもならない。これを見て！こ
れは素晴らしい芸術作品なの。掛け値なしのね。感情そのも
のが光や色や形を通して現れてる。これらの絵画の中に彼女
は生きているのよ。彼女のこともっと知りたい。彼女をあなた
と共有したい」

「君がそう言ってくれてホッとしたよ。でも自分を卑下しち
ゃだめだ。君が自転車から引き出しているものは、僕には喜び
であり誇りなんだ。しかも君は競技スポーツを永久に変えてし
まったんだから。芸術の面でも君は抱えきれないほどの才能
を持っている。京都で君が歌って聴衆を深く感動させたのを
覚えている。あれは芸術そのもので、値段なんかつけられな
い」

サラのボイストレーニングが効果を上げてきた。彼女はプ
ッチーニの二つの役、『ラ・ボエーム』のミミと『蝶々夫人』の
蝶々さんに集中した。ミミの方は自分たちの文化に近い。でも
蝶々夫人の方は、アメリカ人と恋に落ちる十代の芸者にならな
ければならなかった。日本への旅行がこれに役立った。彼女
は蝶々夫人の中に、愛の旋風と葛藤、献身と自殺という互いに
相反する力を見た——それは自分の中にもあって、プッチー
ニのオペラの中で増強された。

彼らはジムとの最後のミーティングを持った。ジムは彼らに

四国

隔離状態を破ってマンハッタンのレストランにでも行ってはどうかと勧めた。ただし、まだ公の場所で自転車に乗るのは控えるようにと言った。スポーツ・リブ運動はさらに高まりを見せていた。当初の激昂はいくぶん静まり、スポーツ産業との団体による交渉に移ってきた。

彼女はまた救急病院で交代要員として働き始めた。また睡眠の本の執筆にも熱心に取り組んだ。彼女は徐々に引きこもり状態から這い出してきたが、まだこの隠遁を楽しんでいた。

今までにこんなに幸せだったことはないわ。私には恋人があり、同伴者がある。そして何も邪魔されずに仕事に集中できる。私には大切な家族ができたの。私は過去から解放されて、いまはとても心地よくわくわくする。私が私でいられる——私たちが私たちでいられる。

シローさんが小豆島から電話して、島の元気なレポートをくれた。島の宿泊施設は数か月先まで予約済み。レースに使われたコースは、自転車や徒歩で訪れる観光客のために、週末は自動車両の乗り入れが禁止された。たくさんの人々が自転車をもってロープウェイで山に登り、そこから自転車で走り下りた。レンタル自転車は一夜にしてビッグビジネスに変身した。シローさんは、大量の観光客を収容する新しいホテルの建設に反対して戦っている。その結果、新しいビル建設の一時停止を勝ち取った。多くの既存の建物が改築されてレストランやホテルになっている。

あの猿のエピソードがあった場所は大変な注目を浴びて、人々は自転車に乗って、そこを通り、猿たちが同じ行動を取っ

てくれるのを願いながらその再現を試みようとしていた。猿た
ちは協力してはくれなかったが、よくその場に現れ、道のわき
をうろついたり、木々の枝から人間たちの行動を観察したりし
ていた。小豆島は自転車天国としてのアイデンティティーを新
たに見つけた。そのため専用の自転車道路が建設されている。
さらに全島から自動車両を締めだし、世界の見本となるという
案まで出ている。来年のレースの計画も進んでいて、次回は世
界中から性別を問わずレースに参加できるということだった。
下りの急カーブはパッドやネットで保護される予定だ。彼によ
れば、本州と小豆島を結ぶフェリーの本数が二倍に増え、近い
将来、神戸と大阪からの直行便が計画されているとのことだっ
た。東京の、ある宗教セクトがサラを神として崇めているとも言
った。彼らは、彼女のレースでのあの果敢な下りにちなんで、
彼女をカミカゼと呼んでいるということだった。また彼はデリ
ーのジャーナリストが彼女を、ヒンズー教の猿の神、ハヌマーン
にかけてハヌウーマンだと書いたのを読んだとも言った。シロ
ーさんはそれを面白がっているようだった。それから、自分がこ
との一部始終を知っている三人のインサイダーの一人でありつ
づけることを誇りに思っているようでもあった。

　二人はそれらのニュースを理解するのに困った。最初彼ら
は、そんなことは不可能だと思った。でも結局インターネットと
他の何かが、人々の空想を刺激して、ただ一度の自転車レース
がこういう効果をもつこともあり得るかもしれないと思った。
サラは、自分の果たした役割が時間の経過とともに女性の権
利の向上の歴史の中で小さくなっていくように願っていた。と
もかく彼女は自分自身は距離を保って、関心ある傍観者とし
てい続けることに決めていた。

四国

二人は七月のある蒸し暑い夜に、屋上テラスでロウソクをともして夕食を取っていた。空はもう暗かったが、西の空にはまだ日の入り後の残光があった。最初の料理はアサリだった。続いてアボカドのサラダ、ポーチドエッグ、鴨の胸肉と続いた。サラダにかけるフレンチドレッシングも作ってあった。二人はメインディッシュにあわせてサンセールワインを飲んだ。サラは幸福で満足していた。

「本当に最高だわ！これ以上幸せになることは無理だわ。これ以上何か変えることができる？」

「時間だけだね。僕は時間を変えたいよ」

「どう変えるの？」

「もっと伸び縮みできるようにね」

「もうそうなってるわ。伸びたり縮んだりしてる。今は伸びてるんだわ」

「君の言うとおりだよ、サラ。今は引き伸びてゆっくり流れてる。このワインみたいに味わいがずっと後まで尾を引くんだ。僕はこの時間をさらにもっと引き伸ばしたいね。そうすれば僕たちの人生の今を、この十字路にいる時間をもっと長引かせることができる」

「世代を超えて交わるというあなたの詩ね？」

「そう、僕たちが精神的にも肉体的にも一緒にいるこの時だ」

「心配してるの？」

「心配してる？ああ、少しね。君の現在と将来において僕がどういう役割を担ったらいいのか考えているんだ」

「あら、深刻なのね。それであなたの考えは？」

彼は彼女の手を取った。

「サラ、いつか、今じゃなくて、もっと先のことなんだけれ

314

ど、僕は……僕は今とは別の役割を見つけなくちゃならいと思う。君は僕より若い恋人が必要になる。そして結婚して、子供もできるだろう。今じゃないんだけれど、将来僕は、今の役割を卒業して、ゆっくりと、君のもっと年上のファンに変わってゆくべきなのだと思う」

「でも私今のままで幸せなの。こんなに幸せな思いをしたことはこれまでにないし、あなたは私の究極の恋人で同伴者なのよ。あなたをあきらめることなんかできないわ」

「なにも今君にそれを求めてるわけじゃないよ。今から少し将来への扉を開けておくだけだよ。そしてその時が来たら、僕が君の恋人の座をもっと若い誰かに譲る準備ができてるってことがわかるんだ」

「でもあなた以外に他の誰がこの私に付き合えるの?」

「君の強さに気圧されないだけの強さを持った誰かだね。君と興味を分かち合うだけの寛大さを持った誰かだ。その彼が現れたら君はそれに気づくよ。君の幸運を信じて、心を開いておきなさい」

「じゃあなたは?あなたはどうなるの?」

「僕もそこにいるさ、これまでになく君の近くにね——いつも君と一緒で、いつも君を愛しているよ。約束するよ」

太陽と夏はその最高潮にあった。空には雲一つなく、気温は最適だった。しかし彼らはその時の流れに巻き込まれた。そこに深い底、急流や渦があるのを無視できなかった。二人は将来の見通しを立てる必要があることを認め合った。これで最初のステップは踏まれた。それで彼らの会話は他のより安全な話題に移っていった。

「あなたとアナはどうやって結婚が型にはまらないようにしたの?」

四国

「僕たちは一緒にいろいろな冒険をした。僕たちは自分た
ちのアパートを改装し、ビル全体も復元した。それが僕たちに
共通の情熱だったし、一緒に肉体労働もしたよ。そうするうち
に僕たちの周りの地区一帯が、昔の魅力を失うことなくきれい
に復元されて、住み安くなった。（でもあのディーラーのお隣さ
んがいなくなったのは寂しかったけどね。）僕たちはよくドレス
アップしてオペラを観に行ったり、二人だけのロマンチックな
夜を家で過ごしたりした。美味しい食事とワインを楽しみなが
らね。僕たちはできるだけマンネリ化しないように努めたよ。
例えば普通じゃない、びっくりするような場所で、それも普通と
は違う時間帯に愛し合ったりした。僕たちは情熱的な恋人同
士で、いつも相手から学ぶことを止めなかった。アナはフラン
ス人だったから、仕事と家のことははっきり分けた。それで僕
たちは旅行休暇をたくさん取った。自転車で旅行することが多
かった」

「もっと聞かせて」

「彼女はフランス式の、一か月まるまる休暇を取ってバカ
ンスに出ることの信奉者だった。それでよくフランスに出かけ
て、一週間彼女の両親と過ごし、それからキャンプ用具を自転
車に積んで旅行に出かけたものだった。電車に自転車を乗せ
て、毎年フランスの別の地域を旅行して回った。天気がどうし
ようもなく悪い時と、とても素晴らしいホテルを見かけたとき
以外はホテルに泊まらなかった。僕たちはそうやって体験を
共有したおかげで、僕たちの恋愛関係を若々しく、新鮮に保
てたんだ。アナの両親が亡くなった後は、半年をパリの彼らの
アパートで暮らすことになった。僕は大学の授業を一学期にま
とめることができたし、彼女の方はコンピューターと電話とイ
ーゼルがあればどこでも仕事ができたから」

「夢みたいね。私たちはいつ行けるのかしら?」

「パリのアパートはもう僕たちを待っているよ。置いてある自転車もすぐに乗れる状態にある。今から一か月後に出発ってのはどうかな?そうすればデッドラインができるし、フランスは八月の半ばだ。この時期は市内が静かになるから、君に僕のパリを案内できる。しばらくパリをベースにして、そこからヴォージュ山脈やジュラ山脈、もしかしたらアルプスまで足を延ばせるかもしれない。それともロワール渓谷をサイクリングするべきかな?」

「いいわ、いいわ、絶対にいいわ。私はあなたともっと冒険したい、もっと愛し合いたい、もっとあなたを知りたい。あなたは、共通体験で愛は一層深まるって教えてくれた。私はこの愛をもっと深めたい。だからぜひフランスへ行きましょう。八月半ば出発ということなら、それまでに本のプロジェクトを再提出できる時間があるわ。あなたと一緒にフランスを見て回るのが待ち遠しいわ。日本では、私の言葉を話す人はあなただけだっていう感じが好きだった。だからフランスでも私たちずっと英語で話し続けることもできるんだけど。でも次の旅は違うわ。私たちは土地の言葉を知ってるし、フランスを本当に感じることができるの。フランスパンとワインとチーズを思い浮かべるだけで、唾液が出てきちゃう。猿はいるの?」

「たぶん僕が何匹か調達できると思うよ。もしそれがダメだったら、猿のぬいぐるみをレンタルできる場所を知ってるしね」

彼らの平穏は、ジムからの電話で破られた。彼との雇用契約はすでに切れていたにも関わらず、サラのために電話してきたのだった。あるタブロイド紙が、サラがニューヨークにいると

いう記事を載せた。ブルックリンの青果店でサラ名義のクレジットカードが使われたことを根拠にしていた。彼によると、サラへの大衆の関心はまだあるが、薄れつつあるので、タブロイド記者は、話をぶり返す良いチャンスだとみているというものだった。小さな火花でそれがまた再燃する可能性があった。それでジャーナリストたちはこの第二弾の機会を捉えて上手く再燃に持ち込もうと狙っていた。彼女は自分の正体を曝しかねない行為には気をつけなければならないと言われた。彼らはジムにフランスへの自転車旅行の計画のことを話した。彼はフランスのことは何もわからないが、でもサラが自分のパスポートで自転車に乗ってホテルに現れたら、世界中どこにいても気づかれる可能性が高いからと注意した。

　突然また一夜にしてセレブになってしまう恐れが出てきた。彼らの自由で光に満ちた美しい世界にまた影が差してきた。またゼロから始めなければならないように思われた。

　「性転換して、女性の物まねをする仕事にでもしようかしら」

　「きみがそうするんだったら、僕は、お父さんに愛情を感じている若い娘たち専門のジゴロにでもなろうかな」

　「私は自分自身の経験に基づいてあなたに最高の推薦状を書いてあげるわ。あなたのウェブサイトで私のことに言及していいのよ」

　「どうもありがとう。他に君のIDを変更する方法はどんなのがあるかな?」

　「あなたが好きなのを選んでちょうだい。だってあなたは私のコーチだから。何かいい案でもあるの?」

　「正直に言おう。僕はそれに備えて長い間準備してたんだ。今すぐ戻るからちょっと待ってて」

　彼は自分の事務室に行って、ファイル入れを持って戻ってきた。

　「できればペダルを逆漕ぎして、君と同じ年頃で君に会いたかったよ。僕は一生懸命に漕いだんだけど、チェーンが外れて、いくら漕いでも進まなくなってしまった。これは養子縁組の書類で、成立すれば僕は君の法律上の父親になる。できるなら君の夫になりたいけどね。グランド・セントラル駅でお昼をしたときに君にプロポーズしたかった。そして君を足元から救い上げて、市役所まで運んで行きたかった。でもそんなことで問題は解決できないことは分かっていた。今はそれをしなくてよかったと思ってる。特に君があのボス猿とやりあったのを見た後はね」

　彼は話すのを止めて、彼女の反応を熱心に見ながら続けた。

　「結婚すれば何年かは最高に幸せな時が過ごせるだろう。でもその後は僕たちの軌跡は互いに離れて行く。そして僕の衰えは君の悲劇になるだろう。でも養子縁組をすれば、君の方はいま死ぬほど必要な改名が実現できるし、僕の方は君を跡取りにできる。僕の親戚といえば、子供がいない二人のいとこだけで、しかも彼らとは全然会っていない。アナの遺産は誰かもっとふさわしい人が継ぐべきだ。君は僕たちが持てなかった娘なんだ。彼女は仕事に情熱を燃やした。その彼女の努力の結晶が急に消えてなくなってしまうべきではない。今話したように、養子縁組は二つの問題を同時に解決してくれる。一つは君の名前の変更で、もう一つは僕とアナの跡継ぎの問題だ」

　「三つ目に、近親相姦の問題っていうのも作ったら?」

　「その通り。でも近親相姦は楽しいじゃないか」

319

四国

「あなたってひどい人。私はほんとに性転換して、女性の
物まねをするつもりよ」
　そうやって二人は大いに笑った。
　彼は彼女の前に跪いた。
　「サラ、僕のサラ。僕は君を猛烈に愛してる。熱愛してる。
僕の娘になってくれるかい?」
　今度は彼女も跪いて彼の手を取って言った。
　「もちろん。そうします。あなたをずっと愛して、あなたと一
緒にいられるなら」
　「それじゃあこの養子縁組を完結させることにしようか?」
　彼は彼女をガーデンからアトリエに連れて行った。彼らは
手をつないでソファに座った。しばらく沈黙が続いた。その沈
黙は、情熱的で感動的なヴェルディのオペラの休息時間、そ
の間に舞台が入れ替わり、歌手たちが楽屋で休息し、ハーブ
ティーを飲む、そんな休息時間に値する沈黙だった。それから
オーケストラがまた演奏を始め、カーテンが上がって第二幕
が始まった。それは交差し、もつれ、どんでん返しに富んだ筋
書きで、演奏は高調した。

　朝の光が、カーペットの上に横たわった二人に当たった。
掛け布団に一緒にくるまって、巨大な巻きずしのような格好だ
った。
　「おはようございます!よく眠れた?」
　「ええ。あなたと一緒にくるまってとっても気持ちよかった
わ。あなたの方はどうなの?」
　「ぐっすり眠れたよ。でもちょうどいま不思議な夢を見たん
だ」
　「教えて!」

「いいよ。でも言っとくけどちょっと変な夢だよ。僕たちは日本で温泉宿に泊まってた。僕は朝早く起きて朝湯を浴びに出た。君にメモを残してね。僕は浴衣を着て、手ぬぐいをもって温泉まで行った。まだ寝ぼけ眼だった。そしていつものように温泉に入ったんだ。早朝だから誰もいなかった。僕は手ぬぐいを頭に乗せ、あったかい温泉を楽しんでた。すると突然女性たちの声が聞こえた。その声はだんだん大きくなってきた。僕は彼女たちが曇ったガラス戸の向こう側の更衣室にいることが分かった。僕は寝ぼけていたので漢字を間違えて女湯に入っちゃったらしい。僕は裸で女湯にいる、そこへ彼女たちは今にも入ってこようとしている」

「とっさに考えた。出口は一つしかない。でもそれには更衣室を通らなければならない。僕は逃げ道なしだ。僕はさっと湯船から上がって、隣の石柱のある隣の湯船に移った。その石柱から温泉が流れ落ちていた。僕は必死にその石柱の陰に隠れた。頭に手ぬぐいを乗せて。でも脚が湯船から突き出ていて、男のシンボルも湯が浅いので透けて見えてた。でもどこかで、女性の物まねをする男優は、自分のいちもつを両足で覆うように隠すって読んだことを覚えていた。それで僕もそれをやってみた。ちょっと心地が悪かったが、一応はできた。即席性転換だ。最初の女性が湯船に入ってきた。頭の手ぬぐいで良く見えなかった。僕は全員が入浴を終わるまで待って、それから更衣室を通って逃げるのが一番いいと考えた」

「女性たちは電線の鳥のようにやってきた。興味でちょっと覗いてみたりもできた。彼女たちは僕のいる湯船の反対側に集まっていた。それから小さな男の子が走り回って、水を跳ね飛ばしていた。すべて計算通りと思っていた瞬間に突然彼女たちは静かになった。彼女らに見破られたのかなと思って、

チラッと覗いてみた。そしたら僕の方は見てなかった。彼女た
ちはちょうどいま入ってきた女性の方を見ていたのだった。髪
はシャワーを浴びたばかりで濡れていて、彼女はすっぽんぽ
んだった。プロポーションは完璧で、見事だった。豊かな曲線
を備え、理想的にバランスが取れていた。彼女は生きた古代
ギリシアの大理石像だった。彼女が湯船に入ってくると、その
引き締まって強い肉体が見えた。彼女の均整の取れた曲線の
下には筋肉があった。僕は興奮してきて、女性の物まねを続
けるのが困難になってきた」

　「さぞ痛かったでしょうね。で、その美女は誰だったの?」

　「もうすぐわかるよ。さて、今話したように、女性の物まね
を続けるのが難しくなった。それで僕は、覗くのをやめて手ぬ
ぐいでまた目を隠して、背中を倒してお湯に浸かり、算数の問
題を頭の中で考えて、その美女のことを忘れようと努めた。よ
うやく落ち着いたと思ったとき、今度はあの子供が騒ぎなが
ら水をバシャバシャやって、こっちに近づいてきたんだ。僕はも
う一度のぞき見した。するとその美女は僕から遠くないところ
に立っていた。彼女の背中とお尻が見えた。おおなんと美形
なんだ。彼女の曲線と直線は理想的に調和が取れていて、腰
はくびれ、お尻は締まっていた。僕はまた興奮してしまって、で
も今度は彼女から目が離せなくなって。彼女は振り向いて僕
の方に向かってきた。そして彼女の美しい顔と、ダンサーのよ
うな体、胸は盛り上がって美しい形で、歩くたびに豊かに揺れ
る。僕はあそこの痛みに耐えられなくなって、また手ぬぐいで
目を隠して、そのヴィーナスを頭から追い出そうと懸命になっ
た」

　「それでどうなったの?」

　「その子供はどんどん近づいてきて、水しぶきをそこら中に

まき散らすんだ。すると突然静かになった。恐ろしくて見れなかった。でもその子供が水をかき分けながらこっちへ来るのが聞こえた。その小さな男の子が僕に興味を示しているのを感じて僕は恐ろしくなった。それに、今まであの理想的な肉体を持った裸の、セックスの女神がこっちの方に歩いてくるのに興奮して覗いていたので、僕の女装の試みには解剖学的に重大な問題が生じていた。ついにその子供の足が僕のすぐ手前の湯の中に見えた。突然、ぱっと！その子は手ぬぐいを僕の頭から取った。そして笑って僕を指さした。皆が僕を見て、悲鳴を上げてた。湯船の反対側の女性たちは湯から上がろうとしていた。その美女以外はみんな更衣室に走りこんだ。でもそのミロのヴィーナスはこっちにやってきた。僕はあんまり興奮したんで、もうそれ以上女装はできなくなった。僕はコントロールを失って、体は湯船に浮かび上がり、僕のムスコは水面から飛び出てしまった。そこで目が覚めた。クレイジーな夢だろう？」

「すごく興味ある夢だわ。本当に、でもその謎の美女は誰だったの？」

「ああ！言うのを忘れてた。その美女はもちろん君だったんだよ！」

「何てわくわくして、うれしくなる話なの。目が覚めなければよかったのにね。その続きがどうなったか知りたかったわ。次のエピソードを聞くのが楽しみ！」

朝食を取りながら彼は、自転車旅行の代わりに、フランス中部のロワール川をカヤックで下るのはどうかと提案した。基本的に川の中州でキャンプして、時々のキャンプ場、ホテル、レストランを使うという計画だ。食事は、近くの村や町で仕入れた材料を使って基本的に自分たちで作る。二人用の空気注入式

カヤックを持って電車で中央高地のふもとのクレルモンフェランの近くまで行く。そしてそこからロワール川を下って――おそらく海岸まで下る。彼はアナと大昔その一部をたどったことがあったが、ルートの大半は彼にとっても初めてだった。二人は地図を見て研究した。彼はフランス語のロワール川下りガイドを注文した。ロワール川はヨーロッパで最後の自由な流れの川で、ダムが少なく、野生生物、歴史ある街、ルネッサンス期の城やワインの産地がたくさん見られる。彼らはこの計画を実行に移すことに決めた。三週間後に出発する飛行機を取った。養子縁組の方は、これから三週間と、フランスで過ごす六週間の間に手続きが決まるだろう。

出発までの間、彼らは仕事のペースを緩め、カヤック旅行の準備をした。彼は心穏やかだった。それはサラが養子縁組の申し出を進んで受け入れてくれたからだ。当面は何の変化もないが、必ず来るその日が来たら、彼は有終の美を飾って退場できる。

サラは書き直した本のプロジェクトを、その新しい出版社に送った。彼女は歌の練習を続け、毎週欠かさずママさんを電話で話した。しかし今回の電話には、間に通訳が入ったので驚いた。何か大切な話があるようだった。ママさんは、あの京都の結婚式の披露宴で演奏したジャズピアニストから手紙をもらっていた。それによると彼はニューヨークに演奏旅行に来るということで、サラに連絡を取りたいということだった。サラはママさんに、電話番号を教えても構わないと言った。そのジャズピアニストは数日後サラに電話してきて、彼のトリオとジャムセッションを申し込んだ。彼らは、有名なジャズ・スタンダードに出演する前に、ブルックリンのロフトでリハーサルをするということだった。サラは嬉しくなった。

　彼女は、トリオが二時間のリハーサルを終えて休憩時間に入る時に、彼らを訪れた。彼女は、トリオのアメリカ人のベースプレイヤーとフランス人の女性ドラマーに紹介された。お互いに話して、気が合うことを感じた。サラは彼らといて安心できた。それに彼らの国籍が多様なのも気に入った。ピアニストは一緒に歌わないかと聞いた。サラはぜひと答えた。みんな喜んだ。一時間ほどスタンダードナンバーと、オリジナルを二曲練習した。そのオリジナルの曲はピアニストとドラマーが作曲したもので、今回が初めての演奏になる。セッションが終わると、ピアニストはサラに、彼らのジャズ・スタンダードでの二回目の演奏の途中まで客席に座っていてくれるようにと言った。彼女は、客席から呼び出されるサプライズゲストになる予定だった。

　「本当に私が出ていいの?」

　彼らは皆、彼女に出て欲しいと言った。そして、彼女が歌う曲のリストを作った。その中にはドラマーが作曲したフランス語の曲と、ピアニストが作曲した日本語の曲も入っていた。彼らはサラをどう紹介するか考えた。彼らはまだサラの苗字を知らなかったのだ。サラはためらうこともなく、サラ・カミというステージ・ネームを提案した。

　彼らのコンサートは、サラ達がフランスへ出発する前夜だった。そしてそれはニューヨークに別れを告げるのにふさわしい仕方のように思われた。コンサートの前に、その新しいフランス語と日本語の曲を習うだけの時間はあった。彼女はその新曲に取り組んだ。一方彼の方は、旅行のための情報を収集し、空気注入式カヤックを手に入れた。それはスーツケースで簡単に運べそうだった。

　出発の前日にすべての準備が完了した。サラはトリオと最

後のリハーサルをした。それから彼女はステージ衣装を決め
にかかった。
　「どう思う?」
　「君が京都で着た、あの日本人デザイナーの衣装は見事だ
ったね」
　彼女は彼の前でそれらを着てみせた。彼らは彼女が結婚
式の披露宴で着た、床まで届くフローイング・ガウンを選ん
だ。ファッション写真家の友人が、ヘアとメーキャップのスタ
イリストを紹介してくれた。サラの内から出る輝きはさらに増し
ていた。しかし、そこにはわざとらしさはどこにもなかった。彼
女はこの上なく美しく、華やかだった。
　彼らはタクシーでマンハッタンに入って、トリオの二回目の
演奏の始めにジャズ・スタンダードに到着した。後ろの方のメ
インフロアより高いところに二人用のボックス席が設けてあ
った。ジャズ・スタンダードはエレガントなジャズクラブだった。
食事は出されるが、音を立てないように出された。それは客が
音楽を聴きに来ているからだ。クラブはほぼ満員だった。一
曲目はスタンダードジャズのメドレーで、複雑な演奏とオリジ
ナルな演奏が織り交ざっていた。しかも時々その二つが同時に
重なった。次にピアニストがオリジナルの曲を生き生きと弾い
た。それは構築され、再構築され、離陸し、自由に飛び、それ
から地球に戻って緩やかに着陸するような感じだった。彼ら
はベーシストが作曲した曲に移った。ベースのソロで始まり、
バラード調に入り、それから最後はまた、ベースを弓で弾く感
動的なベースソロで終わった。
　ピアニストがマイクを取ってトリオを紹介した。メンバーの
三人を紹介し終わると、彼はある話を紹介した。それは、彼が
京都であった結婚式で演奏した際に、ある歌手が飛び入りし

て、まったくリハーサルなしに演奏した話だった。それは思い
がけなく素晴らしい体験だったけれども、彼はすぐ次のコン
サートのためにその場を離れなくては行けなくて、その歌手
に名前を聞けなかった。後で何とか彼女の居所を突き止めた
ら、なんとこのジャズ・スタンダードで演奏する時期にニューヨ
ークにいることが分かった。

　「特別な機会なので、彼女に僕たちのコンサートに出て
くれるように頼みました。さて皆さま、拍手をおねがいしま
す……」

　といってピアニストはサラを、新しいステージ・ネームで呼
んでステージに招いた。ステージの照明が暗くなった。そし
て、薄手の長いガウンを着たサラが客席からステージに移動
というか引きずっていくのを、スポットライトが追った。まさに
あの京都の時のようだった。彼らはサラがステージに辿り着く
前に演奏し始めた。そして彼女はちょうど『マイ・ファニー・ヴ
ァレンタイン』に間に合うようにステージに上がった。

彼の手前のテーブルの男性が女性の手を取ったのが見えた。
その女性はハンドバッグからハンカチを取り出して、涙を拭い
ていた。サラが歌い始めると、他のカップルたちも手を取り合
うのが見えた。彼は自分も同じことをしたいと思った。あたか
も亡くなったアナが今自分の横に座っているかのように。皆の
息遣いが、その歌手と音楽と一体になった。彼女は観客たち
を釘付けにし、夢中にさせた。もうステージの他からは何の音
も聞こえなかった。ウェイター達さえも、立ったまま動かなか
った。バーマンもその場で動けなくなった。彼女はその曲をま
っすぐで純粋に歌った。それから同じ曲を、今度は趣を全く変
えて、即興で歌い出した。メロディーとリズムが切り離れ、次

は何が起こるかわからない。そしてメロディーが歌の背後で巧妙に変化した。曲は最後に哀調を帯びたデクレッシェンドとなり、とても優しくフェードアウトした。曲が終わった後、会場はしんと静まり返り、真っ暗になった。観客の女性が、「ああ最高！」と叫ぶ声が聞こえた。それから弱々しく拍手が始まって、ステージに照明が戻ると、それが嵐のような拍手に変わった。バンドは反応に唖然としていた。サラは自然で落ち着いていた。観客の方に向かって微笑んだり、輝いた表情を向けたりした。一列目の席を見下ろしたり、会場の聴衆ひとりひとりに笑顔を向けたりした。

　バンドは二曲目を演奏し始めた。サラは優しいバラ色の光が当たる中をステージ後方に向かい立っていた。彼女が観客の方に向き直ったところにスポットライトが当たった。彼女は軽くイントロ歌っている——レチタティーヴォだ。しかしフランス語で、それも完璧なフランス語でだ——音楽はフランス的だ。しかも一九五〇年代の雰囲気がある。しかし新しく、生き生きとして、活気に満ちた曲だった。ドラマーはブラシを使っていた。そしてサラの唇の動きの一つ一つ、息遣い一つ一つに注意して演奏していた。それはこれまで誰も聞いたことがないオリジナルなフランスのクラシックジャズだった——別れた恋人同士が、トラウマと冒険の末に再び巡り合うというストーリーだった。彼女がイントロでその物語を語り、その後に歌詞がワルツ調で始まる。スイングする。バンドは彼女と完全に合っていた。彼女は同じ歌詞を英語で繰り返した。バンドの各メンバーが短いソロをした。そして彼女が二番目の歌詞をまたフランス語で歌った。それからまたそれを英語で繰り返した後、スキャットを始めた。そして最後に、サラが、メンバーの一人一人を回って、歌いながら、踊りながら、熱狂的な喜びをみせな

がら、大胆にあふれんばかりの即興で歌って終わった。最後にサラはステージ後方に向かい、両手を上げた。照明は薄紫色から鮮やかな赤色に変わった。そして照明が消えた。

観客は立ち上がっていた。誰かが「サラ」と叫んだ。それに続いて、観客は「サラ」、「サラ」と拍手を伴って繰り返した。彼女はそれをやり過ごした。そして観客が座り始めると、彼女はメンバーの女性ドラマーをその曲の作曲者として紹介して、彼女にお礼を言った。

「さてもう一曲オリジナルです——今度は日本のです」

彼女はピアニストに向かって日本式に深々と頭を下げた。ピアニストはバラードを弾き始めた。とても優しくメロディーを引き出していた。強くて同時にメランコリックで、リズムとコードはシンプルだった。なにか子供が歌う民謡のようだった。照明が青に変わった。サラが歌い始めた。金色の照明が彼女を照らした。彼女は日本語で歌った。歌詞の中に広島という言葉が出てきた。何かこの世が終わるような雰囲気の曲だったが、歌の意味はわかる由もなかった。

観客の中ほどからすすり泣く声が聞こえた。それは二人の日本人女性たちだった。一人は両手であからさまに、泣いていて、両手で顔を隠そうとしていた。もう一人の女性は、もっと穏やかにすすり泣いていて、ハンカチで涙をぬぐっていた。サラは彼女らに向かって、優しく、素直に歌いかけた。それから彼女はフェードアウトして間奏に入り、トリオと一緒にハミングした。それは静かだったが、同時に激しかった。その日本女性たちがすすり泣くのを背景に、サラは観客に向かって英語で優しく語りかけた。音楽は続いていた。彼女はその歌の物語を語った。それは広島に原爆が落ちた後に実際にあった話にインスピレーションを受けたものだった。ある青年が九州を自転

車で横断して、破壊された広島に叔父さんを探しに来た。叔父さんの家は原爆で破壊され、黒焦げになって、一部はまだ燃えていた。その青年は結局叔父さんを見つけることはできなかったが、その火を家に持ち帰り、一生それを守った。その人が亡くなったとき、記念碑が建立された。そしてその火は未だに燃えている。悲しみと希望の炎。

　彼女は日本語でその歌を繰り返した。さらに多くの観客が泣き出した。終わりに曲に合わせてサラがハミングして、ピアニストも彼女に合わせてゆっくりとフェードアウトした。そして照明も暗い赤色に変わった。拍手さえもなかった。さらにハンカチが取り出され、室内は涙の洪水となった。他の観客もそれに流された。暗闇の中である男性が、ついに沈黙をやぶり「二度と繰り返すな。二度と繰り返すな!」と叫んだ。まだ拍手はなかった。会場は照明が消えたままだった。そして人々は徐々に落ち着きを取り戻した。照明がパッと戻った。サラは立っていた。ピアニストと手をつないで深くお辞儀をした。拍手はブリキの屋根に降り注ぐ雨のようだった。ゆっくりと、悲しげに——優しく続いた。

　最後の曲は『君は我がすべて』だった。サラはトリオと一緒に始めた。イントロは何か話しているような感じで始まった。コーラスが始まって、彼女が歌い出した。「あなたは春を告げるキス……」音楽が勢いを増し、流れに乗った。それは愛そのものだった。彼女は彼に向かって歌い、どんどん高揚して、ついに倍テンポになった。とても元気で喜びに満ちた即興で、ソロになったりスキャットが入ったりととても大胆で信じられないような即興だった。サラは周りの空気から音を拾って、観客に向かってそれを流し送った。一節をマイクを持って歌い、次にマイク無しでその節を繰り返した。トリオの演奏は全開にな

330

った。観客も誰もかれもが曲の最後まで踊り狂った。そして照明が一瞬まぶしく光り、真っ暗になった。

　観客はまだ狂ったように、手をたたいたり、足を踏み鳴らしたりしていた。照明が戻った。サラとトリオのメンバーたちはステージの前方に出て最後のお辞儀をした。

　彼は周りを見渡した。ウェイターたちはバーの周りに集まり、キッチンのスタッフも彼らと一緒にいた。バーマンは飛び跳ねながら拳でバーのカウンターを叩いていた。観客の方も我を忘れて踊り狂っていた。演奏者たちがステージから去っても観客はひきつづき拍手を送り、声を集めて「サラ！サラ！」と叫んでいた。ピアニストが最後に一人でステージに戻った。そしてマイクを取った。観客はようやく座についた。彼は、こうやって一晩中演奏していたいのだが、数時間後の飛行機に乗らなければならないと話した。京都でまた結婚式の演奏が待っているのだった。照明が暗くなって、再び照明が戻ったときステージは空になっていた。

　隣のボックス席の男性はサラの名前を知りたがった。彼はサラ・カミと書いてその男性に渡した。他の人々も彼に質問を浴びせた。彼女のCDを買いたがった。彼は質問に丁寧に答えて、ゆっくりとキッチンの方に向かった。それから両開きドアを反対側から入って、ドアが閉まる際に手を振った。そして空のキッチンに一人になった。彼はもう一つのドアが廊下に続いているのを見た。そこを通ると階段が何段かあり、そこを下るとまた階段があって、ようやく地下にある楽屋のドアを見つけた。楽屋にはサラがバンドと一緒にいた。彼女は彼を強く抱きしめ、彼を彼女の精神的なボディーガードだと紹介した。二人は楽屋口から通りに出て、歩いてタクシーを拾った。

　「僕が一生懸命に会場から出ようとしていたとき、誰かが

331

大声でいうのが聞こえたんだ。『今夜は凄かったね。僕はクラブのオーナーをしてるけど、こんなことはいままでにないよ。ほんとに凄い。』って言ってた。僕たちはあと数時間でパリ行きの便に乗れるから、幸運だと思うよ。でなきゃ、またジムにセレブ管理を頼まなきゃならないからね。またやってくれたね。サラ。おめでとう。僕は涙が止まらなかった。君は愛の音色で、愛の糧だ。アナは僕の隣にいて、君の歌を聞いて誇らしく思っていたよ」

　二人は家に戻り、屋上ガーデンのベンチに座ってシャンパンを開けた。まだコンサートに出かけた服装のままだった。それから二人は、コンサートのショーについて、歌い方について、人を感動させることについて話した。

　「君は魔法のような、うっとりさせる歌い方をする。君の美しい声は僕たちの心に直接響いてくる。シルクのスカーフのような、侍の刀のような、鷲が飛ぶような歌声だ。君は何て美しいんだ。まさに目のごちそうだ。いや、もっとそれ以上のものだ。君は君でただ一人の君だ。君は率直で、言葉に、音楽に、君自身に、そして観客に忠実だ。君は音符やリズムや言葉の技巧を超えたところで歌ってる。あの小豆島で見せた最後のダッシュの時みたいにね。君は僕たちの期待なんか優に超えていて、僕たちは君の魔法を何か本物で、まったく自然なものとして感じる。何て説明していいのかわからないよ。僕は今夜のことをしっかり理解しなくちゃならない。もっと時間をかけて君を理解しなくちゃ、今夜の奇跡のような君の歌を理解しなくちゃね」

　「そんなに褒めてもらってうれしいわ。今夜はすべてがうまくいったの。彼らは素晴らしいバンドだったし、彼らの新曲も最高に素晴らしかった。それに観客もものすごく素敵だった！歌い出

した時からもう一体感を感じたわ。だからうまくいったの。本当
にラッキーで、本当に幸せだった。新しいレベルで歌うことがで
きた。あなたが言う通り。あれは小豆島のレースの最後のダッ
シュみたいだったわ——何か地面から離れて空中に飛び上が
る感じがした。私はあなたへの愛のために歌ったの。あなたが
ただ一人の観客だった。それだけしかいらなかった」

　かなり時間が経ってからやっと二人は下に降りてきた。もう
休む時間だったが、その前にサラは最後のバラードを一曲歌
った。それは長く、メロディー豊かな曲で、シンプルで飾らな
い歌詞と見事に調和したバラードだった。優しくスイングする
リズムを伴って、深く心をいやし——愛情にあふれるクライマ
ックスとなった。

飛行機が離陸した。隣の席が空席だったので、二人は話した。
しかし、新しい話題はあまりなかった。彼はサラに照明につい
て質問した。サラは、彼女がトリオと歌う約束をした際に、ピ
アニストはあらかじめ京都の結婚式の時の照明技術者に電話
で尋ねてあって、彼のニューヨークにいる同僚が照明を担当す
る約束になっていたと説明した。

　二人はセレブ問題についても話した。そして、自転車とジャ
ズは全く違う世界なので、セレブ問題は起こらないだろうと結
論した。

　「ジャズは音楽市場でもすごく小さいし。私は心配してない
わ。それにステージ・ネームを使ったし、すぐに私の身分証明
書も変わるしね。ごめんなさい、少し眠りたいわ。起きてから
また話しましょ」

　彼の心は、まだその余韻が残っている昨夜のジャズ・スタン
ダードでの光景と感情の迷宮の中にさまよった。あれは京都

の時の単純な繰り返しではなかった。今度は彼女は、観客と新しいレベルのコミュニケーションを持ったのだ。彼女は、観客から理性を超えた、宗教的ともいうべき情緒的反応を引き出した。彼は、偉大な宗教指導者と彼らにまつわる神話に思いを巡らせた。

彼らは、昨夜のサラのように、人々の愛情に入り込める能力のある人たちだった。宗教の信奉者たちは神への愛について語る。あれは同じ愛情なのか、それとも全く別のものなのだろうか?

　彼は自分のサラに対する愛情と、昨夜彼女がひき起こした陶酔感とを関連づけてみた。

でもあの観客たちが僕と同じような愛の境地に至れたはずはない。サラと僕とは、人生を変えるような経験を一緒に経てきたのだから。

　それから彼は、ジャズ・スタンダードを昨夜あの爆発するような熱狂で包んだ本当の原因は音楽だったことに気が付いた。音楽と語り——歌と祈り。

彼女はたった数曲で、僕たちのニューヨークでの出会いから京都での結婚式、四国のサイクリングという濃密な経験と同様の濃密な経験を誘発できたのだろうか?あのガードレールがない橋や、祖谷温泉や、その後の登りは?小豆島でのあのレースは?どうしてただの歌が、僕たちが共有してきた冒険の濃密さとか深さと同じものを伝

えることができるのだろうか?いや、それでもいいではないか?芸術というものはそういうものだし。芸術とは魔法なんだから。ジャズ・スタンダードの観客は、僕と同じくらい彼女に狂っていた。あそこでは自分は彼女のファンの一人にすぎなかった!

　そこで彼は、サラが『君は我がすべて』を自分に向かって歌ったこと、自分をただ一人の観客と呼んだことを思い出して安心した。

落ち着け。嫉妬したり、独占欲に駆られたりしてはいけない。彼女は僕の隣に座っている。昨夜の観客はもうそれぞれの生活に戻っている……のだろうか?ともかく、今は彼女は僕のものだ。でもこれからは彼女を共有することを学んでいかねばならない。昨夜のようなことが、これからもっと起こるだろうから。

　彼は他の事を考えようとした。しかし彼女の音楽に対して起こったあの宗教的熱狂についての思いが、繰り返し頭をよぎった。彼はインドの寺院で見た巡礼者たちを思い出したり、バッハのミサ曲ロ短調の断片が意識の中に浮かんだりした。彼の愛情はあのインドの巡礼者たちの神への愛情と同じくらいに強固なのだろうか?またそれは、バッハの傑作と同じほど深いのだろうか?彼にはその答えが分かっていた。

どんな恋人も宗教や音楽には太刀打ちできない。

　それでも彼は、サラへの愛情はそれとは違うと、自分に言い

四国

聞かせた。彼女も彼を愛していて、二人の愛は二人だけで完結していたから。彼らの愛は双方向のコミュニケーションなのだと。でもその後気が付いた。

いや僕は全く間違っている。昨夜、彼女はあの観客にぞっこん惚れ込んでいた。だからあの熱狂が起こったのだ！彼女は彼らに純粋で、飾り気のない愛を与えたのだ——信者が神から受けるような愛を。死すべき人間にはそんな業はできない。彼女の音楽と、歌と、彼女の視線と動きがそうさせたのだった。ソファーにいたアナがそれをさせたのだ。彼女が観客から引き出したのは純粋な喜び——恋をしている喜びだった。ガードレールなしの橋だった。だから僕が嫉妬を感じたのも当然だ。でも、自分自身が不覚にも愛と嫉妬の典型的な罠にはまり込むなんて。僕はそういうものを超えたところにいるべきなのに！僕はサラから学ばなければいけない。彼女はアナに対して嫉妬の片鱗も見せないのだから。僕は自分の中に湧き上がってきたこの感情に、振り回されないようにしなければいけない。僕はこの有名になりたくないスターに恋することから、たくさんのことを学ばなければならない。僕はまだ彼女をもう一度新しく知り始めたばかりなのだから……

　彼の思いは彼女の変身に戻った。彼はサラの一連の成功の中に、何かのパターンがあるかどうか探した。それを分析するにはまだ時間的に近すぎた。しかし彼はそれでも何かを理解しようとした。

彼女はジャズ・スタンダードでのパフォーマンスは小豆島の最後のダッシュのようだと言った。ということは、それはオービスク峠からはじまったパターンの延長だったのか？彼女は挑戦を求めてきた。医学部に進んだように。しかもそれでも十分でないかのように、同じ時期に博士号まで取った。彼女は、新しく、解き放たれたパワーで自分を超越して、さらに新しいレベルに進化した――名前を変えながら、しかしペルソナは守ったまま。これは典型的な変身物語だ。オウィディウスの物語そのものだ。パフォーマンスはパフォーマンスだ――自転車の上であれ、舞台の上であれ。彼女はただそのパワーの向きを切り替えただけだ。新しいサラ・カミは、何の幻想も必要としない魔術師なのだ。

　彼はこれらの一連の出来事の中での自分の役割を分析してみた。

たぶん僕たちの日本での経験が、彼女の過去の悲劇を葬り去るのを助けた？もしかしたらこの愛の陶酔感を引き出す力は、僕たちの団結から生まれたものかもしれない？いや、十年の喪に服していた彼女は、そのあいだ愛情を外に出せず、それが今溢れ出してきているのかも知れない？とすれば僕がそれを助けたのか？さて、僕のこの嫉妬に対する毒消しがある。僕たちは濃密な経験をたくさん共有した……彼女は僕のことをコーチとかスピリチュアル・ボディーガードとか呼んだ。今度は僕をお父さんと呼んでくれるかも。でも僕たちは恋人同士なのだ。情熱的で、しっかり安定した、永遠の恋人同士だ。ひどく

複雑なようでいて、じつに単純な、自然な、じつにしっく
りくる。僕はなんとかこのクレイジーな劇の配役として留
まらなければならない――たとえ一人二役を演じなけれ
ばならないとしても。自分ならできる――少なくとも当面
は可能だ。僕はここにいられることを幸せに思う。彼女
の光を浴びながら……そうだ、答えは光だ。そうやって僕
はいつもこの普遍のメタファーに立ち戻ってくる。それ
はあまねく満ちている。それは僕たちの言語にも浸透し
ている。それは人間の精神活動の奥深くを流れる底流
だ。それは僕たちのあらゆる芸術に見えている。そして
サラにもぴったり当てはまる。彼女は光子エネルギーを
放射している。ああ、その物理法則が理解できたら。

　彼は搭乗の際に手に取った新聞二紙を広げた。最初にル・
モンドを読み、それからニューヨーク・タイムズに移った。順調
に読み進んで、文化面まで来たところ、「ジャズ・スタンダード大
熱狂」と題した批評記事が目に飛び込んだ。その記事はまずト
リオを称賛した。それから評者は、昨夜のサプライズは、という
か今シーズンのサプライズ、いや実は彼がこれまで音楽を聞い
てきた中で一番のサプライズだったのだが、それは、トリオの二
回目の演奏に飛び入りで招かれた、無名の若い女性のステージ
だったと書いた。彼はサラのステージ・ネームをあげ、それから
彼女のことを「輝きに満ちて、神のような美しさがある」と評し、
観客から強い情熱的な反応を引き出したと書いた。彼女の歌は
「神のよう」で、あれほどの声と音楽的イマジネーションはこれ
までに経験したことがなかった。なによりも、彼女は観客の注
意を自分に向けさせるような歌姫ではなかった。何もわざとら
しいところがなく。自分らしく、そして歌に忠実だった。

　彼はあの広島の歌を、「人生を変えるような経験」だったと
書いた。最後の歌、『君は我がすべて』が終わっても、観客は
あまりに盛り上がっていたので会場を去ろうとしなかった。そ
してBGMが流れるなか、何時間も飲んだり、踊ったりしていた
と書いた。評者は、トリオのピアニストに連絡して彼女にコン
タクトを取ろうとしたが、電話番号は教えてもらえなかったと
書いた。最後に彼は、サラ・カミがこの記事を読んで、ニュー
ヨーク・タイムズに連絡してくれることを願っていると書いた。
記事の最後の結びに「君に夢中だ。愛してる、サラ！」とあっ
た。

　彼はそれらのすべてを理解しようと努めたが、途中であき
らめて、飲物のカートからワインを頼んだ。彼はその批評記事
を切り取って、サラの上着のポケットに忍び込ませた。彼は興
奮して、平静を失っていた。彼はジムがどう反応するだろうと
想像してみた……

彼はこれに気が付くだろうか？たぶん気が付かないだろ
う。幸いにもサラの写真は載っていなかった。彼はその
歌手がサラだということはわからないであろう。でももし
彼がYouTubeをチェックすれば、正体はすぐに分かって
しまう。そのジャズクラブは専門のビデオ機器を使って
いるし、会場にいた観客もスマートフォンでビデオを撮
っていた。ジムの他にも多くの人たちが気づく可能性は
高い。

　しかし、それまでに一か月はかかろう。僕たちがフランスで
六週間過ごして戻るころには、サラへのこの新しいフィーバー
も勢いがさめていることだろう。彼は、今回は猿が出てこなく

て、ジャズ愛好者だけでよかったと思った。だから、フィーバー
ももっと穏健で、セレブ管理もしやすいことだろう。

サラは二時間後に目が覚めた。すっかり元気を取り戻して、話
したい気分になっていた。彼は彼女の新しいステージ・ネーム
がどこから来たのか知りたいと言った。
　「あなたにまだ話してなかったと思うけど……あれは私の
実名なの。サラは私の法律上のファーストネームで、カミは私
の本当のミドルネームなのよ。それは私の両親が、私のひいお
じいちゃんにちなんで付けてくれたの。私のひいおじいちゃん
は二〇世紀初めに日本からやってきた移民だったの。ごめん
なさい、あなたに私の日本人の先祖のこと今まで話さなくて。
彼は私のアメリカ人のひいおばあちゃんと結婚して、自分の姓
を捨てて、ひいおばあちゃんの家の姓を取ったのね。彼の方の
姓はモリカミだったの」
　「ああ、やっとわかったよ。やっとこれで全部つながった。
最初僕は京都で夢を見た。光を放つ神道の神に誘惑された夢
をね。そして、君が小豆島のレースで見せたあの信じられない
下りの後で、あの日本の宗教セクトは君をカミカゼと呼んだ。
そして今、僕は君の中に日本人の血が入っていること、そして君
の本当のミドルネームがカミだということも知った。だから君
は本当にカミなんだね！僕は君をまだ知り始めたばかりだ。や
っとこれですべてがわかった！君はアマテラスだ。神道の太陽
の女神の天照大神に違いない！だから僕の京都での夢は本当
だったんだ。君は僕の新しい人生に光を与えてくれた。そして
君は僕にあの最後の登りで光り輝く空を与えてくれた。君は
宇宙の光だ、そして僕は君に帰依する神官で、君の弟子なん
だ」

　彼女は彼を、気でも狂ったのかという目つきで見た。

　「君は僕を信じてないね?証拠は君の上着のポケットの中にある。読んでごらんよ。読んでごらん!」